教育部留学归国创业基金（项目批准号：赣教财字
国家自然科学基金（项目批准号：71262

U0671452

RESEARCH ON THE ECO–PLACE BRAND EQUITY

生态区域品牌资产研究

创出21世纪最大的财富

CREATING THE GREATEST WEALTH IN THE 21st CENTURY

赵卫宏 ◎ 著

经济管理出版社

ECONOMY & MANAGEMENT PUBLISHING HOUSE

图书在版编目（CIP）数据

生态区域品牌资产研究：创出 21 世纪最大的财富/赵卫宏著 . —北京：经济管理出版社，2020.6

ISBN 978 - 7 - 5096 - 3565 - 0

Ⅰ.①生…　Ⅱ.①赵…　Ⅲ.①鄱阳湖—生态区—经济发展—研究　Ⅳ.①F127.56

中国版本图书馆 CIP 数据核字（2014）第 298498 号

组稿编辑：申桂萍
责任编辑：赵亚荣
责任印制：黄章平
责任校对：王淑卿

出版发行：经济管理出版社
　　　　　（北京市海淀区北蜂窝 8 号中雅大厦 A 座 11 层　100038）
网　　　址：www. E - mp. com. cn
电　　　话：(010) 51915602
印　　　刷：唐山昊达印刷有限公司
经　　　销：新华书店
开　　　本：720mm × 1000mm/16
印　　　张：13.75
字　　　数：255 千字
版　　　次：2020 年 6 月第 1 版　　2020 年 6 月第 1 次印刷
书　　　号：ISBN 978 - 7 - 5096 - 3565 - 0
定　　　价：78.00 元

> "我们既要绿水青山，也要金山银山。宁要绿水青山，不要金山银山，而且绿水青山就是金山银山。"
>
> ——习近平

前　言

　　20世纪尤其是"二战"后的经济持续飞速发展，为人类创造了巨大的财富，也损耗了超量的环境资源。从40年代的"洛杉矶烟雾"、50年代的"伦敦毒霾"到80年代的东京和巴黎环境污染，生态与发展的矛盾始终是全球性的现实问题。而在中国，改革开放注入的蓬勃生机使经济社会发展取得了举世瞩目的辉煌成就。1978年的全国GDP总量仅有3679亿元，2017年已增长到827122亿元，跃居世界第二位。但经济的快速发展也让中国的生态环境付出了沉重的代价。联合国可持续发展《21世纪议程》指出，不适当的消费和生产模式导致环境恶化、贫困加剧和各国发展失衡，这是地球面临的最严重的问题之一。

　　然而，我们也看到，不少地区通过发挥当地的生态优势，实施富有地域特色的生态区域品牌化战略，促进了当地经济与环境的协调发展，破解了经济发展中的生态困境。诸如鄱阳湖生态经济示范区（江西）、黄河三角洲高效生态经济区（山东）和甘肃循环经济发展示范区（甘肃）等中国第一批生态经济区带来的区域附加值，还有中国的阳澄湖大闸蟹、新疆瓜果、呼和浩特生态乳业、赣南脐橙，以及法国的葡萄酒、锡兰的红茶、丹麦的卡伦堡工业园、荷兰奶业等，都形成了富有地域生态特色的强大区域品牌。这些生态区域品牌不仅使当地的产品获得了更高的品牌附加值，也极大地促进了区域经济的优势发展，成为生态区域品牌化的典型案例。强调环境友好的环境主义、生态主义崛起，绿色消费不断深入人心。其中，生态消费以保持自然生态环境为前提，以人与人、人与自然、人与社会发展的和谐统一为价值观念，在满足人的基本生存和发展需要的基础上追求适度、全面、绿色和可持续的消费。如今，人们更愿意花费比普通产品贵数倍的价格去购买具有绿色、有机、无公害特性的生态品牌产品。无数的生态区域品牌化成功案例昭示了一个充满智慧和梦想的事实，那就是，一个地区实施生态品牌化战略，能够有效地转变落后粗放的经济发展模式，形成更为先进、更为高效的生态产业集群，从整体上提高地区的竞争力。而一旦生态特色成为一个地区竞争的品牌资产，便拥有了强化市场吸引力的竞争优势。因此，如何有机统合经济建设与生态建设的关系，是21世纪最需要解决的全球性战略命题。

人与自然的关系是人类社会最基本的关系。随着人类社会生态文明意识和生态消费观念的不断自觉和对人与自然和谐发展的日益遵从，21世纪将是生态经济发展的世纪。绿水青山既是自然财富、生态财富，又是社会财富、经济财富，蕴含着经济发展和生态环境保护辩证统一的关系。绿水青山就是金山银山，绿色生态将成为21世纪人类最大的财富。在经济全球化和区域经济竞合发展中，绿色发展为区域经济发展注入了新的动能，也提出了新的挑战。绿色生态需求使生态特色成为了区域经济转型发展的战略方向和重要的品牌资产。以鄱阳湖生态经济区为例，其周边有洞庭湖生态经济区、环长株潭城市群、皖江城市带承接产业转移示范区、大别山革命老区等诸多国家战略经济区，相互之间的竞合发展将促进地区经济整体高质量绿色发展。区域经济体之间的竞争已经由过去的GDP增速与总量竞争、产业升级竞争、大都市圈竞争转向了绿色生态文明的综合竞争。

那么，一个地区或区域如何创出强大的生态品牌资产？生态区域品牌资产主要包括哪些维度和要素？人们将从中获得怎样的管理启示？这些都是值得深入探讨的问题。

有关生态品牌的研究对案例的发掘给予了大量的关注。也有不少学者对生态与生态品牌的概念及意义提出了见解。然而，这些研究多为概念性思辨或案例性描述，而对生态品牌资产的内涵结构及其前因后果的系统研究尚未深入展开，因而难以在实践上就如何实施生态定位、绿色发展、构建生态品牌资产等问题提出具有科学依据的解决方案。同时，学术界对生态区域品牌资产的研究也多是对生态区域品牌的形成及实践策略进行案例描述性研究，对生态区域品牌资产的系统深入研究有待开展。因此，本书基于资源与制度的视角，深入我国第一批生态经济示范区建设实践，对生态区域品牌资产的内涵维度、评估指标进行了系统、深入的研究，以推进生态区域品牌理论的发展，并为管理实践提供启示。

本书主要包括三个阶段性研究任务：第一阶段为文献研究阶段，主要通过对相关文献的梳理，对生态、生态品牌和生态区域品牌等相关概念进行研究，为生态区域品牌资产内涵结构的研究奠定基础。第二阶段为扎根探索阶段，主要采用扎根理论的方法开发生态区域品牌资产的指标体系。第三阶段为实证检验阶段，通过大样本问卷调查的方法，对生态区域品牌资产的内涵结构和指标体系进行显著性检验。

　　生态区域品牌化是区域营销的最新焦点，并将成为未来十年区域营销发展最为迅速的领域。面对战略性资源全球化竞争和环境问题的严峻挑战，实施生态区域品牌化战略、创出生态区域品牌资产，是区域经济优势发展的客观要求。在城市、地区和国家之间对资源、技术、商贸、旅游乃至居住民等战略性资源的竞争中，运用营销战略使一个城市、地区或国家与竞争者区别开来的区域品牌化，已成为区域发展的核心战略和能力。而如何创出生态区域品牌资产，无疑是政府、企业实施区域品牌化的关注点，也是区域品牌管理者必须要学习的知识。本书开发的生态区域品牌资产结构模型从具体到抽象地揭示了生态区域品牌资产的内涵，丰富发展了区域品牌理论，具有理论的基础性和开创性，并对区域品牌战略的开发与实施具有管理启示。

　　本书得到教育部留学归国创业基金（项目批准号：赣教财字［2009］135号）、国家自然科学基金（项目批准号：71262024），以及我国第一批生态经济建设示范区相关企业及政府部门的支持，并吸收了许多调研样本地区的实践经验及前人研究成果。笔者的研究生谢升成完成了本书 10 万字的撰写，郑晓丽完成了 3 万字的撰写，张会龙、刘洋、姚韩芳等也对本书的完稿付出了辛勤劳动，在此一并致以衷心的感谢！

赵卫宏

2020 年 3 月于瑶湖名达楼

江西南昌

目　录

1 绪 论

1.1 研究问题的提出

当今世界经济的发展呈现多边主义全球化和单边主义逆全球化的突出矛盾，地区之间的贸易保护主义有所抬头。但不少国家、地区和企业通过品牌战略赢得了全球市场的青睐。例如，成立于 1892 年的可口可乐公司通过一系列的广告宣传、本土化营销策略成为了全球最大的饮料厂商。2014 年，可口可乐的品牌价值以 816 亿美元名列全球第三①，可口可乐更以其独特的品牌价值影响着一代又一代消费者。在地区经济竞合发展中，企业对产品或服务品牌化的成功也促使人们对一个地区乃至国家的品牌化努力不断增强（Fctscherin，2010；Rothschild et al.，2012）。然而，在大力发展经济的同时，由于生态意识的缺失，环境问题也日益凸显。例如，"雾霾"这个中国百姓原本不熟知的词，近两年却成为了令人惊恐的热词。中国环保部的数据显示，2017 年在大气环境质量方面，全国 338 个地级及以上城市中，只有 99 个城市空气环境质量达标，不到全部城市数的 30%。② 这一现象产生的主要原因是污染物的排放超标、排放标准不合理、生态环境系统的自净功能衰退等（刘强和李平，2014；顾为东，2014）。在环境问题日趋严重的当下，环境责任和生态特色日益成为区域发展的差异化战略。例如，丹麦卡伦堡通过企业间资源集成、产业间代谢共生和政府的清洁生产管理，实现

① 数据由 Interbrand 品牌咨询公司公布。
② 资料来源：中国环保部发布的《2017 中国环境状况公报》。

了经济发展与环境保护的良性循环，塑造了生态城市品牌的典范。中国的阳澄湖大闸蟹四海扬名、呼和浩特生态乳业之都的打造，以及我国第一批生态经济示范区的建设，也都以其生态特色而展现出区域品牌的竞争优势。因此，实施生态品牌化战略已成为区域经济转型升级的新方向、新动能。

1.1.1 研究背景

1.1.1.1 现实背景

（1）经济全球化与区域经济一体化。

20 世纪 80 年代以来，随着世界各国间经济贸易联系的不断加强，全球化迅速成为最为广泛的经济发展战略。经济全球化是各民族国家的政府消除对商品、资本和劳动力等要素在国际间流动的限制，从而在全球范围内实现贸易自由化、投资自由化、劳动力的自由跨境流动及生产要素价格的均等化（Rodrik，1999；Lindert and Williamson，2001）。国际货币基金组织（IMF）认为，经济全球化将使跨国商品与服务贸易及资本流动规模和形式增加。技术的广泛迅速传播也使世界各国经济的相互依赖性增强。经济合作与发展组织（OECD）则将经济全球化看作一个过程，在这个过程中，经济、市场、技术与通信形式都越来越具有全球性特征，民族性和地方性在减少。经济全球化是生产、贸易、投资、金融等经济行为在全球范围的大规模活动，生产要素在全球配置与重组，世界各国经济高度相互依赖和融合。在全球化推动下，世界经济日益成为紧密联系的一个整体，呈现出全球经济发展的重要趋势和特征。初期的经济全球化主要由美国推动并主导。进入 21 世纪，随着中国、印度、俄罗斯、巴西等新兴市场的快速稳定发展，它们日益成为全球经济发展的引擎，也逐渐成为全球化的积极参与者与推动者。

然而，经济全球化的影响也具有两面性。一方面，经济体在全球化背景下可以抓住全球市场、技术、资金等方面的机遇，结合自身资源优势来获得更多的资源、更广的市场。中国在 2001 年加入世界贸易组织（WTO）后，很好地利用了全球化带来的契机，促进了国内经济发展，对外贸易在 GDP 中的占比总体上一直呈现上升趋势。另一方面，经济全球化也为世界各国的经济发展带来了更大的竞争性与挑战性，如外国资本进入所带来的经济安全问题和发达国家的高竞争力威胁等。发达国家的先进技术和科技创新力、企业经营模式和运营能力都要强于后发国家。面对国外强大的对手，本土企业想要赢得本土或者海外市场，除了着力提升科技创新和经营能力之外，还需要实现差异化发展，努力提高竞争力。同时，国际金融危机也使国际政治经济环境错综复杂，呈现出区域经济联动影响的效应。

在全球化经济环境中，随着改革开放的深入发展，中国已成为世界经济发展的重要驱动力。中国 GDP 总值自 2010 年起稳居世界第二。国家统计局的数据显示，2014 年中国 GDP 达到 82.71 万亿元[①]，占全球 GDP 的 15% 左右[②]。从贡献度来看，2016 年中国经济增长对世界经济增长的贡献率达到 33.2%，位居全球之首[③]。

世界经济在全球化的同时也呈现出区域一体化的特点。区域经济一体化是指地域相邻近的两个或两个以上国家，在国际分工不断深化和经济联系日益紧密的基础上，通过政府间谈判并以签署协定的形式，相互采取比区域外国家更为开放、更为自由的贸易投资政策，并在体制框架和调节机制上结合成为经济合作组织或国家经济集团。区域经济一体化形态形成于 1921 年卢森堡与比利时成立的经济同盟（荷兰后来加入，组成比荷卢经济同盟）。第二次世界大战后，区域经济一体化模式迅速发展，并形成了三次较大的发展高潮（吴立广，1994）。第一次发展高潮出现在"二战"后的 50～60 年代。世界政治经济发展不平衡，大批发展中国家出现，区域经济一体化开始形成并迅速发展。第二次发展高潮出现在 20 世纪 90 年代。西方发达国家在抑制通货膨胀、控制失业率方面取得了成功。经济的发展推动着区域经济联合，区域经济一体化的趋势明显加强。第三次发展高潮出现在 20 世纪 90 年代末至今，其主要特点是区域贸易协定在全球广泛涌现，特别是双边自由贸易协定的签订。

区域经济一体化的快速发展有着深刻的政治、经济因素影响。其中，政治因素主要包括冲突缓解、局势稳定、体制改革、寻求政治保护并以此与其他区域集团抗衡、价值理念传播等。经济因素主要包括全球范围内日益加深的市场化趋势、国际分工的不断细化、世贸组织多边贸易体制的局限性及多边贸易谈判所遭遇的挫折和困难。区域经济的一体化在实现生产率的提高、生产和流通成本的降低、金融危机的防范等方面发挥了积极的作用。对一个国家或地区来说，加入区域经济组织能够有效地促进国家或地区的生产要素在国际上的流动，提高资源配置的效率，促进国家或地区与区域内其他成员的贸易往来，进而推动区域经济的快速发展。然而，区域经济的一体化也会给国家或地区的发展带来威胁。由于区

---

① 资料来源：国家统计局，http://data.stats.gov.cn/search.htm? s = 2016% E4% B8% AD% E5% 9B% BDGDP。

② 资料来源：http://finance.sina.com.cn/roll/2018 - 02 - 28/doc - ifyrzinh0306553.shtml。

③ 资料来源：http://money.163.com/17/0121/08/CB9R04PR002581PP.html。

域经济集团具有排他性，对集团外的国家和地区往往施行歧视政策，这使经济集团和组织之间的竞争更加激烈。同时，区域组织内部成员国之间的竞争也会加剧。因此，国家或地区在区域经济一体化的背景下，需要充分发挥自身的资源优势，与组织成员相互协作、错位发展，走品牌化的发展道路。

（2）区域经济发展重心的转变。

经济全球化和区域经济一体化深入发展推动了区域经济发展的重心逐渐由以往单纯追求 GDP 的竞争转变为区域品牌的综合竞争。

GDP 代表一国或一个地区所有常住单位和个人在一定时期内全部生产活动（包括产品和劳务）的最终成果，是社会总产品价值扣除了中间投入价值后的余额，也就是当期新创造财富（包括有形和无形）的价值总量。它可以反映一个国家或地区的经济表现，也可以反映一国或地区的国力与财富。20 世纪中叶以来，世界各国一般都按照联合国 1968 年版 SNA 基本原则和方法核算 GDP，以衡量经济发展水平。我国 1985 年的 GDP 总量只有 9040 亿元，2016 年已然增长到 744127 亿元，位居世界第二。然而，GDP 并不能完整地代表经济发展状况。因此，唯 GDP 增长的机制也带来了很多负面效应，阻碍了经济实现又好又快的发展。一是 GDP 忽略了非法经济活动创造的商品和劳务价值，不能全面地反映经济发展。例如，GDP 无法反映经济的增长方式和为此付出的资源消耗、环境损失等社会成本代价，忽略了非市场经济活动，不能全面反映行政、教育、医疗卫生等公共服务的价值，也不能准确反映不同国家或地区的产品质量和技术含量、劳动生产率。一个国家或地区的经济实力在更大程度上决定于它所拥有的财富存量，而不仅仅是当期新增加的财富，因而 GDP 不能准确反映财富的变化。二是 GDP 不能全面反映社会的进步。GDP 只是一个生产指标而不是一个收入分配指标，因而不能反映一个国家收入分配是否公平合理，也不能反映社会最低生活保障、失业保障、医疗保障、教育、医疗卫生等社会福利的改善情况。三是 GDP 不能全面反映人民生活水平的变化。例如，GDP 不能全面反映公共服务的改善对人民生活水平的影响，不能反映收入分配和社会福利状况的改善、社会进步所带来的人民生活水平的提高，也不能反映因经济发展带来的环境损耗或改善对人民生活质量的影响。

高质量的经济增长应该是社会财富总量、居民收入和收入差距及经济增长方式三方面合理的发展。只看重 GDP 是否增长的机制制约了这三方面的科学发展。过度追求 GDP 的增长导致居民的收入差距加大。20 世纪 80 年代初，我国的基尼系数是 0.3 左右，而 2015 年我国的基尼系数增大到 0.46。过度追求 GDP 的增长也阻碍了我国经济增长方式的优化。经济的增长方式主要有集约型和粗放型两种。集约型经济增长方式是指在生产规模不变的情况下，通过改造生产技术或工具、增加科技含量等提高生产效率的方式来完成生产的模式，并保证生产质量，又称内涵型增长方式。以这种方式发展经济，能实现低投入、高产出的理想状态。而粗放型经济增长方式则主要依靠不断加大诸如资金、劳动力、土地等生产要素的投入来实现，又称外延型增长方式。这种方式的经济发展效益低，是我们着力摆脱的发展方式。理想的经济增长方式应该要更多地依靠提高生产效率和质量来实现。然而，集约型经济增长方式相较于粗放型经济增长方式实现的难度更大、耗时也更长。为了更快地实现 GDP 的增长，30 年来我国更多地采用粗放型经济增长方式。这种增长方式极大地消耗了社会资源。粗放的生产往往也不能满足质量要求，制约了经济增长的优化转型。

可持续发展的核心要义是经济发展与环境、资源保护的协调一致。然而，生态价值和环境容量并不在 GDP 的核算指标之内，一味地追求 GDP 增长就忽略了环境和资源的保护需要，使可持续发展受到威胁。30 年来 GDP 的快速增长也使我国的自然资源和生态环境遭受了严重的破坏。

随着过度追求 GDP 增长危害的凸显，各区域逐渐意识到 GDP 核算法的局限性。各区域在经济发展过程中也不再一味地追求 GDP 增速，区域经济的发展逐渐由过去的 GDP 增速与总量竞争、产业升级竞争、大都市圈竞争发展到区域品牌的综合竞争。

（3）区域品牌的竞争。

区域品牌是 ·个地区的附加吸引力，塑造区域品牌的核心是构建区域品牌识别（Rainisto，2003）。区域品牌具有四个方面的显著特性：一是区域特性，它涵盖了包括国家、城市、地区、集群等多个地域范围或经济体；二是品牌效应，体现着一个地区的主体形象；三是产业特色，代表着一个地方产业和产品的显著优势；四是公共性，区域品牌是一种公共资源，具有积极的外部效应。区域品牌包括一系列子品牌，如产业与企业品牌、集群品牌、区域文化品牌、名胜品牌和景观品牌等。

区域品牌能够有效地提升一个区域的经济竞争力，改变区域经济的发展格局。例如，法国的依云小镇凭借其优越的生态环境成为著名的景点和著名的区域品牌。游客们夏天来小镇做疗养，冬天来滑雪。小镇最著名的是以生态为特色的依云矿泉水。依云水源为小镇背后雄伟的阿尔卑斯山，山川融雪与依云小镇远离污染和人为接触的山地雨水融合，并在山脉腹地经过长达 15 年的天然过滤和冰川砂层的矿化最终形成了依云水。这种来自大自然的馈赠使依云镇闻名于世，并吸引着来自世界各地的游客。

打造区域品牌能够有效地提升区域的知名度和美誉度，为区域吸引投资、引进人才、拓展市场打下良好的基础。区域品牌一旦在消费者心中建立起良好的品牌形象，就会成为区域内产业品质和信誉的背书，有利于争取消费市场。区域品牌的成功塑造还能吸引同类产业的聚集，形成产业集群规模效应，进一步增强区域经济竞争力。品牌塑造能在长时间内有效增强区域竞争力，长远来看，是典型的低投入高产出的利益增长模式，能促进经济又好又快地发展。

（4）生态特色的区域品牌化战略。

人类社会的发展不仅改变了我们每个人的生活，也改变了我们每个人所处的自然环境。对于生活的改变很大部分在于人造品和化合物的出现，比如化肥和农药。这些人造品和化合物极大方便了人们的生活，提高了生产效率，但是一定程度上损害了人们的身体健康。这种对自然环境的改变，在过去很长一段时间内，很多都是一种伤害式的改变，造成了许多的环境问题。其中，大气污染就是典型的环境问题之一。据统计，我国338个地级市2016年共发生重度污染2464次，严重污染784次[1]，给人们的生活和生产带来了巨大的危害。近百年以来，石化燃料的使用量几乎增加了30倍，使大气中二氧化碳的浓度由19世纪上半叶的270ppm增加到1980年的344ppm，预计2030年大气中二氧化碳的浓度还要增加1倍，达到680ppm。由于二氧化碳等引起的温室效应，地球气候将变暖，全球变暖又将造成冰川融化从而抬高海平面，致使一些海拔极低的国家或地区被淹。而大气问题仅仅是我们目前面对的生态环境恶化问题的冰山一角，如果不对环境加以重视并改变，地球末日将不是危言耸听。

欧美国家的生态保护意识兴起于20世纪70年代，而我国开始意识到生态保护的重要性则是在近年。随着人民生活水平的改善，保护环境、绿色消费的观念逐渐增强，绿色消费的需求也越来越大，具有绿色、生态特性的品牌受到了消费者的追捧。一大批具有生态特色的区域品牌因其天然、安全、健康的特质逐渐在市场中脱颖而出，为区域带来了巨大的经济效益。各地区也逐渐意识到，实施具有生态特色的品牌化战略、树立生态品牌、打造生态经济是当前发展区域经济的有效手段。

"绿色"在人们心目中是一个十分美好的词，往往代表着生态、环保、健康

---

① 资料来源：http://www.zhb.gov.cn/hjzl/zghjzkgb/lnzghjzkgb/201706/P020170605833655914077.pdf。

和活力。因此，绿色产品常被用来形容那些不会对环境产生危害也不含潜在危害成分的产品（Mostafa，2007），例如节能家电、有机食品等。由于绿色产品有着环境保护性、技术先进性、资源合理利用性、安全性等特性（张建华等，2000），消费者越来越倾向于购买绿色产品。以绿色食品为例，中国绿色食品发展中心的数据显示，我国绿色食品企业的数量由 2012 年的 6862 家增长至 2014 年的 8700 家，绿色食品的年销售额由 2012 年的 3178 亿元增长到 2014 年的 5480 亿元[①]。绿色产品的消费已经成为未来的一大趋势，绿色消费的日益兴起能够满足人们健康的需要，有利于促进经济增长方式的转变，使经济可持续地发展。

生态是生物在一定的自然环境下生存和发展的状态，包括生物的生理特性和生活习性[②]。如今，"生态"一词涉及的范畴越来越广。人们常常用"生态"来定义许多美好的事物，如健康的、美好的、和谐的事物都冠以"生态"修饰。生态品牌符合消费者的绿色消费理念。生态品牌将"绿色、健康、和平"的生态理念融合在产品及品牌的经营和推广过程中，让消费者心中形成的品牌直接印象是"绿色的、健康的、和平的"。因此，以生态为特色的区域品牌越来越受到人们的追捧。丹麦的卡伦堡市通过企业间资源集成、产业间代谢共生和政府的清洁生产管理，实现了经济发展与环境保护的良性循环，成为生态城市品牌的世界典范。我国鄱阳湖生态经济示范区的建设、阳澄湖大闸蟹的四海扬名、呼和浩特生态乳业之都的打造，也都以其生态特色而展现出区域品牌的市场优势。

生态经济在实现经济发展的同时注重环境的保护，在发展物质文明的同时注重精神文明，是保持自然生态和人类生态相统一的经济。以生态为特色的区域品牌化战略，有利于促进区域生态经济的优势发展。树立生态区域品牌、发展生态经济，能够有效地转变落后、粗放的经济发展方式，形成先进、高效的生态产业集群。打造生态区域品牌既符合消费者的绿色消费理念，又能满足消费者对生态产品的需求，同时还能有效地促进区域的经济发展。从依云纯净水的风靡世界到阳澄湖大闸蟹的备受推崇，都体现着生态区域品牌的独特魅力。为了激发区域经济的内生动力，生态区域品牌的塑造应重视生态品牌资产的构建，从而为区域经济区创造良好形象，以吸引更多优秀产业进驻，扩大产业规模，促进区域经济的强大。同时，良好的品牌资产还能为区域内企业的市场推广等创造良好的外部条件，帮助企业发展，提升区域内经济的核心竞争力。

---

① 资料来源：http://cppcc.people.com.cn/n/2015/0121/c34948 – 26423410.html.
② 中国社会科学院语言研究所词典编辑室.现代汉语词典（第六版）[M].北京：商务印书馆，2012.

因此，本书致力于探究生态区域品牌资产的内涵结构，把握生态区域品牌资产的构建规律，从而为区域的发展制定有效的生态经济发展差异化战略，为区域的经济发展提供实践启示。

1.1.1.2 理论背景

越来越多的地区在经济发展过程中通过实施品牌化和生态化战略获得了成功。品牌化和生态化对区域经济发展的巨大贡献也引起了学术界的关注，学者们开始对区域发展中的品牌化和生态化现象展开持续研究。

Keller（1998）首次提出了区域品牌的概念。他认为，如果一个地区要充分应对全球化竞争、技术变革和城市衰退，它们就需要像企业一样经营自己、推销自己。当一个城市或区域成了品牌后，该品牌通常以这个区域的名称命名。区域品牌具有明显的区域特色，能够反映区域的独特魅力，通常有着较高的知名度、美誉度和忠诚度。学者们从不同的角度对区域品牌的构成维度进行了探讨（Kavaratzis，2005；孙丽辉等，2009；马向阳等，2014；赵卫宏等，2015，2017）。

生态品牌的蓬勃发展及其社会需求的日益增长也引起了学术界的广泛关注。学者们普遍认为生态品牌是具有生态友好属性的品牌，具有减少环境损害、对环境友好等特性，是具有显著生态优势的品牌（Grant，2008；Rahbar and Wahid，2011；Chang and Chen，2014）。生态品牌在树立企业的生态品牌观念、引导生态产品的生产和消费、扩大生态产品科技的开发和推广及为消费者提供优质的产品等方面发挥着重要作用。许多学者开始对如何培育生态品牌展开研究，强调依托生态资源，打造区域优势品牌，找准生态、品牌、产业三者有机结合的最佳着力点，可以助推区域经济的优势发展（郎秀华和王春华，2006）。

随着学界对区域品牌和生态品牌的讨论获得越来越多的关注，有学者开始引出一个更新的研究话题——生态区域品牌，认为将生态优势运用到区域品牌建设上势必能够为区域的发展提供更强大的支持。赵卫宏（2016）认为，生态区域品牌是一个由产品生态性、产业生态性、环境生态性、文化生态性和政治生态性五个维度构成的位阶结构。然而，对于生态区域品牌打造中的重要一环——生态区域品牌资产如何构建尚未展开讨论。

1.1.2 研究问题

经济全球化的长期发展及当下的逆全球化趋势，将使区域之间的竞争更加激烈，而区域间资源的不均衡也加剧了这种态势。因此，如何获取区域间的竞争优

势已成为区域经济发展的重大现实命题，也是学术界必须要面对的重大理论
问题。

面对市场竞争的日益激烈和消费者主权意识的提高，企业意识到市场的主动
权已经被消费者所掌握，市场导向是基本的发展战略。越来越多的企业发现了消
费者的绿色消费需要，它们通过生产符合消费者绿色、健康、环保需要的产品逐
渐占领市场，最终形成了受到广大消费者认可的生态区域品牌。然而，塑造生态
区域品牌的过程并不是一帆风顺的。由于人们对生态区域品牌资产的内涵缺乏深
刻的认知，企业的失信行为也使区域生态品牌资产遭受损失，有的甚至不采取真
正的生态行为，而只是单纯地给品牌"贴标签"。这种标签化的"漂绿"① 并不
是生态发展，终究得不到市场认可和竞争优势。生态区域品牌只有在积累一定的
资产后才能具备品牌效应，才能够利用品牌的力量帮助区域实现发展。那么，什
么是生态区域品牌资产？生态区域品牌资产由哪些因素构成？如何构建生态区域
品牌资产？这些都是本书试图解决的研究问题。

1.2　研究目的与方法

1.2.1　研究目的

本书以中国第一批生态经济区为样本对象，以生态区域品牌资产的内涵结构
为问题焦点，通过区域品牌、生态品牌等理论研究和对中国第一批生态经济区生
态品牌资产的调查，科学构建生态区域品牌资产的内涵结构和科学测量体系，以
推进生态区域品牌理论的发展，为区域生态品牌资产的构建提供管理启示。

1.2.1.1　开发生态区域品牌资产的维度模型及测量量表

本书以现有文献成果为基础，通过对现有文献的分析，梳理出研究所涉及的
各相关概念及其内涵，包括生态的概念和内涵、区域品牌的概念及其内涵、生态
品牌的概念及其内涵，以及生态品牌资产内涵结构等，并以此为基础对品牌资产
的内涵结构进行探讨和研究；结合扎根理论的方法，通过小组访谈并对访谈所得

---

① 企业或组织没有采取真正的绿色发展行动，而是通过传播虚假的绿色信息以获得具有环保责任感
的绿色形象的行为（Beers and Capellaro，1991）。

到的资料进行开放式编码、主轴编码、选择性编码等一系列质性研究步骤构建生态区域品牌资产的内涵结构模型和测量量表。

1.2.1.2 揭示生态区域品牌资产的内涵及其管理启示

根据开发出来的生态区域品牌资产的内涵结构模型和测量量表，通过问卷调查的方式进行大样本数据分析，对生态区域品牌资产的内涵结构模型进行实证检验，揭示生态区域品牌的整体内涵逻辑，以丰富和发展生态区域品牌理论，并为生态区域品牌化实践提供管理启示。

1.2.2 研究方法

本书主要运用文献研究法梳理相关理论概念，通过扎根理论方法开发生态区域品牌资产的内涵维度，采用实证研究方法对相关变量关系的假设进行检验。

1.2.2.1 文献研究法

文献研究法是史学、哲学和社会学最常使用的研究方法之一。文献研究法主要包括搜集、鉴别、整理文献，并通过对文献的研究形成对事实的科学认识。文献研究法通过对各种文献资料进行比较分析，以发现事物的内在联系和内在规律性。其所要解决的问题主要是在众多资料中寻找到能够支撑研究的理论，并对这些资料做出恰当的分析、归纳和评述，通过逻辑推导等方式归纳出有用的理论论据或者研究问题。

1.2.2.2 扎根理论研究法

本书利用扎根理论的研究方法，通过小组访谈和资料分析来确定生态品牌资产的内涵维度和测项。扎根理论研究方法属于定性研究的一种方式，旨在通过经验资料来建立理论（Strauss，1987）。运用扎根理论研究方法进行研究时，研究前一般没有理论的假设，而是从实际观察入手，从收集到的原始资料中进行经验的归纳和概括，最终将其上升为系统的理论。为此，本书首先设置了一些关于生态区域品牌资产的问题，其次根据研究的实际情况，选择小组访谈的对象进行小组访谈，最后通过对访谈所得到的资料进行开放式编码、主轴编码、选择性编码等一系列的步骤构建生态区域品牌资产的内涵结构模型，并根据模型开发测量量表。

1.2.2.3 实证检验法

为了检验理论模型的有效性，本书通过信度、效度分析和结构方程分析对相关变量的测量效果和关系假设进行检验。实证检验法是指所有经验型研究方法，包括调查研究法、实地研究法、统计分析法等。本书所指的实证检验法主要是指利用统计和计量分析方法，对经济活动中的数据信息进行数量分析，以此考察影响经济活动的各有关因素的相互影响及其影响方式的研究方法。本书利用问卷调查所获得的数据进行实证检验，通过对数据的信度、效度分析及结构方程模型的分析对相关变量关系假设进行检验，最终得到更科学、合理的生态区域品牌资产的结构内涵模型。

1.3　研究框架与内容

1.3.1　研究框架

本书的具体结构如图 1-1 所示。

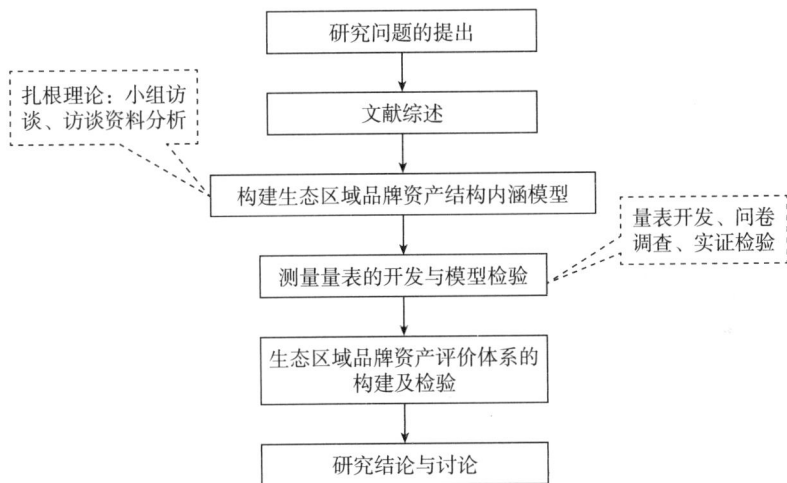

图 1-1　本书的技术路线图

1.3.2　研究内容

本书以现有文献成果为基础，通过文献分析，结合扎根理论开发生态区域品牌资产理论框架，进而构建生态区域品牌资产的内涵结构模型；根据模型开发出量表，并通过实证检验对概念模型进行测量评价以判断其合理性与可行性，从而对生态区域品牌资产进行科学描述，为生态区域品牌建设提供理论基础与实践启示。

内容1：生态品牌、区域品牌、生态区域品牌及资产等相关概念的分析

在对文献的研究过程中，通过对相关文献的查阅详细了解相关概念和内涵，从而为探讨生态区域品牌资产的内涵结构提供基础。例如，生态的概念内涵、生态品牌的概念内涵、区域品牌的概念内涵、生态区域品牌资产的概念，以及生态区域品牌资产的内涵结构。

内容2：生态区域品牌资产指标的挖掘

结合扎根理论的研究方法，通过小组访谈收集资料，并通过对访谈所得到的资料进行开放式编码、主轴编码、选择性编码等一系列的步骤，构建生态区域品牌资产的内涵结构模型。

内容3：生态区域品牌资产评价体系的构建及检验

根据扎根研究开发的生态区域品牌资产的内涵结构模型和评价量表，实施大样本问卷调查，对生态区域品牌资产的评价量表进行提纯，进而对其内涵结构进行模型检验，最终推定生态区域品牌资产的内涵结构和评价指标体系，从而为科学评价生态区域品牌资产提供有效的工具，并为生态区域品牌的构建提供管理启示。

本书的内容结构如下：

第1章，绪论。第一节为研究问题的提出，主要阐述生态区域品牌资产的内涵维度及其外在测量对于开发以生态为特色的区域品牌化战略、促进区域经济优势发展的理论和实践意义。第二节为研究目的与方法，主要介绍本书研究的目的，即探究生态区域品牌资产的内涵结构及评价指标体系，揭示生态区域品牌构建的规律，为区域生态品牌资产的构建提供策略，并阐述相关研究方法，主要有文献研究法、扎根理论研究法、实证检验法。第三节简述本书的框架结构及具体内容。第四节阐述本书的特色与创新。

第2章，理论背景，主要是对生态品牌、区域品牌、生态区域品牌及生态区域品牌资产等相关概念和内涵的探讨。第一节是生态品牌，阐述生态的概念内涵、生态品牌的概念内涵。第二节是区域品牌，阐述区域品牌的概念内涵和区域品牌资产的特征及作用。第三节是生态区域品牌资产，主要阐述生态区域品牌资产的概念和特征及作用。

第3章，研究对象——中国第一批生态经济区，主要阐述选取中国第一批生

态经济区作为研究对象的科学价值。第一节介绍鄱阳湖生态经济示范区的生态资源、发展现状。第二节介绍黄河三角洲高效生态经济区的生态优势、发展现状。第三节介绍甘肃循环经济示范区的生态情况、发展现状。

第4章，生态区域品牌资产扎根研究，主要对生态区域品牌资产的内涵维度进行扎根研究。第一节介绍扎根理论研究的方法。第二节介绍本书采用的个人访谈和小组访谈过程。第三节通过开放式编码、主轴编码、选择性编码等步骤进行资料分析的过程。

第5章，概念化模型与效标预测，主要对扎根理论研究获得的生态区域品牌资产概念化模型进行解释，进而根据现有理论提出效标变量及关系预测模型。第一节结合扎根研究的成果提出生态区域品牌资产的概念化模型，并对概念化模型的构成维度进行解释。第二节根据品牌资产的效标变量提出关系预测模型。

第6章，实证检验，根据扎根研究开发的生态区域品牌资产量表，实施大样本数据调查。第一节是构念的测量，对相关研究构念进行定义，并开发调查问卷。第二节是数据收集与人口统计学特征，介绍针对样本对象地区的问卷调查过程，对问卷收集的信息进行人口统计学特征分析。

第7章，结果分析，根据大样本数据对生态区域品牌资产的量表进行提纯，进而对推定的生态区域品牌资产模型和效标预测模型进行检验和讨论。第一节是测量评价，介绍测量评价的方法及本书测量的信度和效度。第二节是概念化模型检验，对本书开发的生态区域品牌资产内涵结构模型进行实证检验。第三节是效标模型与假设检验，通过检验生态区域品牌资产维度与效标变量的关系，进一步确认本书开发的生态区域品牌资产概念化模型的有效性。

第8章，研究结论与管理启示，主要对本书的研究结果进行讨论和总结，并就本书的理论贡献和管理启示进行阐述。第一节是研究结论，对本书研究的过程和取得的成果进行总结陈述。第二节是理论贡献，对生态区域品牌资产内涵结构及其预测性进行阐述。第三节是管理启示，结合概念化模型和预测效度检验提出构建生态区域品牌资产的总体思路和具体策略。第四节是阐述本书研究的局限与未来值得研究的方向。

1.4 研究特色与创新

生态环境的恶化导致消费者更加关注环境保护，并激发了消费者绿色生态消费的热情。主动适应和满足消费市场的生态需求，将使企业或区域的竞争力增强。生态区域品牌资产的构建正是在这一背景下产生的区域发展战略，它是一种全新的经营理念和营销方式。生态区域品牌资产既是对品牌理论研究的新领域，更是市场发展的大势所趋、人心所向，它已经成为 21 世纪最值得发掘和经营的财富。

尽管人们日益认识到一个地区的生态品牌资产蕴含着巨大的财富，但无论是理论上还是实践上，对如何构建区域生态品牌资产尚无完整而深刻的认识。现有文献虽然围绕着区域品牌、生态品牌、品牌资产、生态区域品牌资产展开了讨论，但对生态区域品牌资产的内涵结构还缺乏认识和讨论。仅有的研究也多集中于对成功区域品牌、生态品牌的案例描述和经验总结，并不能为构建生态区域品牌资产提供系统而科学的理论指导。因此，本书采用文献梳理、扎根研究和实证检验等方法对生态区域品牌资产的内涵结构进行深入探讨，有助于在理论上揭示生态区域品牌资产的内涵结构和形成机理，为构建区域生态品牌资产提供理论指导。

1.4.1 研究特色

首先，在研究内容方面，本书对生态区域品牌资产内涵结构的探究有助于丰富和发展区域品牌理论。现有研究尚未针对生态区域品牌资产展开系统研究。本书通过扎根理论和实证检验开发生态区域品牌资产，能够科学揭示生态区域品牌资产的内涵结构和评价指标，对区域合理利用自身的资源优势、构建生态区域品牌资产，从而使消费者对区域产生品牌偏好具有理论意义和管理启示。

其次，在研究视角方面，当从集群生成和政府构建视角来构建生态区域品牌资产的"市场失灵""搭便车""政府失灵"等弊端逐渐凸显时，需要从全新的理论视角来探究生态区域品牌资产的构建。现有文献多从集群生成和政府的视角对生态区域品牌资产的构建进行研究，然而集群生成和政府视角存在一定的局限性，如集群容易产生机会主义行为、政府构建容易抑制市场机制的运行。因此，本书从资源与制度的视角对生态区域品牌资产的内涵结构进行探讨将有助于弥补集群生产和政府构建存在的不足和弊端。另外，从品牌资产的研究方面看，学术界多集中于市场交易（品牌在市场中的财务价值）、消费者感知（感知的品牌知识）及财务与消费者感知相结合这三个视角。这些角度基本都是从结果端来判定品牌资产，往往只能从结果上判断一个品牌资产的强弱。然而对于管理者来说，更需要从品牌资产的形成过程中追踪和评估品牌资产的构建，而不是看结果。因此，本书致力于开发生态区域品牌资产的过程属性，发掘生态区域品牌资产形成过程中的评价指标，帮助管理者监控区域品牌资产的构建状态，并采取相应措施推进生态区域品牌资产的发展。

最后，在研究方法方面，已有文献主要偏重于对区域品牌、生态品牌等进行案例描述、理论思辨，缺乏实证研究，或者集中于对某一生态品牌、区域品牌的经验总结，缺乏全面系统的分析。本书采用扎根研究与实证检验的方法，在文献研究和扎根研究的基础上选择中国第一批生态经济区为样本进行大样本调查，通过运用数理统计方法对获得的数据进行分析以验证研究模型和理论假设的科学性和普适性，从而使本书的结论在统计学意义上具有更高的可信度。

1.4.2 研究创新

现有文献主要聚焦于生态产业的打造、生态品牌的树立和生态文明的建设等角度探讨生态品牌，且多为定性研究，缺乏科学性，关于生态区域品牌资产内涵的研究还没有深入展开。本书通过扎根理论开发的生态区域品牌资产内涵结构概念化模型弥补了以往研究大多集中于定性研究，缺乏定量分析的不足，在研究方法上更具有科学性、严谨性，在理论上具有一定的开拓性。有关生态区域品牌资产评价指标体系的开发也有助于揭示生态区域品牌的更深层次内涵，丰富和发展生态区域品牌理论，具有理论的创新性。

打造生态区域品牌既符合消费者的绿色消费理念，又能满足消费者对生态产品的需求，同时还能有效地促进区域的经济发展。因此，全面了解生态区域品牌资产的结构内涵，有助于把握生态区域品牌的构建规律，为区域的发展制定有效的差异化战略。

2 理论背景

本章主要对生态品牌、区域品牌、生态区域品牌资产等相关概念内涵进行分析。通过对生态区域品牌资产相关理论的研究，明确相关概念的定义及内涵，总结梳理已有文献的研究角度、研究方法和研究结论的延展性，从现有文献中发现生态区域品牌资产结构内涵的理论抽样依据。

2.1 生态品牌

2.1.1 生态品牌的概念

2.1.1.1 生态的概念

生态学的概念首次由生物学家 Haeckel（1866）提出。他认为生态学指的是生物有机体与其他生物及周边环境之间的关系，它是研究生态系统中各种事物之间关系的科学。《寂静的春天》（1962）的问世让生态的概念从生物学范畴跨越到了人与自然关系的范畴，生态理论逐渐运用到人与自然的关系中。随着对生态的研究从自然科学扩展到社会科学领域，生态的概念便超越了人与自然关系的范畴，并逐渐成为人类社会重要的文明价值与文化价值。受现代哲学的影响，自然生态观逐渐演变出了哲学生态观，哲学生态观也逐渐成为了一种思维方式和研究方法，成为研究人与自然及社会的学说，从而为其他学科的发展提供了理论指导（张洪春和胡凯，2009）。《现代汉语词典》把生态定义为生物在一定的自然环境下生存和发展的状态，也指生物的生理特性和生活习性①。因此，生态指的是所有生物的生存状态及生物之间相互作用的关系。如今，生态所涉及的范畴越来越广泛，生态也用来定义美好的事物，如绿色的、自然的、和谐的，等等。

由于语义的抽象性和视角的多样性，现有文献对生态（或绿色）的概念有不同的理解和表述。Deleage（1990）认为，生态是自然科学和社会科学的分水岭，它为我们缓减与自然关系的断裂做出了贡献。徐国祯（2003）指出，生态是一个系统的概念，它是反映在生存方式、生活方式、生产方式上的一种观点，生态是过程系统、环境系统及对象系统的辩证统一。关于生态的内涵，学者们也有着不同的见解。廖才茂（2004）在其研究中指出，生态的内涵表现在产业、技术、价值、政府行为及生产方式、法律制度等方面。Grant（2008）把生态定义为生物体与环境间的相互关系。Parker 等（2010）认为，生态即有机性、能源效率和环境友好。余达锦和胡振鹏（2010）认为，生态就是社会、经济和自然复合协调、可持续发展。

在现有文献中，学者们对生态的理解的共同点是人与自然的和谐共处。尽管相关文献对生态的定义各有表述，但都强调人类在生产、生活和生存方式上对自然的尊重与和谐共生。因此，结合学者们的观点，本书将生态定义为人类在进行各项活动时，以和谐的原则处理人与人、人与自然的关系的总和。

2.1.1.2 生态品牌的概念

生态品牌是在生态消费背景下提出的。所谓生态消费，是指以维护自然生态环境的平和为前提，在满足人的基本生存和发展需要的基础上适度、全面、绿色和可持续的消费，它实现了人与人、人与自然、人与社会发展的和谐统一。生态消费具有可持续性、全面性、无污染性、循环性等特征：

（1）可持续性。可持续性的消费要求人类社会在利用资源进行自我满足时，要适度开发这些不可再生资源，以保证子孙后代也可以享用这些资源，使当代需求和后代需求有机统一。

（2）全面性。人类在消费过程中不能只追求单一的需求。经济需求、精神需求、生态需求都是必不可少的要素，生态消费要求物质和精神并重，品质与生态需求共发展。

（3）无污染性。生态消费根本上就是不对环境造成负担，追求与大自然的

---

① 中国社会科学院语言研究所词典编辑室 . 现代汉语词典（第六版）［M］. 北京：商务印书馆，2012.

共生，这要求所消费的产品从原材料到加工成品，再到消费终端的整个过程都不能对生态环境有污染。

（4）循环性。生态的消费应该是将资源尽其用，无论是原材料阶段还是生产阶段，抑或是消费者使用产品阶段还是最后的废弃物处理阶段，都要求资源能得到最大化、最有效的使用，以最少投入产出最大效益。

随着生态消费内涵的不断演化，生态消费观念作为消费的时代潮流，历经适度消费、循环消费、可持续消费和低碳消费，不断深化。与此同时，企业界也不断推出各种生态产品，围绕着生态特色大力开展生态营销，创建生态品牌。随着消费者对生态品牌的认可程度不断提高，企业界和学术界对生态品牌的内涵和生态品牌的构建也给予了越来越多的关注和探索。

Ip（2003）认为，生态品牌即为具有生态友好属性的品牌。Hartmann（2005）指出，生态品牌是具有减少环境损害、有益于环境等特性的品牌。Grant（2008）把生态品牌定义为具有显著生态优势的品牌。Rahbar 和 Wahid（2011）将美国营销协会对品牌的定义引申到生态品牌，认为生态品牌是产品对环境无害的一个名称、象征或者标志，利用生态品牌特征可以帮助消费者从其他非绿色产品中将它们区分出来。Chang 和 Chen（2014）则认为，生态品牌即为环境友好性的品牌。可见，生态品牌并不是一个具体的商标名称，而是以生态为特色的品牌，体现为消费者对特定品牌环境友好性和生态优势性的联想与信任。

2.1.2　生态品牌的特征与作用

2.1.2.1　生态品牌特征

根据 Ip（2003）、Hartmann（2005）、Grant（2008）、Rahbar 和 Wahid（2011）、Chang 和 Chen（2014）等学者的研究，生态品牌是具有生态友好属性的品牌，是具有减少环境损害、有益于环境的特性和显著生态优势的品牌。

（1）对自然生态的友好性。对自然生态的友好性包括不破坏、不污染自然生态和合理利用自然生态资源两个方面。生态品牌与生态自然休戚与共，以保护自然生态为特色，强调品牌所依附的产品从选材到加工到消费全过程的无污染化。这要求品牌在整个利益创造过程中进行环境污染的监控，并建立反馈机制，通过结果反馈来调整生产，以实现品牌的绿色发展。同时，生态品牌对于自然资源的利用应该是适度的、集约的，也就是最大化地利用资源，并且保证品牌的经营活动在生态资源的承载力之内。品牌的发展不仅要考虑到当代人的利益，还需要关切后代人的利益，不能过度地开发和利用自然资源。人类社会赖以生存发展的大气、水、海洋、土地和森林等自然资源都应该被合理地开发和利用，以实现可持续的发展。

（2）对个人利益的友好性。对于消费者而言，生态品牌产品应该具有健康、天然、无公害、节能等基本特性，它是生态科技运用的最终体现。这些特性能让消费者感知到最直接的利益，也是打动消费者的最终理由。尤其是在市场上出现"地沟油""毒奶粉""农药残留"等事件时，健康、绿色的生态品牌更容易获得市场的接受。

（3）科技性。经济发展与生态发展看起来总是难以协调。生态品牌的发展也面临这样的问题。唯有革新生产科技以提高生产效率、提高资源的利用率才能在保证适量开采资源的原则下满足品牌的自我发展需求。因此，生态品牌都应该体现出鲜明的科技性特色。

2.1.2.2 生态品牌的作用

生态品牌并不局限于绿色环保范畴，而是通过倡导、践行和推广"健康、和平"的生态理念树立起来的品牌通称，它是绿色、可持续发展的品牌。生态品牌将"健康、和平"的生态理念深度融合在品牌经营和推广过程中，在消费者心中形成关于品牌载体的"健康、和平"印象，从而给品牌拥有者带来生态体验的溢价，产生生态体验的增值。

（1）有助于地球生态的保护与共建。自然生态环境的保护与共建离不开地球公民的努力，而这些地球公民就包括了每一个消费者和每一个企业或其他组织。对于保护生态，企业的积极主动能发挥重要作用。商品经济社会很大一部分的环境破坏来自于经济活动。作为经济活动中不可或缺的一端，企业或其他组织在打造生态品牌过程中会有意识地抑制环境不友好行为的出现。强势生态品牌的出现能够引导消费者建立生态消费意识，例如不购买对环境有害的产品、节约使用自然资源、循环利用资源等。强势的生态品牌可以通过打造使用环保产品的正面象征性形象等手段来引导作为消费者的地球公民能动地保护自然与生态，从而为地球生态保护提供强大的动力。

（2）能够促进企业或组织的发展。在竞争激烈的国内外市场，实现差异化是企业占领市场的制胜法宝。差异化的实现需要掌握并利用更为特殊的资源，而生态环保的、绿色无公害的产品或服务则是现今被公认的特殊资源。生态品牌的特殊性不在于产业的特殊，而在于其内在的环保或绿色的附加值的特殊，在于为客户提供的环保贡献价值、绿色健康价值等特别的价值满足。满足消费者差异化的价值需求能够有效地回避与同行业强大对手的正面接触，主动削弱竞争压力，增强品牌存活能力。同时，因差异化需求的市场供给面窄，消费者的话语权将一定量地被剥夺，企业的主动权更大。而且随着占据差异化市场的时间越长，培育顾客忠诚就越容易，从而为后来者设立更高的进入门槛，进而巩固品牌自身的市场地位。

（3）有利于加大生态产品科技开发和推广的力度。打造生态品牌的前提是需要大力进行生态科技的研发和推广。生态科技对我国可持续发展战略的实施有极大的促进作用，是实现我国可持续发展战略的重要支撑。此外，生态科技的低消耗、少投入、零排放特性，有利于将发展控制在自然资源的可调节、生态系统的可承受范围之内。同时，生态科技能够促使人与人之间、人与自然之间、人与社会之间逐步走向和谐，不断提高人类素质和道德修养。生态科技在可持续发展的基础上对经济系统、自然系统及社会系统进行协调，有助于整个系统有序、互动地发展。因此，在打造生态品牌的过程中，要想产品具有生态性的优势，就需要加大生态科技的投入，生产真正具有生态特性的产品，并对其进行大力推广。

（4）能够使消费者获得更优质的利益。生态品牌所包含的能源节约、健康无公害、可循环使用等特性，将为消费者提供较同类品牌更优质的服务。相较于一般品牌，生态品牌的出现将为消费者提供参照对象，使消费者清楚地了解更优质的产品和服务是什么，进而促使行业更新发展，为消费者提供更优质的利益。

2.1.3 生态品牌研究述评

现有文献多侧重于生态品牌的构建，提出了诸多富有价值的见解。郎秀华等（2006）以婺源县为例，对婺源县的生态产业进行了分析，认为婺源县生态产业要取得成效，在未来应该做到：坚持生态品牌化运作，力促生态保护与合理利用并重；坚持品牌产业化发展，力促龙头带动与品牌培植并举；坚持产业生态化延伸，大力促进产业拓展与观光农业并进。余得生等（2009）以鄱阳湖生态经济区为例，提出生态品牌可以从生态环境、经济环境、人文环境和政策环境来构建。李劲夫（2010）认为，洞庭湖区域经济在打造生态循环农业品牌过程中，要强化发展生态循环农业的思想理念，科学制订发展生态循环农业的规划方案，健全生态循环农业发展的政策法规，努力提高生态循环农业发展的科技水平。葛宏雷等（2012）则以浙江省开化县为例，认为开化县在发展生态产业、打造生态品牌方面取得的功效得益于开化县的有效举措：抓统筹规划，促产业布局区域化；抓结构调整，促增收渠道多元化；抓主体培育，促生产经营组织化；抓宣传推介，促特色产品品牌化；抓改革创新，促产业发展可持续化。

生态品牌是一个新兴的学术研究范畴，受到越来越多的关注。学者们围绕着生态品牌的概念内涵、作用特征、品牌塑造等展开了研究，取得了一定的成果。

在生态品牌的概念内涵方面，学者们认为生态品牌是以对生态友好、环境保护为特色的品牌，体现为消费者对特定品牌环境友好性和生态优势性的联想与信任。

在生态品牌的特征和作用方面，学者们通过对生态品牌的典型案例分析，认为生态品牌具有生态环境友好性、个人利益友好性、生态发展可持续性等特征。同时，生态品牌具有地球环境保护、促进公司或组织发展、提升消费者利益价值和加速生态科技发展等作用。尽管学术界对生态品牌概念和内涵的讨论有很多，但这些定性的研究还不够成熟。已有理论很少对生态品牌内涵给出定义或者定义并没有触及生态品牌的本质，多停留在字面的语义解释上，缺乏具有说服力的证据。

在生态品牌的塑造方面，学者们以生态品牌的典型案例为对象，总结提炼了生态品牌成功的经验，主要有区域加强政府监管、产业的科学布局、生态环境的打造、科技水平的提高、产业集群的打造等。然而，这些研究多为针对一个案例的描述性研究和案例总结，缺乏实证分析。单案例研究的单一性使研究的外部效度偏低，研究结果的适用性不广泛。同时，由于缺乏实证数据的检验，其研究结果的主观性太强，研究结果的可信度也不高。

2.2　区域品牌

2.2.1　区域品牌的概念

区域品牌以区域为载体，涉及区域经济、政治、地理等多维因素，相较于产品品牌与企业品牌更具复杂性。Keller（1998）指出，地理区位同产品和服务一样能被品牌化。Rainisto（2003）认为，某一地理区域与其他区域区别开来的"附加吸引力"就是区域品牌，而区域品牌构建的核心则是建立区域的识别系统。一些学者则借鉴产品品牌和公司品牌的定义，提出了区域品牌的概念。例如，Morgan（2006）认为，区域品牌的内涵主要包含"功能性利益的产品特性"和"非功能性利益的附加值"两部分。Kavaratzis（2005）结合前人的研究成果，提出区域品牌的内涵是通过功能、情感、关系和战略要素等的共同作用，而在公众大脑中形成的一系列独特联想的多维组合。Nworah（2005）对国家品牌化进行了定义，认为国家品牌化是一个国家努力树立其独特且有竞争力的特征的过程，其目标是将国家打造成投资、贸易、旅游的理想地。Allen（2007）根据公司品牌的定义，将区域品牌的概念界定为政治或地理框架下的产品或服务的品牌。孙丽辉（2009）综合现有国内外文献，认为区域品牌是以一定地理范围命名的公共品牌的统称，它涵盖了包括国家、城市、地区、集群等多个地域范围或经济体，并因区域地理范围的大小而有所区别。明确"区域"的概念是界定"区域品牌"的前提条件。谌飞龙等（2013）认为，区域品牌是一个区域的产业、产品在市场中沉淀的结果，是外部化了的区域形象，它能反作用于产业集群，推动产业集群转型升级，成为地方政府发展产业集群和区域经济的重要抓手。

2.2.2 区域品牌的特征与作用

2.2.2.1 区域品牌的特征

从不同角度看，区域品牌具有不同的特征，因此学者们对区域品牌特征的见解也各有不同。"两分法"观点认为区域品牌最核心的特征有两个：一是由在特定地理区位空间内的某种产业主导而成，具有"区域性"特征；二是能够给品牌拥有者和使用者带来品牌增值，形成"品牌效应"。"三分法"观点在强调区域特性与品牌效益的同时，提出产业基础也是区域品牌赖以存在和发展的前提与动力。区域品牌所代言的对象固然有很多，但其中最根本的是产业整体及产业的规模、技术、质量、服务、创新性、综合实力等。"四分法"观点相比"三分法"观点又进一步提出了区域品牌具有不同于企业品牌和产品品牌的"公共性"，认为区域品牌是集体铸就的结果，也为区域内众多企业共同享有，是区域整体的无形资产的一部分。"六分法"观点则将区域品牌的存在基础及核心特征概括为深厚的文化底蕴、无形资产性、准公共物品属性、区域性、外部性、市场信号传递性六个方面，对区域品牌的特征描述更加细致和具体。

综合区域品牌的现有研究成果，本书将区域品牌归纳为地理区域性、产业集群性、产权模糊性、利益共享性等特征。

（1）区域性特征。区域性是区域品牌最显著的特征，包括区域的边界性和地理文化特性。区域品牌是依附于区域之上的，它具有与区域一样的政治或者地理边界。区域品牌具有区域内典型的地域地理、文化、经济特色。区域品牌的载体可以是区域传统产业、地方名特产品、地域特殊文化或自然景观。区域品牌的发展得益于当地得天独厚的自然资源、地方农产品和特色深加工产品。因此，区域品牌无法脱离其生存的地域环境，具有刚性的地域属性，与该地区的地理特征、资源优势和人文历史渊源密不可分（张胜涛等，2005；陆国庆，2002）。因此，区域品牌具有地域特性，体现了一个地区地理区位、资源、经济文化等方面的特点。

（2）产业集群性特征。产业集群是一簇在商品和服务联系上比国民经济其他部门联系更强、在空间上相互接近的产业。它是在特定区域内具有竞争与合作关系的相互关联的企业、供应商、金融机构、相关产业的厂商及其他相关机构等组成的群体。其核心特征是相关产业的高度集中，以共享区域的基础设施，降低生产经营成本，打造规模经济效益，从而增强产业集群区域内企业的外部竞争力。

区域品牌是产业集群发展的高级形态。Porter（2003）认为，区域品牌与基础设施、专业化市场、信息等一样，是产业集群内部企业共有的一种准公共物品。姚向军（2006）指出，区域品牌是众多企业在一定空间内集聚，所使用的统一名称、术语、标记、符号或图案（或上述的组合）。因此，区域品牌的价值来源于产业集群及其内部企业。李永刚（2005）强调，区域品牌的主体不应局限于单个企业，而应该是整个集群。

（3）产权模糊性特征。企业品牌的产权归属于唯一的企业法人，而区域品牌不像企业品牌那样具有明确的权利归属，因此具有产权模糊性特征。法人企业拥有被法律所认可的品牌所有权以及该品牌产生的其他经济权利，如使用权、处置权、收益权等。品牌的这些权利具有可交易性，其他企业可以通过市场交易获得这些权利。其他法人企业如果未经允许使用该企业品牌，或者以不正当手段破坏该品牌，都将承担相应的法律责任。因此，企业品牌的产权是十分明晰的。区域品牌则是一个地区的公共品牌，区域内所有相关企业共同拥有其所有权，因而其权利主体并不明确，其他经济权利的归属也并不明确。区域内的任何企业都无权独占这一品牌，现有企业也不能共同注册这一品牌，因为这将剥夺未来进入的企业使用区域品牌的权利。区域品牌的所有权利应该属于该区域现在存在及将会进入的相关企业，它们都有使用区域品牌的权利。例如，"嵊州领带"就是闻名国内外的区域品牌。在嵊州范围内，所有生产领带的企业都可以共同使用这一品牌，但是并没有企业将其产品品牌名称注册为"嵊州领带"。嵊州的领带企业都有各自的产品或企业品牌，只是它们在进行营销活动时会使用"嵊州领带"这一区域品牌进行宣传。

区域品牌产权的模糊性也体现在区域品牌的无形性和抽象性。企业在工商局注册品牌时会提供品牌的商标、标志、图案等，这些都将企业品牌有形化、形象化。然而，区域品牌往往只作为一种区域形象存在于消费者的口碑或者意识之中。区域品牌虽然有具体的名称，但一般没有行政注册，也没有品牌标志等其他有形的品牌元素，因而具有无形性及抽象性的特点。

（4）区域利益共享性特征。与企业品牌、产品品牌相比，区域品牌另一个鲜明特征就是共享性。区域品牌利益共享性指的是区域品牌带来的机会和利益为该地区所有相关企业共同享有。

从市场机会的角度来看，企业品牌具有排他性，不能被其他企业共享。品牌给企业带来市场机会的同时也给同类产品或替代品的生产者带来威胁。市场总量总是有限的。一个企业品牌知名度得到提高，通常意味着同类产品或替代品生产企业的竞争力被压制，市场份额被侵占。这种"你强则我弱"的绝对竞争关系在成熟市场中表现得更为明显。区域品牌则不同，它并不是给特定企业带来竞争优势，而是给区域内所有生产同类产品或替代品的企业带去无差别的竞争优势。例如，闻名世界的"浏阳花炮"给浏阳市内所有烟花爆竹企业带去了竞争优势，这些企业从"浏阳花炮"区域品牌中所获得的竞争优势也是无差别的。

从利益关系的角度来看，企业品牌的排他性还体现在利益的排他性。不同的企业品牌之间存在着竞争关系。企业品牌给拥有此品牌的企业带来利益的同时威胁着同类产品或替代品生产企业的利益。而区域品牌知名度和美誉度的提升则能够有效地促进区域内所有相关企业的发展，区域内各企业的发展与区域品牌的经营状况紧密相连。而一旦区域品牌失去了市场的信任，整个区域内的相关企业也将受到消极影响。例如，"三聚氰胺"事件就是一个典型的例子。毒奶粉事件之后，整个中国的奶粉行业都遭受了前所未有的信任危机，奶粉企业的发展也遭受重创。

2.2.2.2 区域品牌的作用

（1）可以通过消费者的品牌识别对区域形象产生丰富的联想。与产品一样，如果一个区域想要获得消费者支持，那它就必定要使消费者觉得这个区域有不同于其他区域的价值。这种价值感知往往需要在消费者与区域没有实际接触时形成，这就需要通过品牌联想进行连接。品牌联想是任何与品牌记忆相联结的事物（Aaker，1991），是人们对品牌的想法、感受及期望等一连串的集合，可反映出品牌的人格或产品的认知。Keller（1993）认为，品牌联想是在记忆中信息节点（information node）与品牌节点（brand node）的相联结，其包含了品牌在消费者心中的意义。有了品牌联想，消费者对区域品牌的认知才能与区域品牌传递出的信息相结合，才能更好地认识特定的区域品牌。

（2）产生公共品牌效应。在区域经济发展过程中，区域品牌能够为区域带来公共品牌效应。区域品牌的成功可以使区域整体在消费者心目中产生良好的形象，而这种感知到的形象会自然地通过晕轮效应传递到区域内的相关企业品牌上。区域品牌作为区域内个体企业的背书品牌，将给消费者提供信任感知，使消费者更容易对区域内个体品牌形成品牌忠诚，进而产生品牌购买行为。区域内所有相关个体品牌也都能共享这个区域公共品牌带来的品牌效应，都能公平地获得区域品牌吸引来的消费者，从而有效促进企业的发展和整个区域的财富累积。

（3）促进和优化产业集聚。区域往往因为其在自然资源、历史底蕴、经济实力、社会文化等方面的特质而成为品牌。这些特质通过品牌宣传，将形成与其他地区区别开来的标识，从而能够将与之相关的优秀人才、优质资金等吸引过来，提升区域内产业的专业化程度，降低企业运营成本。区域品牌是高级形态的产业集群。而低级形态的产业集群可以通过区域品牌的打造吸引同行业的优秀企业入驻，以强带弱，帮助弱势企业发展或者淘汰弱势低能企业，实现产业集群发展的升级，获得更高质量的集群效应。

（4）提高区域内企业积极性。区域品牌通过共享品牌带来的经济效应，能够有效提高企业、商会及政府发展区域经济的积极性。区域品牌不是个体品牌，对内具有非排他性和非竞争性。非排他性使区域内所有企业都可以共享区域品牌带来的品牌价值，比如消费者对该地区产品的正面口碑和品牌依赖等。非竞争性使区域品牌的价值被共享，不存在大公司分到更多品牌价值而小公司分到更少甚至没有的情况。这两种特性会使区域内大小企业都能看到参与区域建设的利益及利益分配的平等，就会更有积极性地参与区域品牌建设。

2.2.3 区域品牌研究述评

学术界对区域品牌的研究主要起源于两个理论：一个是市场营销理论，另一个是战略理论。

延伸于市场营销理论的区域品牌的典型观念正如 Keller（1998）的描述。他认为，地理位置或者某一区域像产品和人一样也可以成为品牌。这一观点认为，区域与商品、组织、服务、零售商店等产品一样是产品的一种形式，可以将其品牌化。树立区域品牌旨在增加人们对该区域的了解并通过品牌产生联想，最终促进区域的发展。Riezebos 等（2004）认为，区域品牌的历史毫不逊于产品品牌，区域品牌和产品品牌一样都可能起源于中世纪。随着世界经济的迅速发展，市场营销理论不断完善，产品营销理论也逐步在国家、城市及地区层面得到延伸拓展。Kotler 等则是运用产品品牌理论来研究区域问题的代表学者。Kotler（1993，1997，2002 等）较早地围绕区域品牌对区域的营销、国家的营销、中国的地区营销等进行了一系列的研究，成为区域品牌理论研究的代表学者。例如，Kotler 等（1993）认为，在发展区域的过程中可以将区域看作一个以市场为导向的企业，而区域未来发展的远景则是产品，发展区域经济需要地方积极主动地根据地方的特色展开营销。Rainisto（2003）指出，研究区域品牌要求对其进行全面的分析，可以将产品品牌理论延伸至区域品牌。市场营销理论流派在进行区域品牌的消费者分析、消费者购买决策分析、营销策划及品牌的传播、定位等方面都能找到产品品牌理论的影子。Kotler 等甚至在国家宏观经济决策的抉择分析时也用到了市场营销的分析方法。该理论流派对区域品牌的研究主要集中在区域品牌的概念、品牌定位、品牌化战略等方面。

区域战略理论尤其是区域竞争优势理论是推动区域品牌理论发展的另一股力量。该学派的代表人物 Porter（2003）认为，区域品牌是一种准公共物品，区域品牌能够有效地提升区域内企业的竞争力。在其《竞争战略》和《竞争优势》著作中，Porter 将目光聚焦在提升企业内部效率上，并强调策略的作用在于企业走上与其竞争者截然不同的道路，或在相同的道路上更具有效率。在随后的《国家竞争优势》等著作中，Porter 又将视角由企业内部拓展到企业外部，开始强调不同的区域发展对于企业竞争优势的影响，并提出了"钻石模型"。他认为，区域在生产要素供给、需求的规模和质量等方面影响企业的国际竞争能力，从而造就了不同企业之间的绩效和竞争优势。

针对区域品牌的构建，赵卫宏（2015）将现有文献关于区域品牌的构建理论归纳为集群生成视角和政府构建视角。这两个视角代表了两种不同的区域品牌化思路。

2.2.3.1 集群生成视角

集群生成视角认为，产业的集群内聚是区域品牌化的动力源泉。集群产业是区域品牌的有形基础，其内聚效应促进区域特色传播，从而形成品牌效应。Rosenfeld（2002）较早指出了产业集群对于区域品牌化的作用，并将产业集群性视为区域品牌化的重要因素。胡大立等（2006）提出，区域品牌化由区域特性、品牌内涵和产业基础三方面要素决定，并受到集群效应与品牌效应的交互作用。其中，区域特性包括资源优势、人文历史和自然风貌等；品牌内涵包括产品属性、利益、个性、价值观、文化和顾客群体等；产业基础则包括产业规模、市场覆盖、技术水平和合作程度等。熊爱华（2008）指出，区域品牌化的动力源于区域内集群产品优势性和产业强势效应。孙丽辉（2010）基于 200 家企业调查发现，产业优势性、环境优势性和名牌聚集性对区域品牌具有积极影响。马向阳等（2014）提出了以优质企业品牌构建企业联合品牌以推进区域品牌化的机制策略。

姚作为（2004）从集群生成视角对集群品牌建设的阶段过程进行了探讨。他认为，企业集群指的是由企业或机构按照专业化分工与协作的关系在特定空间上集聚起来的产业组织。研究强调，集群的成员不仅包括主导产业中的企业，还包括影响它们发展的所有利益相关群体，包括生产商、供应商、销售人员、基础设施的提供者等。在此基础上，运用产业集群的生命周期理论，把集群品牌建设分为萌芽期、成长期、成熟期和衰退期四个阶段，并对这四个阶段的特点进行了描述（见表 2 - 1）。

表 2 - 1 企业集群品牌建设不同阶段的特征

阶段	企业集群品牌建设各阶段的特征
萌芽期	（1）众多企业的相互合作，使集群的产业价值链条基本成形； （2）开始建立起早期的合作与竞争的关系，销售渠道体系也渐显端倪； （3）企业之间初步确立最基本的联系，但尚不稳定； （4）企业间不存在显著差异，企业易采用价格竞争战略； （5）初步形成集群品牌，企业尚未拥有自己的品牌
成长期	（1）集群内利益相关群体之间的长期互惠关系基本形成，信任机制与行为规范也已建立，集群内形成有效的学习机制； （2）众多企业品牌出现，企业集群开始演化为品牌集群，品牌集群效应也升始出现，市场的主导战略是差异化； （3）集群品牌的市场辐射力得到了提高，它能有效地发挥集群营销效应、提高集群形象、影响顾客购买决策、加强集群内部联系等； （4）销售渠道更加市场化与专业化，出现了大型贸易博览会和专业化销售市场
成熟期	（1）品牌成为购买决策的重要影响因素，企业与集群频繁使用市场细分战略； （2）市场集中的程度与速度加快，主导品牌出现，市场资源向主导品牌集中，原先平等的企业间关系也开始向主导品牌倾斜； （3）市场型集群演变为中卫型集群，主导企业控制价值链的核心增值环节，平等合作型品牌链条转为主导品牌牵引型品牌链条； （4）松散的品牌集群转变为紧密的品牌集群，开始出现集群的品牌聚合效应； （5）技术得到了持续创新，不断涌现出新产品和新工艺，企业集群成为自组织体系，集群的品牌聚合效应不断放大

续表

阶段	企业集群品牌建设各阶段的特征
衰退期	(1) 市场需求日渐萎缩，多数企业主动或被迫退出市场，集群的品牌链断裂，品牌聚合效应不断减弱甚至走向消亡； (2) 形成新的集群，开始新的一轮品牌聚合进程

黄喜忠等（2006）将产业集群中的品牌集合看作一个生态系统，并指出产业集群中的品牌生态有以下含义：其一，企业的产品品牌有着独立的生命轨迹，它是有生命意义的个体，能够脱离创建者而存在；其二，不同的产品市场组成了产业集群，这些品牌构成了一个品牌种群，它们争夺同一市场；其三，产业价值链的连接使不同的品牌种群构成了品牌群落；其四，品牌生态系统由品牌群落和支持性环境构成；其五，在全球价值链的影响和作用下，可以形成一个更大的品牌生态系统。他还认为，品牌群落结构的形成与演化主要受产业特征、区域文化、竞争、消费空间的异质性、外部力量的干扰等多种因素的影响。

黄勇（2007）认为，众多关联的企业或机构以利益最大化为共同目标，在某区域聚集，相互依托，最终形成了产业集群。他认为，区域品牌形成的重要载体是产业集群，区域品牌与产业集群有着密切的联系。产业集群与区域品牌的构成要素相似，产业集群有着区域性和产业实力的特征，而区域品牌则由产业实力、区域性、品牌特征构成。产业集群能够促进区域品牌的形成与维护，区域品牌的建设反过来也能够提升集群的整体形象。

盛亚军和张沈清（2009）基于集群生成视角，界定了影响区域品牌形成的集群产业优势因素，并开发了相关定量测量量表。他们认为，区域品牌是以一定产业及其集群为支撑，在此基础上形成具有相当规模、较大市场占有率和影响力优势的产业和产品，并以区域地名和产业名组合命名为共享品牌名称，在消费者心目中具有较高知名度和美誉度，从而形成以区域和产业名称著称的区域公共品牌。他们在文献梳理基础上，结合深度访谈的调查结果，开发了包括成本优势、产品优势、创新优势、营销优势的四维度模型用于测量对区域品牌形成有较显著影响作用的集群产业优势，从集群生成视角实证探明了影响区域品牌形成的四类主要因素。

李大垒（2008）基于对集群品牌的研究，认为集群品牌指的是在市场上有着较高知名度、忠诚度、美誉度的特定产业集群，集群品牌是集群内众多企业发展过程中形成的正面因素的结晶，综合体现了集群内企业品牌的集体行为。他将集群品牌分为两种不同的类型：一种是"覆盖"型集群品牌，也就是在产业集群范围内，集群整体品牌在市场中的影响力大于企业个体品牌的集群品牌。这类品牌的形成是由于集群内生产同类产品的企业较多，但是集群内单个企业品牌在市场上的影响力不是很大，集群内多是中小企业并多采取贴牌的形式。另一类则是"依托"型集群品牌，也就是依托多个企业名牌而形成的集群品牌。在市场上，这类品牌和集群内的某些企业个体名牌都具有一定的影响力。这类集群品牌的形成靠的是优质企业品牌的支撑，其特点是集群内先有企业名牌后有集群品牌，集群内不仅存在企业领头品牌，还有中小企业品牌。这类集群品牌在市场上的影响力往往不如集群内的企业领头品牌。这两类集群品牌中，"依托"型集群品牌的形成基础比"覆盖"型集群品牌更稳固，也更具市场优势。"依托"型集群品牌能够有效地带动集群内其他企业自主品牌的创建。

池仁勇等（2014）对产业集群品牌的概念及相关研究进行了综述，认为集群品牌是一个集群区别于其他集群的标志，代表了集群内企业的一种潜在竞争力与获利能力。集群品牌是区域性和品牌效应两个特征的结合。在此基础上，他们介绍了浙江省集群品牌的发展历史与现状。从集群生成视角出发，通过建立集群品牌综合竞争力评价指标体系，对浙江省13个区域国际品牌试点的集群品牌综合竞争力进行了全面、系统的评价研究，最后通过数据分析得出集群品牌发展驱动模式。研究显示，集群品牌的发展和壮大依赖于集群内名牌的集聚和技术研发能力的提升。相反，产业规模扩张和集群支撑环境对集群品牌的发展并不具有决定性作用。从短期看，个体名牌和区域名牌的大量集聚将直接促进集群品牌影响力提升。以名牌化战略维护集群的市场地位和国际影响力是推动集群品牌成长与发展的关键。从长期趋势来看，技术进步、技术创新是集群发展升级的根本保障和原动力，其内生增长效应是资本、劳动力等要素无法替代和弥补的。因此，在集群已形成规模经济且具有专业分工体系的条件下，集群品牌建设应依赖于大力引进先进技术、知识，促进集群支撑环境与集群网络的协同演化。

石荣丽等（2011）对企业集群升级中的区域品牌塑造进行了分析，认为提升区域品牌的竞争力需要从两个方面着手：一是综合运用营销策略提升区域品牌竞争力；二是利用地理标志、集体商标规范区域品牌的使用。

2.2.3.2 政府生成视角

政府的参与是区域品牌得以成功塑造的重要因素。政府作为区域经济政治的主导者，能够协调调动区域内优质资源用于区域品牌。现有从政府生成视角进行的研究主要集中于农产品品牌和区域品牌两个方面。

（1）关于农产品品牌的政府构建研究。

张可成（2009）以农产品品牌为研究对象，对农产品品牌建设中的政府行为进行了研究。他认为，农产品品牌的建设涉及多个主体，政府则承担着重要的角色。政府的职能主要体现在：其一，制定农产品质量标准。政府在参与农产品品牌建设的过程中，制定农产品质量标准是其重要内容。农产品质量标准的制定包括农产品市场准入体系、农产品质量检测体系、农产品质量安全标准体系、农产品质量监控体系等。其二，为农产品品牌建设提供支持和服务。农产品品牌的建设面临着诸如资金扶持、品牌保护等问题，这些问题的解决需要政府的支持和帮助。同时，政府还可以通过资金的投入培育新品种，进行科技的创新。其三，对农产品品牌进行管理。政府承担着农产品的质量标志、集体标志的注册管理职能。其四，评价、监督及保护品牌。市场中农产品品牌众多，产品质量也参差不齐，政府有必要对品牌优劣进行监督管理。政府的监督重点是产品质量和消费者利益，这种监督能够有效地减少消费者的损失，维护市场秩序以保护品牌形象。

罗高峰（2010）以浙江省景宁惠明茶为例对农产品品牌整合中政府的角色进行了研究，提出农产品品牌整合过程中政府扮演着倡导者、规划者、扶持者、服务者、管理者五大角色，从而完整地构成了政府对农产品品牌整合的支持系统。一是倡导者角色。农产品品牌整合过程中，政府的首要任务是引导农民和农业企业更新观念、解放思想，共同使用统一品牌，倡导农产品大品牌的理念。二是规划者角色。政府在品牌整合中需要扮演规划者的角色，在科学规划和制定总体目标、明确品牌的发展方向及市场定位方面发挥作用。三是扶持者角色。在农产品品牌整合过程中，政府需要集中政策和资金资源，对有发展潜力的企业进行扶持，推动产业形成规模优势。四是服务者角色。政府需要为企业的发展提供相关服务，通过加强教育、引进人才、鼓励科研等方式提供技术支持。五是管理者角色。政府要根据品牌战略的要求，对产业进行优化，通过建立产品质量标准、产地环境标准、生产技术标准等确保农产品的质量。

姚春玲等（2014）以农业产业集群的农产品为对象，对其区域品牌的竞争力提升进行了研究。他们指出，基于农业产业集群的农产品区域品牌的提升策略主要包括：加强农产品区域品牌的维护，提升其竞争力；建立"政、产、学、研"互动机制，促进农产品区域品牌的健康良性发展；提高农产品区域品牌资产价值，提升品牌竞争力；积极扶持和引导农业服务机构的发展。

（2）关于区域品牌的政府构建研究。

孙丽辉（2009）以温州鞋业集群品牌为例，对塑造区域品牌过程中地方政府的作用展开了研究。他认为，在区域品牌建设过程中，政府是不可或缺的中介变量，政府能够帮助集群形成产业优势，为区域的建设创造良好的环境，有助于打造龙头企业等。首先，产业集群的生成模式与区域品牌是不同的，因此地方政府在产业集群和区域品牌的形成过程中发挥着不同的角色作用。集群是自发形成的，政府在集群中起着促进和助推作用。在集群中，区域品牌是在政府的主导下生成的，政府是区域品牌建设的领导者、管理者和组织者。其次，区域品牌的演进方向、发展速度及可持续发展水平受政府建设区域品牌过程中的政策导向、主观偏好、学习能力及管理水平的影响。地方政府要进行观念创新、加强组织学习、积累经验，这样才能提高其对区域品牌的管理能力。再次，作为区域品牌建设的主导者，地方政府通过直接与间接两种方式促进区域品牌建设，即直接或间接作用于形成区域品牌的影响因素进而影响区域品牌的形成。最后，在区域品牌建设的不同阶段，区域内的企业对公共政策有着不同的需求，地方政府应该根据不同的政策需求进行管理创新。政府的创新对区域品牌无形资产的积累、提升区域品牌形象及促进集群的发展有着很大的影响。

薛桂芝（2012）认为，地方政府在创建农产品区域品牌中发挥着重要的作用。作为农产品区域品牌的经营主体，政府在创建农产品区域品牌的过程中应担任引导者、服务者和管理者的角色，引导和扶持农产品区域品牌的发展。研究指出，地方政府是区域品牌的关键经营主体，政府的任务是通过协调、监督和管理，为区域品牌的建设营造良好的发展环境。一方面，地方政府需要完善行政参与机制、区域自治机制、质量标准保障机制、法律保障机制、文化融合机制等农产品区域品牌保护机制。另一方面，地方政府要对品牌进行宣传推广。生产者与消费者之间往往存在信息不对称，这使消费者难以对品牌产生信任。政府应该树立品牌意识，加强区域品牌的宣传，提高品牌的知名度并形成良好的品牌联想，进而提高品牌美誉度并形成品牌忠诚。此外，政府要充分发挥引导与扶持职能。农产品区域品牌建设具有很强的政策性和专业性，这需要政府的引导与扶持。特别是在区域品牌建设的初期阶段，政府应为农业的发展提供服务，加强对行业协会的指导，培育龙头企业，通过龙头企业带动区域品牌的发展。

马向阳和辛荣（2013）从政府构建视角探讨了以区域联想为核心的区域品牌伞的基本架构，提出了影响作为区域品牌伞核心价值的区域联想可转移性维度。研究指出，在区域品牌构建中，政府和利益相关群体的支持是关键推动力量。政府是区域品牌化的领导者，地方政府的重视和强有力的领导与协调是区域品牌化成功的关键。学者基于政府构建视角提出了区域品牌伞策略，强调在区域政府主导下，将区域名称直接与区内产品或服务相结合，作为其品牌或品牌一部分，从而产生上层品牌对伞下品牌的增强效应。在宏观层面，要发挥政府统筹和规划的主导作用，自上而下地构建一个以区域品牌为上层品牌，涵盖区域内一系列产品与服务的伞状区域品牌层级结构，发挥区域品牌对区域内产品和品牌的垂直影响力。

饶晓艳（2013）以闽西客家文化为研究对象，对区域在文化品牌建设过程中政府的作用进行了研究。她认为，政府在闽西客家文化品牌建设中发挥的作用主要体现在制定规划、财政支持、建设基础设施、推进体制改革等方面。在制定闽西客家文化品牌建设发展规划方面，政府应该重视文化建设的战略性研究，主导挖掘客家文化内涵，提出打造闽西客家文化品牌并制定规划。在营造有利于闽西客家文化品牌建设的外部环境方面，政府应制定相关政策，提供资金扶持，完善文化基础设施及产业发展配套设施。在进行体制机制改革创新方面，政府应深化文化体制改革，健全文化管理体制。

高式英等（2015）通过分析区域品牌内涵、特点及其构建的载体与基础，探索了政府引导型区域品牌构建的具体模式，并以"浏阳花炮"为例对政府引导在区域品牌构建中的作用机制进行了实证分析。研究指出，区域品牌的建设固然需要发挥市场机制，使各种资源得到高效配置，然而，由于市场机制在解决公共产品和外部性问题上的失效，区域品牌建设需要政府的引导和干预。通过政府的引导和干预，可以有效地规避企业在区域品牌建设中的机会主义、短期行为和违法造假行为，从而促进产业集群的发展和区域品牌的建设。而对于资源禀赋和技术条件不足的地域和产业集群而言，更加需要政府的引导，才能加快区域品牌的建设。他们指出，地方政府的区域品牌建设应以引导为主、干预为辅。从理论分析与案例研究的结论来看，在政府引导区域品牌建设的模式下，应该重点从三个方面着手：一是制定合理的产业政策，用政策引导产业集群的发展和区域品牌的建设；二是加强政府对公共产品和服务的供给力度，如提供交通设施建设、配套设施建设、科技和金融服务等；三是通过政府手段打击滥用、破坏产业集群区域品牌的行为，维护集群品牌的形象和声誉。

熊爱华（2007）也对"浏阳花炮"区域品牌的形成原因进行了分析，认为产业集聚和政府推动是区域品牌形成的根本原因。在产业集聚方面，浏阳花炮集群企业是"浏阳花炮"区域品牌进一步成熟的主导力量。聚集的产业通过优化内部的专业化分工与协作生产体系及产业配套体系来提高集群竞争实力，同时通过塑造区域文化和抱团开展整体营销等方式来塑造区域品牌。在政府推动方面，浏阳当地政府主要通过制定公共规则和提供公共服务的方式参与"浏阳花炮"区域品牌的构建。政府为区域内企业提供市场和技术信息，为企业的对外联系和对内的产业升级提供支持。通过合理规划功能区，促进企业集群健康发展。出台政策刺激科技创新和积极开发专业人力资源来增强产业整体竞争力，同时主导区域的整体营销，打造区域品牌。同时，熊爱华（2007）还以嵊州领带为例，分析了"嵊州领带"区域品牌形成的原因，指出：区域历史传统和地理优势是区域品牌形成的土壤；灵活专业化的生产方式造就的成本优势是区域品牌形成的经济基础；国内同行中领先的领带生产技术是区域品牌形成的关键；领带专业市场的营销优势加速了区域品牌形成步伐。

苏悦娟（2013）以地理标志区域品牌为对象，研究了地理标志区域品牌化的策略。她认为，地理标志区域品牌化的策略包括战略规划层面的策略和战术执行层面的策略。在战略规划层面要做到：增强地理标志区域品牌化意识，树立地理标志政府营销的观念；发掘地理标志的历史、文化内涵；建立地理标志区域品牌形象，制定长远的战略规划；建立地理标志区域品牌化管理机构或者赋予协会相应的职能。在战术执行层面要做到：科学周密的地理标志区域品牌政府营销策划；有效的多样化地理标志营销方式，例如文化营销、体验式营销、事件营销、网络营销等。

马向阳等（2014）在梳理区域品牌建设模式的基础上，提出了区域品牌建设新策略，即区域品牌伞下的企业品牌联合。品牌联合指的是两个或两个以上品牌资产所有权清晰的企业品牌通过联合的方式形成新的共有品牌。而新品牌与既有品牌（区域品牌或区域产业品牌等）以各种形式结合的品牌策略。区域品牌伞下的企业品牌联合是政府、行业协会和企业等多方主体共同努力的社会化结果。在企业品牌联合中，市场需求与竞争压力是联合形成的动因。产业集群、企业聚集与协同为品牌联合奠定了基础。同时，社会化协作、良好的分工合作机制、明确完善的规则机制和政府与行业协会等服务主体的引导等都是企业品牌联合的必备条件。

随着国家品牌、地方集群品牌等区域品牌化的成功，区域品牌研究逐渐成为学术界持续关注的热点。现有文献围绕着区域品牌的概念内涵、特征作用及品牌塑造等展开研究，并取得了一定的成果。

在区域品牌的概念内涵方面，学者们有着不同的见解。一些学者认为，区域品牌是一个区域的产业、产品在市场中沉淀的结果，它能够使自己与其他区域区别开来（Rainisto，2003；谌飞龙等，2013）。一些学者则借鉴产品品牌和公司品牌的定义,认为区域品牌是以一定地理范围命名的公共品牌的统称,它能够通过功能、情感、关系和战略等要素共同作用于公众大脑并形成一系列独特的联想(Morgan,2002;Kavaratzis,2005;Nworah,2005;Allen,2007;孙丽辉,2009)。在区域品牌的特征和作用方面,现有文献认为区域品牌具有区域、产业集群、地理品牌、产权模糊、利益共享等特征,它能够为区域带来公共品牌效应、集聚效应,能够提高主体的积极性。但由于区域品牌有着不同的分类,研究对象和聚焦问题也不尽相同,学者们对区域品牌的概念也有着不同的理解和表达。其中,普遍认同的本质特征是区域品牌以某一区域为载体,它能够与其他区域区别开来,其塑造的关键是要建立识别系统。

在区域品牌的塑造方面,较多学者提出了自己的见解。一些学者以较成功的区域品牌为研究对象,总结了它们的成功经验(熊爱华,2007)。还有一些学者从集群生成和政府构建的视角,对如何打造区域品牌提出了不同的见解(石荣丽等,2011;姚春玲等,2014;马向阳等,2014)。学者们普遍认为,区域品牌的打造需要区域做好集群的打造、政府的科学管理、企业的科学经营、科技水平的提高、组织间的相互协调等方面的工作。然而,这些研究多为概念思辨和案例讨论,实证分析较少,其研究结论缺乏实证检验。

2.3　生态区域品牌资产

2.3.1　生态区域品牌资产的概念

2.3.1.1　生态区域品牌的概念及维度

综合现有研究对生态品牌的定义可知,生态品牌并不是一个具体的商标名称,而是以生态为特色的品牌,体现为消费者对特定品牌环境友好性和生态优势性的联想与信任。Hartmann(2005)认为,生态品牌具有一些能够降低品牌对环境的影响并被消费者感知为对环境友好的品牌的属性和利益。他强调,一个优秀的生态品牌应该能为倡导生态消费的消费者提供相关利益。Chang 和 Chen(2014)指出,生态品牌是环境友好性的品牌,能够引起相关目标群体的积极情感。Grant(2008)认为,生态品牌比非生态品牌更具有生态优势,更能吸引注重绿色环保、生态消费的消费者。

基于上述认识，本书把生态区域品牌定义为以环境友好和生态优势为显著特点的区域品牌。这里的"区域"是指具有共同特点和特性的地理区域或功能区划（Kotler and Gertner，2002），它可以像产品或服务那样被品牌化（Keller，1998）。

根据赵卫宏（2016）的研究成果，生态区域品牌是一个由产品生态性、产业生态性、环境生态性、文化生态性和政治生态性五个维度构成的位阶结构。其中，产品生态性由产品有机性、产品环保性、产品认证性和产品绿色技术性生成；产业生态性源于产业循环性、产业低碳性、产业集群性和产业规划性；环境生态性由资源优势性、资源节约性、环境友好性和发展可持续性生成；文化生态性源于价值观共享性、理论认知性、理念俗成性和角色定位性；政治生态性则由目标一致性、领导专业性、资源动员性和群体协同性产生。

2.3.1.2　生态区域品牌资产概念及构建机制

根据品牌资产的概念内涵，区域品牌资产可以被视为一个行政或地理区域以产业集群为依托的企业信誉、产品质量和服务水平，以及基础设施、自然资源、历史文化等多方面信息与特色在市场中形成的品牌知识与联想。它是市场购买的心理动因，也是区域经济发展的动力和优势体现。随着绿色营销的兴起，一些学者根据 Aaker（1991）和 Keller（1993）的观点，把生态品牌资产定义为一个产品（或企业）品牌通过其产品和服务附加于品牌名称和象征所承载的绿色承诺和环境关切的一系列资产或负债（Chen，2010；Kang and Hur，2012），它体现了消费者对品牌的环境友好性和生态优势性的联想与信任。

现有研究对生态区域品牌资产尚无明确的定义。本书根据现有文献对品牌资产和生态品牌资产的理解，把生态区域品牌资产定义为消费者对一个区域品牌所体现的环境友好性与生态优势性的联想与信任。生态区域品牌资产体现一个地区的功能、情感、关系和战略要素共同作用于市场所形成的生态性联想。它既有品牌的名称、象征等基本属性，又有生态识别性、品牌资产性和市场竞争性等特征。

现有文献对生态区域品牌资产构建机制的研究甚少，但是学者们对区域品牌资产的构建进行了探讨。对于区域品牌资产的构建维度，有学者认为，产业的集群内聚是区域品牌资产的动力和源泉。集群产业是区域品牌的有形基础，其内聚效应促进区域品牌的传播，从而形成品牌资产效应。Rosenfeld（2002）较早指出了在市场面临广泛选择而需要借助品牌进行识别的经济活动中，将集群作为一种产品进行品牌化是其与竞争对手区别开来的有效手段。胡大立等（2005）认为，区域品牌资产由区域特性、品牌内涵和产业基础三方面因素决定，存在集群效应与品牌效应双重互动机制。徐鹏和赵军（2007）指出，区域品牌资产的增值包括产业带动机制、大品牌带动机制和区域带动机制。马骁和肖阳（2008）提出，区域品牌资产源于产业集群所形成的市场优势、产品优势和产业优势。熊爱华（2008）指出，区域品牌资产源于区域内集群产品的优势效应和产业的强势效应，而区域品牌作为区域产业重要的无形资产和强势的市场联想又促进了集群的壮大。

然而，这种品牌资产的集群生成视角有一定的局限性。集群生成视角主张从产业集群内聚效应探究区域品牌资产的生成机理及驱动因素，存在"市场失灵"的风险。集群效应的形成取决于集群的水平，产业集而不群、技术低水平聚集难以确立集群优势和品牌声誉；过度模仿趋同而抑制创新可能造成竞争优势和品牌优势的丧失；集群内部的机会主义"搭便车"行为则造成企业品牌逆向淘汰的"柠檬效应"；集群的生命周期性也可能导致区域品牌的衰落。"市场失灵"导致区域品牌资产得不到有效构建的问题已有学者论及，并有不少实践案例佐证。

2.3.2 生态区域品牌资产的特征及作用

2.3.2.1 生态区域品牌资产的特征

生态区域品牌资产的本质还是品牌资产，具备品牌资产的一般特征与生态特征。

（1）生态区域品牌资产的无形性与依附性。生态区域品牌资产是无形的，不同于设备、厂房等有形资产，无法直接观察到和感受到。单纯地从财务或者消费者感知视角来评估品牌资产是不准确的。因此，品牌资产所有权一般经过申请获得。生态区域品牌资产无法通过市场交换方式取得，需经由品牌拥有者申请品牌注册，由注册机关按照法定程序确定其所有权。虽然品牌资产是无形的，但是一经申请注册，品牌资产就具有排他性。除非经过品牌所有者允许，否则其他机构及个人无权占有或利用该品牌资产价值。

生态区域品牌资产的使用价值具有依附性。品牌资产没有独立存在的能力，只能依附于某区域品牌才能发挥作用。只有当品牌资产与区域品牌的生产经营活动联系起来，与目标客户产生商业行为时才能实现价值。

（2）生态区域品牌资产的长期性与动态性。品牌资产不是一个瞬时概念，而是一个长期的不断演进的结果。生态区域品牌往往都需要经过长时间累积才能提高知名度、品质形象、忠诚度等。尤其是区域品牌往往会受到区域之间的地理距离、区域的自然封闭和自然生态特色的形成缓慢等因素的影响，难以被有效快速传播，需要更长久的时间才能构建起品牌资产。

生态区域品牌资产不是在某一个时刻或者某一次活动中被建立，而是需要经历一个从无到有、从不知名到知名的成长过程。因此，品牌资产没有最终的目标。而且，品牌在发展过程中有可能会经历一些正面的或负面的事件，这些事件也会相应地增加或减少品牌资产。

（3）生态区域品牌资产的生态性与共享性。与一般品牌资产不同，生态特征是生态区域品牌资产的构建基础。自然的、绿色的、无公害的、健康的是生态区域品牌资产的一般描述。生态区域品牌经注册后，虽然不允许被其他机构随意使用，但区域内企业品牌可以无差别地共享该区域品牌的资产。例如，中国蓝莓小镇阿尔木，区域内任何一家企业都能够利用消费者对阿尔木蓝莓良好的口碑和偏好来进行宣传、进行获利。只要企业品牌满足消费者对阿尔木蓝莓的品质要求，品牌资产都不会因利用者增多而削弱，反而有正向加强的作用。

2.3.2.2 生态区域品牌资产的作用

（1）有助于消费者决策。生态区域品牌资产的生态性使消费者将区域品牌联想为天然健康的和高品质的。在消费者对消费品的价值质量抱有疑感时，生态属性的强调能够一定程度上消除消费者的疑虑。消费者在进行购买决策时，往往因为无法准确判定消费品的质量效用而犹豫不决，甚至因此而取消购买。生态区域品牌资产的生态属性包括天然健康、绿色节俭等正面联想，也可以帮助消费者获得消费品的知识进而帮助决策。

（2）有助于抵御品牌危机。在区域品牌出现危机事件时，已建立的品牌忠诚会使消费者第一时间怀疑事件的真实性，甚至帮助品牌澄清事实。品牌危机的出现往往是猝不及防的，尤其是在互联网时代，品牌危机会在短时间内急剧发酵，对品牌产生极大威胁。而一定的品牌资产积累可以让消费者对品牌产生较高的信任和忠诚。当危机出现时，这些消费者会对事件持怀疑态度甚至主动寻找真相。尤其当危机事件被否定时，这些消费者会主动充当品牌修复者，传播事实真相，帮助品牌减少损失。

2.3.3 生态区域品牌资产研究述评

2.3.3.1 结果属性视角

品牌资产是品牌名称内在体现的无形资产。现有文献一般从财务和消费者感知两个视角定义品牌资产。这两个视角都从品牌资产的最终结果来进行研究。

（1）财务视角。

财务视角把品牌资产定义为一个品牌在企业并购中的附加值（Simon and Sullivan，1993）。Smith（1991）提出，品牌资产是指由各种成功的营销规划和活动创造的，为一种产品和服务积累起来的在商品和服务贸易过程中可度量的财务价值。亚历山大·贝尔认为，品牌资产是财务人员发明的词汇，用来反映品牌的财务价值。品牌资产就是品牌给产品或服务带来的现金流。也有学者认为，从财务的角度，品牌资产可以直接通过货币额度表示，比如品牌收购价或者品牌经营授权费等。这些额度的高低即代表了品牌资产的多少。卢泰宏（2002）提出用财务核算的成本法、替代成本法和股票市值法来评价品牌资产。还有学者认为，品牌资产是指只有品牌才能产生的市场效益。换句话说，品牌资产是商家获得的超出产品本身的溢出价值。当品牌与消费者喜好的联想相联系后，消费者愿意付出超出产品本身价值的货币部分就是品牌价值。

（2）消费者感知视角。

消费者感知视角则把品牌资产定义为消费者对一个品牌的感知价值（Aaker，1991；Keller，1993）。这个视角中比较一致的观点认为，品牌资产是指由于消费者拥有的品牌知识而导致对品牌营销反应的差异化效应。它是品牌名称赋予产品或企业的附加感知效用和利益（Keller，1993；Lassar，1995）。在这个感知过程中，品牌知识是形成品牌价值的关键。由此可以认为，品牌资产是顾客头脑中强烈的、积极的、独特的联想。品牌资产取决于品牌联想的强度、受喜好的程度和独特性。品牌资产最终取决于顾客对它的认知程度。Kller（1993）由此提出了顾客的品牌资产金字塔模型，该模型包括四个层面：品牌形象、品牌内涵、品牌与消费者的联系、消费者的反应。

Aaker（1996）把品牌资产划分为品牌忠诚、感知质量、品牌联想、品牌知名度和其他专属品牌资产五个维度。此后，他又从顾客认知和产品市场两个视角将这五个维度进一步细化，得出10项具体测评指标：忠诚度测量（溢价、满意度或忠诚度）、感知质量或领导能力测量（品质感知、领导品牌或普及度）、联想或差异化测量（价值、品牌个性、企业组织联想）、品牌知名度测量（品牌认知）和市场状况（市场价格和分销区域、市场份额）。Yoo等（2000）认为，品牌资产主要包括感知品牌质量、品牌忠诚、品牌关联或知晓。卫海英等（2003）则提出，品牌资产由消费者的价值取向、品牌的市场定位和地位、品牌的创新能力和执行能力生成。

这些研究多从财务和消费者感知的品牌资产形成结果视角来进行研究，很少从过程属性去认识和评价品牌资产的形成过程（Valette - Florence et al., 2011）。结果视角探究品牌资产形成后的属性，假定品牌资产在某个时点固定不变。然而，品牌资产构建是一个不断发展的过程，没有终点。因此，从过程属性视角探讨生态区域品牌资产的构建更具合理性。此外，对生态区域品牌资产的过程属性研究也有利于品牌管理者在资产构建的过程中不断调整品牌策略，实现全过程控制而不是结果控制。

2.3.3.2　过程属性视角

品牌资产的构建是一个长期持续的复杂过程。许多学者从品牌资产的构建过程入手，发掘品牌资产的过程属性。Keller（1990，1992）在讨论品牌延伸理论时，认为品牌延伸可以提升核心品牌资产，强化企业市场竞争力。符国群（2002）认为，品牌延伸是品牌资产利用的重要方式之一，即将著名品牌或成名品牌使用到与现有产品或原产品不同的产品上，它是企业在推出新产品过程中经常采用的策略。总之，品牌延伸提高了品牌的经营能力和扩展能力。品牌资产的大小体现在品牌自身的成长能力、扩展能力上。

在生态营销情境中，生态需求和生态品牌化实践促使学者们开始探讨生态品牌资产的形成过程属性。例如，Hartmann 等（2005）认为，生态品牌资产体现为对品牌的环境友好性和天然性联想。Rios 等（2006）把生态品牌资产的过程属性归纳为功能属性（产品的环境绩效）、体验属性（社会福祉有益）和象征属性（社会认同展示）三个维度。Chen（2010）认为，绿色品牌形象、绿色满意和绿色信任是增加绿色品牌资产的要素，并以此来评价绿色营销。Parker 等（2010）通过消费者访谈，把生态品牌资产的过程属性归纳为生产不损害自然环境、产品绿色有机性、不含人工成分和循环使用性。Unruh 和 Ettenson（2010）结合案例提出，生态品牌资产体现在产品绿色属性和组织绿色资源两个维度。前者包括环境友好、绿色文化传统、可回收性、能源效率、无毒性；后者包括新产品开发、供应链管理、渠道关系和与环境组织的关系。Chen 和 Chang（2012）通过环境专注性、环境专业性、环境绩效性和环境承诺可信性来测量生态企业品牌资产。Kim 和 Periyayya（2013）认为，生态品牌资产包括对材质的有机天然性和可循环使用、对自然生物无伤害、包装减少及能源节约性的联想。这些文献虽然是从产品或企业层面对生态品牌资产的过程属性提出描述性或思辨性见解，但也为本书从中观层面探讨生态区域品牌资产的过程属性提供了知识基础。这是因为不但公司生产产品，地区和国家也有产品被生产，也和品牌联想有关（Baldauf et al.，2009）。

2.3.3.3 制度属性视角

20世纪90年代以来，制度现象一直是社会学科研究关注的重点，形成了相对成熟的制度理论，成为分析纷繁复杂的经济学、政治学、社会学现象不可替代的新视角和最有助于使传统学科研究发生革命性变化的理论（赵康等，2001）。

（1）制度的内涵。

制度学派提出，企业面对的环境不只是技术环境，还包括制度环境，即一个组织所处环境的法律制度、文化期待、社会规范、观念制度等为人们"广为接受"的社会事实（Meyer and Rowan，1977）。之后，Meyer和Scott（1983）较为清晰地界定了组织环境中的技术环境和制度环境，指出技术环境是那些被组织用于提供市场交换所需的产品和服务的工具性、职业性或任务性环境；制度环境则是组织为了从环境中取得合法性与支持所必须遵守的规则与必要条件。Scott（1987）进一步提出，制度化的信仰体系、规则和角色是个体和组织赖以生存和发展的基础。然而对于什么是制度，学界至今仍未形成统一的看法。

学者对制度的定义，有代表性的主要是旧制度经济学派代表人物Veblen及新制度学派的代表人物North。Veblen（1958）认为，制度实质上是个人或社会群体对一种社会关系或者事物之间影响作用的思考方式，是大多数人共同拥有的、具有高度一致性的思想习惯。新制度学派的代表人物North（1990）则认为，制度是一系列被制定出来的规则、法律程序和行为的道德伦理规范，能够在追求利益或效用最大化的过程中约束个人的行为。他提出，制度就是社会的博弈规则，即人类设计的塑造人类交互作用的众多正式与非正式的约束。制度包括正式约束（政治及司法规则、经济规则和契约）和非正式约束（行事准则、行为规范和惯例），其作用是修改、补充和扩展正式规则及它们的实施特征。后续研究对制度的定义大多是基于上述两种定义的延伸。

Scott（1995）强调制度就是规制的、规范化的、可认知的架构和活动，这些认知架构和活动促使社会稳定，并指导与约束人类的社会行为。他认为，制度包括为社会生活提供有意义的稳定性、规制性、规范性和文化认知性要素及相关的活动与资源。规制、规范和文化认知三大基础要素构成了一个连续体，其一端是"有意识的、合法实施的要素"，另一端是"无意识的、被视为理所当然的要素"（Hoffman，1997）。

（2）制度的驱动机制。

经典的制度理论认为，制度即为组织被技术、规模等物质资源和规范、文化、信念等社会与文化系统所塑造的力量，探寻的是社会选择通过制度环境的传导机制。其核心要义是：一种制度要能持续存在，必须有强制性的、规范性的和文化认知性的支撑，在政策法规、行为规范和文化认知等多层面获得认同（Scott，1987）。制度为社会成员和组织设计规则，制度中的强制性驱动、规范性驱动和文化认知性驱动等政治、经济和文化机制相互补充，共同构成一个制度环境的"组织场"和社会成员与社会组织的行为准则。

强制性是指政府的行政指令、强制要求或者法律法规的强制力。强制性驱动力主要是通过法律规章及政府政策等形式强力引导组织活动和组织观念，使组织依据这些法律规章从事组织活动。它更多地体现为正式颁布的法律法规和各种行业标准。强制性驱动力的核心理念在于，组织内嵌于政治环境，规则和权力体系拥有的权威和赏罚制度对于组织的长远发展有重要影响。因此，组织有很强的动力将其市场战略或非市场行为与法律法规的强制力、政府的意见保持一致（Qian，2008）。

Scott（2008）认为，强制性驱动力来自于遵守现有的法律和法规，强调的是对现有正式制度的遵从。如果组织想获得较高的规制合法性，就不能出现违背相关规制的行为，而且要选择遵从规制主体鼓励或期望的行为。如果组织的行为完全符合这些规章制度，那么组织在其外部利益相关者眼里也就相应具备了规制合法性（Deephouse，1996）。规制合法性是一种建立在强制性奖惩基础上的合法性。North（1990）认为，制度运行的实质内容之一，就是确保违反规则与法令会付出沉重的代价，以及受到严厉的惩罚。在这种逻辑下，一旦失去规制合法性，组织可能付出沉重的代价，甚至丧失参与相关活动的资格等。组织在预见这些可能的结果后，出于自身利益的考量，被动地满足利益相关方的期望进而获得合法性。

规范性驱动力则通常是隐性的、不易被外部人识别的（Qian，2008）。规范性驱动力来源于社会规范和价值观等对组织的约束（Scott，1995）。它主要表现为将惯例性的、评估性的和必须性的内容引入到社会中的经验法则、标准程序和职业标准等形式。这些规范性制度引导组织活动和信仰的能力大部分来源于社会责任和专业化。规范性驱动力遵循"适当性逻辑"，强调通过道德支配的方式来约束企业的适当性行为，体现为价值观和行为规范（Scott，2008）。

规范性驱动力来源于社会价值观和道德规范，强调的是道德上的合法（Hunt and Aldrich，1996）。与规制合法性反映社会公众对组织"正确地做事"的判断不同，规范合法性反映的是社会公众对组织"做正确的事"的判断。这种判断是根据组织行为是否有利于增进社会福利、是否符合广为接受的社会价值观和道德规范来进行的（Suchman，1995）。Scott（2008）认为，规范合法性主要来自遵从既定的规范和价值观，强调的是组织应该遵从既有的行为标准和商业惯例，其焦点是组织的行为是否恰当，以及是否与利益集团和社会规范一致。相对于规制合法性，规范合法性不会考量组织行为是否满足了利益相关者的需求，而是以社会道德规范为准则来判断组织的行为是否是合适的（Tyler，2006）。

文化认知性驱动力是指共享的价值观、信仰和认知的集合体，它能为组织成员提供模式化的理念、感受和反应，从而引导决策的制定和实施。受文化认知的影响，组织成员通过对其所处社会环境中已经存在和较为流行的各种经验与行为方式的认知，采取模仿等行为以使自身的行为稳定化。文化认知性驱动力决定着人们共同的价值观、信仰和行为取向（Hirsch，1997）。它代表着一种理所当然，这可能使组织为了追求稳定而采取模仿行为。

Scott（2008）认为，文化认知性驱动力来源于采用共同的参考框架，强调某一组织的行为与其他组织是否有共同的参考框架，而参照标准主要来自文化因素。文化认知合法性主要体现的是特定个体或组织与其所处环境的一致性，即组织融入特定社会文化的程度。文化认知合法性是一种建立在共同理解基础上的合法性。发现并强调这种合法性基础的重要性是新组织制度学派最显著的特点。根据这一学派的观点，个体与组织在很大程度上都要受到外部各种信念体系与文化框架的制约，同时，这些信念体系和文化框架又将逐渐内化于个体和组织并最终成为其认知范式和行为脚本（Meyer，1977；DiMaggio，1983）。文化认知合法性强调了以社会为中介的共同框架下个体和组织内生性的合法性动力。

制度环境要求组织服从合法性机制，不断接受和采纳外界公认、赞许的形式和做法（或社会事实），避免合法性危机，增强自身生存能力。因此，组织在制度环境压力之下，常常受合法性机制驱动，采用在制度环境下被广为接受的组织形式和做法。新制度学派提出的合法性机制的基本思想是，社会的法律制度、文化期待和观念制度成为人们广为接受的社会事实，具有强大约束力，规范着人们的行为。合法性机制源自那些诱使或迫使组织采纳具有合法性的组织结构和行为的观念力量（周雪光，2003）。根据新制度学派的观点，组织普遍受到了外部环境的社会规则、规范和心态的形塑（Noshua，2009）。这种促使组织的形态、结构或行为变得合理、可接受和易获得支持的社会观念、规则、规范或文化构成了制度环境（Qian，2008）。制度环境要求组织服从合法性机制，采用广为接受的组织形式和做法，而不管这些形式是否有助于提高组织的运作效率（Suchman，1995）。

制度理论不但为我们探究生态区域品牌资产规律提供了新的视角和理论基础，同时也可以弥补集群生成视角和政府构建视角的不足。制度可以提高社会成员及组织的行为预期和有序发展效率，抑制社会成员和组织的机会主义动机，降低经济社会发展中"市场失灵"和"政府失灵"等风险。因此，当生态经济作为区域发展的社会选择之后，其生态品牌资产的构建过程就是一个生态制度环境的构建过程，其是否在制度层面上获得认同与资源至关重要。生态区域品牌资产只有在一个完善的制度环境中通过多维趋同力量作用才能得到有效持续的构建和强化。

2.3.3.4 资源视角

随着世界经济一体化不断深入，国内市场国际化、企业经营国际化等经济全球化现象在世界范围内慢慢扩散开来。这些现象使特定区域的资源不再被独享，而是成为了全球共享，大大增强了资源的流动性。Poter 在他 1990 年发表的《国家竞争优势》中提出了著名的"国家竞争优势理论"。他认为，一国在要素推动阶段的竞争优势主要取决于一国在生产要素上所拥有的优势，即是否拥有廉价的劳动力和丰富的资源。区域也一样，资源的开发利用对于区域竞争力的塑造与提升至关重要。

（1）资源的内涵。

古典经济学家认为，资源是生产过程中要素的投入，包括土地、劳动力、资本和企业家才能。由于企业家才能具有不确定性，难以衡量，因此常常只谈土地、劳动力和资本。由于土地的流动性较差，所以进行经济分析时大多涉及劳动力和资本两类。在这里，土地通常包括所有自然资源，如矿产、森林、水和土地；资本包括作为再生产投入的机器、工具、车辆、建筑物、工厂等。Laksh-manan 和 Bolton（1987）认为，应当把能源和环境资源当作对于一个经济体系可利用的整个"资源"系列的一部分，主要包括自然资源、劳动力、物质资本和人力资本。美籍华裔社会学家林南（2007）则提出了社会资源理论，认为那些嵌入个人社会网络中的社会资源（如权力、财富和声望）并不为个人所直接占有，而是通过个人的直接或间接社会关系来获取。对于区域来讲，社会资源同样重要，这时的区域可以看作个体，区域之间的关系网络可以看作个体之间的社会关系网络。因此，就当前的区域经济发展来讲，资源就是指形成社会财富的所有来源，它是由自然资源、人力资源、社会资源、科技资源、资本和组织资源等构成的一个资源系统。

相对而言，由于气候条件或历史、经济的原因，资源总是存在地区特别丰富或特别贫瘠的现象，即资源的特定区位性。在历史上，在社会经常资本的投资使资源运输费用降低以前，资源往往使经济活动的布局靠近它们存在的地方。甚至在运输费用降低、生产和消费中心多元化以后，资源开采和粗加工在地理空间上仍然集中于那些资源丰富的地区。在某些地区，大规模的初始资源的生产导致了区域生产的专门化。在一些不确定因素和供应短缺的情况下，价格的大幅上涨会导致这些地区经济收入的自然增长。而就社会资源和组织资源而言，则具有个人特质依赖性。社会关系网络的规模及其带来的经济效应主要取决于区域个体或主要负责人运作关系的能力和将社会资源转化为社会资本的能力。

（2）资源与区域发展。

资源对经济的约束表现在资源的总量或结构对经济发展规模、速度和模式等方面的制约（陈大夫，2001）。Romer（2001）通过将自然资源和土地引入区域经济增长分析，认为资源的限制引起单位劳动产出的下降，并最终制约了区域经济发展。Zamorano（2005）通过包含资本、劳动和资源环境的多要素模型，证明了能源要素对于区域生产率增长具有重要意义。国内学术界对区域经济的很多问题各有观点，百家争鸣，但对于我国各区域经济是否受到资源约束的问题，大部分学者还是持肯定态度。国家发改委国民经济综合司（2004）指出，我国经济已经进入加速发展阶段，但与此同时，自然资源和生态环境等的矛盾也日益加剧，自然资源的承载能力、保障程度和人均占有量相对偏低的情况已经成为制约我国经济社会可持续发展的一大难题。郎一环等（2002）指出，石油、耕地、淡水、森林和矿产等的消耗性短缺，将影响我国社会经济全面、长远的发展。江小涓（2004）、宋旭光（2004）、罗浩（2007）等也认为，在我国发展所面临的挑战中，资源约束更值得关注。

不同经济发展阶段的发展模式也各异。粗放型经济发展模式存在于经济发展落后阶段，资本技术的不发达决定了只能依靠资源的高消耗来带动经济发展。当资源环境要素成为经济发展的约束条件时，资源存量已无法支撑高耗能模式发展，推动转向技术型的集约型经济发展方式。区域发展初期，经济发展主要由大规模资源开发利用驱动，在高速经济增长的背后，是以资源和环境代价换来的"带血"GDP。资源储量与生态环境承载力水平的有限性，决定了区域必须要逐步淘汰高耗能产业，将生态节约型产业打造为区域发展的核心动力源泉，构建可持续发展经济、低碳经济、循环经济、绿色经济。

总的来说，一个地区的资源质量和存量在一定程度上决定了该地区的发展空间。而随着中国经济的发展逐渐步入高质量的低速增长阶段，传统资源的主导性地位慢慢被侵蚀，生态资源正在成为地区经济发展的重要基础。因为生态资源既能提供经济发展所必需的资源消耗，又能同时赋予经济发展的生态的、高质量的属性，符合经济发展的方向要求。

2.3.3.5 资源与制度统合属性视角

前人对于品牌资产的研究多集中于结果端，也就是从消费者的感知或者财务价值的评定角度来研究品牌资产。而区域品牌资产的构建过程是最终结果的先决条件。因此，从过程属性来讨论生态区域品牌资产的构建具有非常重要的意义。生态区域品牌资产的构建过程实质上是使消费者信任与联想区域品牌所体现的环境友好与生态特性的过程，也是通过资源利用构建生态特性的过程。资源理论认为，战略性生产要素市场的不完整导致资源的流动障碍和不均衡分配，进而抑制竞争者获得或复制关键资源，导致企业盈利能力的长期差异（Barney, 1986, 1991; Dierickx and Cool, 1989）。关键资源的掌握能够赋予品牌独特的竞争优势，为消费者构建品牌联想提供依据。

区域品牌只有具备最主要的区位要素资源，才能突出区域品牌的"区域"性。区域特定的气候、产品资源等推动地方性产业发展，培育独特的地方性产业集群，使产业集群和区域品牌变得难以复制，无法脱离特定的区域环境而存在。同时，区位要素资源需要区域品牌的引导和开发作用，没有区域品牌的良好美誉度和产业吸引力，区位资源要素将面临衰退甚至消失。区域品牌依托于区域资源，区域资源是区域品牌的强大支撑和载体。没有区域优质资源的区域品牌是空中楼阁，必将垮塌甚至消亡。成功的区域品牌化对区域内资源的开发利用有强大的推动作用，反之也可以毁掉区域内资源的已有成果和美誉（潘曰雷，2015）。

生态区域品牌化根本上是一个生态制度化演进过程，体现了一个地区经济、社会、环境协调发展的水平（赵卫宏，2016）。生态区域品牌资产正是这个生态制度化进程中资产的累积结果。制度作为组织被技术、规模等物质资源和规范、文化、信念等社会与文化系统所塑造的力量，它的持续存在需要有政治强制、道德规范和文化认知的支持（Scott，2008）。持续的竞争优势则源于这种制度合法下的资源理性选择（Oliver，1997）。

其一，政府规制强制性为生态区域品牌资产的构建提供整体布局。政府的强制性趋同力源自于组织正式的和非正式的压力、本组织依赖的其他组织，以及本组织运行其中的社会期望与合法性认同。区域品牌不同于产品品牌和企业品牌，它具有公共性和非排他性特点，市场机制在区域品牌资产的培育中往往难以达到资源最优配置，需要政府力量的统筹协调。政府的经济制度，财政、金融和税收政策，以及基建规划等对组织战略选择产生影响。这些制度因素设置了一系列的限制条件或激励方式对企业行为产生间接影响，促使企业偏向选择某种政府希望企业做出的战略选择，如产业集群中的生态化和资源循环战略导向。

产业的集群和区域特色的凝聚可以产生和强化市场联想，形成区域品牌资产。因此，区域品牌资产的构建首先在于培育和强化特色产业的集群效应，提升集群产业的市场竞争力，形成区域集群效应和品牌效应互动。其中，做大特色产业的集群规模是区域品牌资产形成的基础，培育名牌企业是对区域品牌的重要支撑，促进区域品牌和企业品牌良性互动是区域品牌战略的核心。而政府可以通过制定制度，对集群产业的发展进行规划指导，可以有效推动区域内生态产业集群规模化、专业化和差异化的高效发展，对生态区域品牌资产的构建发挥着高效动员力和社会传播力。因此，政治制度对生态区域品牌资产的构建与传播具有强制性制度驱动力。通过政府指导性的强制性趋同机制确立生态发展的统一目标和意志，提升专业规划水平，发掘和保护好生态资源优势，协调利益群体力量，可以有效促进区域生态经济科学发展，显著提升生态区域品牌资产。

其二，规范性趋同是区域品牌资产形成的根本要求。规范压力包括价值观和准则，具体表现为行业成员集体制定的经验法则、专业标准和操作规程，是行业自治的产物（Scott，2008）。政府制度的强制往往会因为企业违法成本低、违法利益高等而失灵。企业是逐利组织，在衡量违法的成本得失之后，往往会有企业因为高利益的诱引和侥幸心理而接受违法的高风险，破坏区域利益。此外，制度是某个时刻根据某些现象而制定的，覆盖范围也有限。而社会规范是日积月累的社会活动沉淀下来的，相对而言其覆盖范围更大，能从各个方面限定企业的行为。规范性压力能够以更广阔的影响范围和更隐性的规则来要求区域内企业趋同于顺从社会的共同利益，使企业至少不会做出伤害区域生态品牌资产的行为。

此外，规范性趋同可以加强企业间的协作，共同致力于区域生态品牌资产发展。与规制类似，规范性制度也可以对企业的行为产生制约，增加企业行为的可预测性，降低对方企业的风险感知，从而促进企业间的信任与协同参与（赵卫宏，2017）。这种协同参与对于区域品牌而言非常重要，因为它能够消除区域内个体企业参与到公共品牌资产建设的顾虑，使区域品牌得到最大的支持。

其三，生态文化认同性是生态区域品牌资产的驱动力制度环境下的产物，并非由自然经济法制先天决定的，而是同样被文化、社会和政治过程所决定（Scott，2008）。经济的发展离不开文化的认同与支撑，文化认知在经济发展中始终发挥着重要作用。特定制度环境下的文化塑造着特定类型的社会参与者及其互动方式。这些特定的社会参与者在特定制度环境倡导的价值体系作用下，通过趋同和模仿学习形成特定制度环境所期望的社会互动方式，采取相似的战略获得社会合法性。因此，对制度环境所倡导的文化的认知认同是制度存在与成功的根本。生态文化是反映人与自然、社会与自然、人与社会之间和睦相处、和谐发展的社会文化，它包括社会的生态意识形态，以及与之相适应的制度和组织机构。生态文化在宏观上影响决策行为、管理体制和社会风尚，在微观上引导人们的价值取向、生产方式和消费行为。当生态经济作为区域发展的社会选择之后，其生态制度环境的形成与存在根本上需要生态理念与生态文化的社会教化，取得社会的认知认同。只有社会成员和组织认知生态理念、认同生态文化，才能使其自觉接受生态制度环境设置的社会互动方式，生发出内在的生态自觉。生态区域品牌建设需要在科学规划、规范发展生态产业群，充分发挥政府生态经济指导效能的同时，深入开展生态经济与生态文明的理论研究与学习，大力推广和普及生态文化，让社会成员和组织深刻认识生态文明，把握生态经济规律，形成生态价值体系与理论体系，明确社会责任与角色任务，使区域生态经济建设内外兼修、形神兼备，生态品牌广播四方。因此，生态文化认同性对生态区域品牌资产构建具有根本的认知性制度驱动力。

综上所述，当生态性作为区域发展的社会选择之后，其制度环境的内化趋同和资源基础的外化差异都将构成生态区域品牌化的内在动力。换言之，生态区域品牌资产的构建取决于其在市场建立的基于区域资源和市场需求相匹配的工具合法性和基于区域制度与社会认知相匹配的道德合法性（Tost，2011）。因此，本书从资源与制度视角来探究生态区域品牌资产的过程属性是科学合理的。

3 研究对象——中国第一批生态经济区

为更好地对生态区域品牌资产的结构内涵进行深入探讨,本书选取中国第一批生态经济区作为研究对象进行研究。本章的主要内容有:第一节介绍了鄱阳湖生态经济示范区的生态资源、经济区的发展现状。第二节分析了黄河三角洲高效生态经济区的生态优势、经济区的发展现状。第三节则介绍了甘肃循环经济示范区的生态情况、发展现状。

我国区域经济发展全面转入生态文明建设新轨道,生态品牌已成为区域发展生态经济的主线与灵魂。国家先后出台了若干区域规划,如北部湾经济区规划、珠三角发展改革规划、江苏沿海地区发展规划、横琴总体开发规划、辽宁沿海经济带发展规划、关中—天水经济区规划、促进中部地区崛起规划、图们江对外合作规划纲要、黄河三角洲生态经济区规划、鄱阳湖生态经济区规划、海峡西岸经济区规划、甘肃省循环经济区总体规划、海南国际旅游岛建设、皖江城市带承接产业转移示范区建设等。科学的区域规划能够充分发挥地区的自然和经济技术优势,能够合理配置生产力,提高产业布局的经济效益,对于加速我国社会主义现代化建设具有重要意义。

而在我国出台的区域规划中,鄱阳湖生态经济示范区、黄河三角洲高效生态经济区和甘肃循环经济示范区是中国政府确立的第一批以生态经济示范区建设为目标的国家区域发展战略功能区。鄱阳湖生态经济区是以江西省鄱阳湖为核心,依托鄱阳湖城市圈,以保护生态、发展经济为重要战略构想的经济特区。国务院于 2009 年 12 月正式批复《鄱阳湖生态经济区规划》,这标志着建设鄱阳湖生态经济区正式上升为国家战略。黄河三角洲高效生态经济区地域范围主要包括东营和滨州两市全部及与其相毗邻且自然环境条件相似的部分地区。2009 年 12 月国务院通过了《黄河三角洲高效生态经济区发展规划》,黄河三角洲的开发建设正式上升为国家战略。甘肃循环经济示范区是以污染预防为出发点,以物质循环流动为特征，以社会、经济、环境可持续发展为最终目标的国家级示范区域。2009年12月，国务院正式批复了《甘肃省循环经济总体规划》，这是我国第一个由国家批复的区域循环经济发展规划。这三个区域发展的灵魂和主线即经济与生态协调发展的生态特色，具有生态经济建设的成果基础和代表性，符合本书的选样要求。因此，本书选定中国政府确立的第一批生态经济示范区为研究对象。

3.1　鄱阳湖生态经济示范区

3.1.1　鄱阳湖生态经济示范区简介

3.1.1.1　鄱阳湖简介

鄱阳湖是中国第一大淡水湖，也是中国第二大湖，面积3960平方公里。鄱阳湖北临长江，南接赣江，地处江西省的北部、长江中下游南岸；汇集赣江、修水、鄱江（饶河）、信江、抚河等经九江市湖口县城注入长江。湖盆由地壳陷落、不断淤积而成。鄱阳湖有70%的水域在江西省九江市境内，其余20%的水域在江西省上饶市境内，10%的水域在江西省南昌市境内。

鄱阳湖及其周围的青山湖、象湖、军山湖等数十个大小湖泊湖水温暖、水草丰美，有利于水生生物繁殖，湖区产鱼类100余种。湖区盛产水稻、黄麻、大豆、小麦，是江西省主要农业区。同时，鄱阳湖是世界上最大的鸟类保护区，每年秋末冬初，有成千上万只候鸟，从俄罗斯西伯利亚、蒙古、日本、朝鲜及中国东北、西北等地来此越冬。鄱阳湖候鸟保护区内有鸟类300多种，近百万只，其中白鹤等珍禽50多种。鄱阳湖也因此被称为"白鹤世界""珍禽王国"。1992年，鄱阳湖被列入"世界重要湿地名录"，主要保护对象为珍稀候鸟及湿地生态系统。

3.1.1.2　鄱阳湖的辉煌历史

鄱阳湖在古代有彭蠡湖、彭蠡泽、彭泽湖、彭湖、扬澜湖、宫亭湖等多种称谓。一为"彭蠡湖"，彭蠡是很古的泽薮名，《汉书·地理志》"豫章郡彭蠡"条载："彭蠡泽在西。"还有另一种说法："彭者大也，蠡者，瓠瓢也"，形容鄱阳湖如大瓢一样。二为"扬澜湖"，是由一些亲身经历过鄱阳湖风涛险恶的人命名，李纲《彭蠡》诗："世传扬澜并左蠡，无风白浪如山起。"宋余靖《扬澜》

诗："彭蠡古来险，汤汤贯侯卫。源长云共浮，望极天无际。传闻五月交，兹时一阴至。飓风生海隅，馀力千里噎。万窍争怒号，惊涛得狂势。"三为"宫亭湖"，原来专指星子县东南鄱阳湖的一部分，因湖旁有宫亭庙而得名，后来逐渐泛指鄱阳湖的全部。

在汉代，现广阔的鄱阳湖水域是湖汉水（今赣江）下游平原，汉代在此设置了阳县，汉昌邑王封地亦在此。那时，长江主泓道在今龙感湖一带，在庐山以北的仅是长江一汊道，当时称为小江。大约在公元400年，即东晋后期，长江主泓道移至今九江—湖口一带。江水不仅阻挡了赣江的排水，还倒灌入赣江下游平原，遂逐步形成鄱阳湖。到了盛唐时，鄱阳湖面积最大达到6000平方公里。

经过漫长的历史年代，在地质、气象、水文等的长期作用下，彭蠡泽向南扩展，湖水越过松门山直抵鄱阳县附近，因而易名鄱阳湖。在湖水南侵之前，松门山以南原本是人烟稠密的枭阳平原，随着湖水的不断南侵，鄱阳湖盆地内的枭阳县和海昏县治先后被淹入水中，历史上曾有"沉枭阳起都昌、沉海昏起吴城"之说。烟波浩渺、水域辽阔的鄱阳湖，经过漫长的演变，在距今1600年左右形成了现代鄱阳湖的雏形，犹如一只巨大的宝葫芦系在万里长江的腰带上。

鄱阳湖流域自古以来是中国经济较为发达的富裕地区，中国历史上很多杰出人物如陶侃、徐稚、陶渊明、林士弘、刘恕、洪适、江万里、朱耷、余应桂、冯去非、陈澔、曹彦约、黄滔等曾在湖区生活。这里也发生过许多威武雄壮的英雄事迹，如周瑜操练水师，为赤壁之战打下了基础；朱元璋与陈友谅鄱阳湖水战；李烈钧在湖口发起"二次革命"等。

鄱阳湖是古代从北方进入江西的唯一水道，发生在鄱阳湖上的文人轶事和民间传说则更是难以胜数。唐代诗人王勃在《滕王阁序》中的名句——"渔舟唱晚，响穷彭蠡之滨"，描述的正是鄱阳湖上的渔民捕鱼归来的欢乐情景。宋代诗人苏轼在《李思训画长江绝岛图》诗中写的"山苍苍，水茫茫，大孤小孤江中央"，描写的正是鄱阳湖的胜景。

3.1.1.3 鄱阳湖的生态环境

（1）动物的多样性。

鄱阳湖动物种类丰富，野生动物繁多。资料显示，鄱阳湖有野生脊椎动物249种，其种数占江西已知脊椎动物总数的29%。其中，鱼类有6目14科68种，种数占江西已知鱼类的33.2%；两栖动物有12种，占江西已知两栖动物的30.8%；爬行动物有24种，其种数占江西已知爬行动物的30.4%；鸟类有132种，其种数占江西已知鸟类的30.6%；哺乳动物有13种，其种数占江西已知哺乳动物的 12.4%。

　　鄱阳湖的动物不仅种类多样，且多为珍稀动物。鄱阳湖众多动物中，被列为国家一级重点保护野生动物的有 4 种，国家二级重点保护野生动物 17 种，占江西省国家重点保护动物总数的 24.4%；省级重点保护动物 63 种，占总数的56.8%；列入《国家保护的有益的或者有重要经济、科学研究价值的陆生野生动物名录》的两栖动物、鸟类和兽类达 136 种；列入《濒危动植物种国际贸易公约》的鸟类 17 种，两栖类、爬行类、兽类各 1 种，共计 20 种；被《中国濒危动物红皮书》评为濒危级别的物种有 12 种。

　　鄱阳湖还有不少中国与日本、中国与澳大利亚共同保护的候鸟，列入中日保护协定的有 55 种，列入中澳保护协定的有 14 种。鸟类是鄱阳湖最为人们熟悉的物种，也是鄱阳湖最重要的组成部分。鄱阳湖是白鹤等珍稀水禽及珍稀森林鸟类的重要栖息地和越冬地。每年来这里越冬的候鸟达百万只。每年 3 ~ 4 月，它们从南方飞向北方产卵繁殖。一过 10 月，它们就会结队南迁，在南方气候较温暖的地方越冬。

　　(2) 植被的多样性。

　　鄱阳湖区植被分区属于中亚热带常绿阔叶林带，自然条件比较复杂，植被类型多种多样，是亚洲东南部热带、亚热带植物区系的起源地之一，至今保存有水松、银杏、金钱松、冷杉、鹅掌楸等珍稀孑遗植物。其中，自然植被主要包括森林植被、湿地植被和沙化植被。

　　1) 森林植被。由于不合理的开发，鄱阳湖地区现有森林植被主要为次生林。受海拔高度影响，湖区森林植被呈明显的垂直分布形态。20 世纪 50 年代到 80 年代中后期，鄱阳湖区低山丘陵森林资源遭到严重毁坏，不少采伐地未能及时更替，有的成了稀疏林地，有的演变为灌草丛，更有不少地区由灌草丛进一步沦为荒地。根据资料统计，鄱阳湖区现有森林面积 27.5 万公顷，占全省森林面积的2.8%，活立木蓄积量 1300 万立方米，占全省活立木蓄积量的 4.5%，森林覆盖率 31.9%，各种数据大大低于江西省的平均水平。

　　2) 湿地植被。鄱阳湖湿地植被具有植物种类丰富、地理成分复杂多样、广布植物繁多的特点。据不完全统计，鄱阳湖共有湿地维管束植物 141 种，占我国湿地维管束植物总种数的 9.66%，占江西省湿地维管束植物总种数的 23.23%。141 种湿地植物中，有浮水植物 16 种，沉水植物 12 种，挺水植物 19 种，湿生植物 94 种，浮水、沉水、挺水和湿生植物分别占湿地植物总数的 11.35%、8.51%、13.48% 和 66.66%。

湿地植被分布在湖泊、蓄洪区、鱼塘、沟道等水域，构成了由湿生植物、浮叶植物、挺水植物、沉水植物和漂浮植物组成的湿地植被系统，鄱阳湖湿地植被面积2260平方公里，占全湖总面积（依据多年平均最高水位，通过吴淞高程17.53米计算的湖泊面积）的80.9%，植被从岸边向湖心随环境变化和水深梯度呈现不规则的带状分布，按照其建群种的生活型可分为湿生植物带、挺水植物带、浮叶植物带。湿地植被是鄱阳湖湿地生物多样性的根基，对鄱阳湖湿地生态系统结构和功能的稳定性具有十分重要的作用。中华人民共和国成立以来，鄱阳湖湿地植被受自然和人为因素的影响，发生着一系列的变化，其总的趋势是分布面积逐年递减，逆向演变趋势明显。随着鄱阳湖生态经济圈的规划建设，近几年来植被恢复初现成效。

3）沙化植被。鄱阳湖区现有沙化荒地250平方公里，鄱阳湖湖滨固定沙地的植被覆盖率一般都大于31%，植物种类也比较丰富，具有一定的开发利用价值，流动沙丘上植被的覆盖度一般小于16%，植物种类极其单一，种类基本上只有单叶蔓荆等少数几种灌木类。

3.1.2 鄱阳湖生态经济区发展状况

3.1.2.1 鄱阳湖生态经济区概况

2009年12月12日，国务院正式批复《鄱阳湖生态经济区规划》，标志着建设鄱阳湖生态经济区正式上升为国家战略，这也是中华人民共和国成立以来江西省第一个上升为国家战略的区域性发展规划。鄱阳湖生态经济区以鄱阳湖为核心，以鄱阳湖周边城市为依托，目标是将经济区建设成为生态经济协调发展、人与自然和谐相处的生态经济示范区。

鄱阳湖生态经济区是我国南方经济比较活跃的地区，位于江西省北部，范围包括南昌、景德镇、鹰潭三市，以及九江、新余、抚州、宜春、上饶、吉安的部分县（市、区），共38个县（市、区），国土面积5.12万平方公里，占江西省总面积的30.65%，第六次人口普查显示全区人口1968.81万人，集中了全省44.18%的人口。鄱阳湖生态经济区被世界自然基金会划定为全球重要的生态区，它也是我国重要的生态功能保护区。作为长江的重要调蓄湖泊，鄱阳湖发挥着调节气候、调洪蓄水、保护环境等作用。同时，鄱阳湖的水质和水量还关系着鄱阳湖周边乃至长江中下游地区居民的用水安全。鄱阳湖生态经济区是珠江三角洲、长江三角洲等经济区的腹地，通过合理利用区域内丰富的生态资源，鄱阳湖生态经济区在未来将成为中部地区迅速崛起的一股力量，生态经济将得到快速的发展。

建设鄱阳湖生态经济区，特色是生态，核心是发展，关键是转变发展方式，目标是探索和走出一条科学发展、绿色崛起之路。鄱阳湖是我国最大淡水湖和四大淡水湖中唯一没有富营养化的湖泊，又是具有世界影响的重要湿地。建设鄱阳湖生态经济区的过程中要突出生态特色，坚持把生态建设和环境保护放在首要位置。国务院批复的《鄱阳湖生态经济区规划》中将鄱阳湖生态经济区的功能定位概括为"三区一平台"，即将其建设为全国大湖流域综合开发示范区、长江中下游生态安全保障区、中部崛起重要带动区及国际生态经济合作的重要平台；建设重点为生态建设和环境保护、环境友好型产业发展、重大基础设施建设、构建生态文明社会、促进区域协调发展、深化改革开放六大任务。《鄱阳湖生态经济区"两区一带"分区详细规划》将鄱阳湖生态经济区划分为湖体核心保护区、滨湖控制开发带和高效集约发展区（简称"两区一带"），就是要根据各区域的资源环境承载能力和发展潜力，确定不同区域的主体功能，并根据各分区功能定位，统筹谋划人口、土地、产业、基础设施和城镇化布局，明确发展方向和思路，完善发展具体政策措施，逐步形成社会经济、资源环境相互协调、相互促进的区域发展新格局。经济区发展步骤分为两个阶段：2009～2015年为先行先试、强基固本阶段，这一阶段的主要任务是进行体制机制创新、夯实发展基础、壮大生态经济实力，初步形成生态经济协调发展的新模式；2016～2020年为深入推进、全面发展阶段，这一阶段的主要任务是构建有力的生态体系，形成先进高效的生态产业集群，建设生态宜居的新型城市群，为到21世纪中叶基本实现现代化打下良好的基础。

鄱阳湖流域以湿地环境为依托，形成了一个相对独立的物种间生态系统，对长江流域生态系统有极其重要的影响。建设鄱阳湖生态经济区，对于促进区域经济与生态协调发展、实现人与自然和谐和可持续发展具有重大意义。

（1）有利于探索生态与经济共同发展的新方式。经济上，鄱阳湖生态经济区涵盖江西省的几大经济重镇，占据全省经济重头；环境上，鄱阳湖生态圈物种多样，环境承载能力较大。经济和环境综合实力较强，有基础进行发展升级改造。两者的有机结合有助于实现生态经济的发展。

（2）有利于探索大湖流域综合开发的新经验。如何实现大湖流域的开发与保护并举是当今世界面临的重大课题。打造鄱阳湖生态经济区能够更积极主动地保护和修复湖泊生态系统，有效控制人为因素对流域内生态的破坏。同时，利用好大湖流域带来的发展经济的优势，合理开发环湖平原地区。鄱阳湖生态经济区建设中探索到的大湖流域综合开发经验能够推广到全国其他流域，帮助全国大湖流域共同发展。

（3）有利于构建中部地区崛起的新动力。传统的经济发展形势已经让中部地区落后，中部地区的发展需要注入新动力。鄱阳湖地区自然资源丰富、区位条件优越、产业基础较好。推进鄱阳湖生态经济区建设，着力发展高效生态农业，突出发展先进制造业，大力发展高技术产业，积极发展现代服务业，有助于培育长江中游地区新的城市群，形成辐射力，促进中部地区其他区域发展，以加快实现中部地区"三个基地、一个枢纽"的战略目标。

（4）有利于在国际上树立我国坚持生态与经济发展并重的新形象。鄱阳湖是我国唯一的世界生命湖泊网成员，是国际重要湿地，也是亚洲最大的越冬候鸟栖息地，是国际社会关注中国生态建设的重要窗口。推进鄱阳湖生态经济区建设，推广生态文化，为世界生态环境保护做出应有贡献，有助于为我国开展国际生态经济合作交流提供重要平台，向国际社会展示我国负责任的大国形象。

3.1.2.2 鄱阳湖生态经济区功能布局

根据不同区块的自然生态特点，结合发展经济的内在要求，将鄱阳湖生态经济区划分为湖体核心保护区、滨湖控制开发带和高效集约发展区。进行功能分区能够依据各区域资源环境承载力和经济发展现状来制定发展目标，保证生态保护和经济发展两个目标共同实现。

（1）湖体核心保护区。范围为鄱阳湖水体和湿地，以1998年7月30日鄱阳湖最高水位线（吴淞高程湖口水位22.48米）为界线，面积5181平方公里。区域功能是：强化生态功能。在此功能区，建设的主要要求是：稳定湖体水质，维护湿地功能，改善候鸟栖息环境；规范采砂、捕鱼、养殖等经济行为，全面取消湖泊禁养区的围网养殖、肥水养殖，严禁围湖造田、围湖养殖；控制血吸虫病传播；加强旅游和船舶污染防治，各类旅游设施必须配备污水及污染物处理装置，入湖机动船舶必须按标准配备使用防污设备，集中停泊区必须设置污染物收集处理设施。

（2）滨湖控制开发带。范围为沿湖岸线邻水区域，以最高水位线为界线，原则上向陆地延伸3公里，核定面积3746平方公里。区域功能是：构建生态屏障，严格控制开发。基本要求是：加强尾闾疏浚，提高行洪能力；推进植树造林，建设环湖防护林，开展水土流失综合治理，减少泥沙入湖；限制施肥量大的农业生产活动，严禁施用高毒、高残留农药，防治农业面源污染；提高工业企业污染排放标准，加强污染综合防治，依法依规强制淘汰落后生产能力，鼓励控制开发带内现有企业搬迁异地改扩建。

（3）高效集约发展区。范围为区域其他地区，面积4.22万平方公里。区域功能是：集聚经济人口，高效集约开发。基本要求是：稳定提高生态空间，集约整合生活空间，优化拓展生产空间。遵循主体功能区的理念，科学划分生态保护、农业发展、城镇建设和产业集聚区域；严格保护自然保护区、自然文化遗产、风景名胜区、森林公园、地质公园及饮用水源地、水源涵养地，积极建设沿河、沿湖、沿路生态廊道和城市公共绿地；严格保护基本农田，大力提高粮食综合生产能力，促进优势农产品布局区域化、种养标准化、生产规模化、经营产业化；大力推进新型工业化、新型城镇化，促进人口向城镇集中、产业向园区集中、资源向优势区域与优势产业集中，从严控制"两高一资"项目，积极发展生态产业、推广低碳技术，加快形成并壮大产业集聚区和特色块状经济；全面推进对外开放，积极承接国际国内产业、技术、资金和人力资源转移，大力提高参与国际国内分工与合作的能力和水平。

3.1.2.3 鄱阳湖生态经济区的工业、农业和第三产业

鄱阳湖生态经济区相对于全省其他地区，综合实力较强，发展潜力巨大，下面主要从工业、农业、第三产业三个方面进行阐述。

（1）工业。

1）工业发展状况。21世纪以来，江西确定"工业强省"战略，陆续出台了《昌九工业走廊规划》《加快向工业强省转变若干意见》《实施产业经济的"十百千亿工程"》等政策措施，加快了工业化的步伐。江西省的新型工业建设初具规模，初步建立了以中成药和生物制药、汽车、航空及精密仪器制造、特色冶金和金属制品加工等为核心的产业体系。虽然鄱阳湖生态经济区区域面积仅占江西省面积的31%，但2014年鄱阳湖生态经济区的生产总值（约9000亿元）约占全省生产总值的60%。目前，鄱阳湖生态经济区正在全力推进新能源、光电、生物等新型工业产业的发展，对光伏、新能源、动力电池、绿色食品、文化创意等新兴产业进行重点培育。江西省启动了209个重点项目建设，其中国家发改委已经批复南昌国家航空高技术产业基地，南昌航空工业城已经开工建设，赛维LDK1.5万吨硅料项目一期工程建成投产，晶能光电硅衬底LED项目启动二期扩产计划。2010年，区内规模以上工业增加值1874.2亿元，同比增长20.57%，占全省规模以上工业增加值的60.42%；区内三大产业构成为9.1:57.2:33.7，产业结构层次优于全省平均水平的12.8:54.2:33.0。

鄱阳湖生态经济区所辖工业园区、开发区39个，占全省园区总数的41.5%，

实际开发面积 251.73 平方公里，占全省园区的 49.8%，同比提高 25.8%。2010年，鄱阳湖生态经济区内的工业园区经济指标占全省园区比例较大，如区内工业园完成工业增加值 1326.81 亿元，同比增长 21.3%，占全省园区的 57.44%；园区招商实际到位资金、主营业务收入、利税总额分别占全省园区规模的 58.3%、56.7%、53.1%。全省 48 家主营业务收入过 20 亿元的工业企业，有 36 家在区内；8 家主营业务收入过百亿元的工业企业，有 7 家在区内；3 个国家级高新技术开发区（南昌、新余、景德镇高新区）也全部在区内。以每平方公里工业增加值为指标，鄱阳湖生态经济区范围内重点园区平均水平为 73372.05 万元/平方公里，远远高于全省平均水平的 45721.2 万元/平方公里。区内 18 家重点园区有 13 家高于全省平均水平。以人均工业增加值为指标，鄱阳湖生态经济区内重点工业园区平均水平为 19.66 万元，高于全省平均水平 40.03%，且仅有 4 家低于全省平均水平。

2009 年以来，鄱阳湖生态经济区内的 39 个工业园区成为吸引重大项目投资的"洼地"，江西省各地积极策应鄱阳湖生态经济区建设，突出招商这一重点，加快基础设施建设，引进重大项目。就各工业园区 2009 年企业数量来看，南昌高新技术产业开发区（2460 家）、南昌经济技术开发区（1320 家）、九江经济开发区（943 家）三个国家级开发区成为鄱阳湖生态经济区内企业聚集前三位的园区；其次是成立于 20 世纪末和 21 世纪初的新干、新建、武宁、高安、万年等工业园区，由于成立时间长、基础设施较完善和区位优势，吸收了很多企业入园，对所在区域经济发展的推动作用很大。《鄱阳湖生态经济区规划》获批复后，区内新增国家级高新区 2 个、生态工业示范园区 2 个、高新技术产业化基地 6 个、工程技术研究中心（重点实验室）6 家、省级生态工业园区 8 个、循环经济试点基地 6 个。此外，共实施循环经济项目、重点节能工程项目、清洁生产实施项目500 个，总投资达到 450 亿元左右。

2）新型工业布局情况。鄱阳湖生态经济区以新型工业化可持续发展为目标，以工业园区为平台，以交通干线为脉络，形成了特色鲜明、优势突出、分工合理、配套完善的产业集群和块状经济雏形。具体而言，分为"四大集聚区"：

一是"传统优势产业集聚区"。纺织服装产业向共青城、青山湖区等纺织服装产业基地集聚，鞋帽加工制造业向鄱阳鞋帽产业基地集聚，盐化工企业向樟树、新干盐化工基地集聚，有机硅企业向永修星火工业园集聚，化纤企业向九江化纤产业基地集聚。

二是"矿产精深加工产业集聚区"。铜冶炼加工企业逐渐向鹰潭、贵溪、余江三个省级工业园区和江铜集团集聚，并计划将鹰潭打造成全国最大的铜冶炼基地、铜产品加工基地、铜废旧原料回收利用基地和铜产业物流中心。江铜依托南昌高新区内的江铜产业园区已开展铜精深加工及新材料基地建设，国内外铜加工企业开始在南昌实施铜精深加工项目；九江湖口工业园区计划高起点建设千万吨级钢铁生产基地，支持新钢、南钢、洪钢调整结构、开发产品、提高竞争力，其他地区禁止布局炼铁、炼钢和轧钢项目；钨深加工企业逐渐向昌北经济技术开发区、靖安工业园区集聚；稀土深加工和应用企业逐渐向贵溪工业园区集聚；建筑瓷和日用瓷企业逐渐向高安、丰城、景德镇集聚。

三是"先进制造业集聚区"。整车制造企业逐渐向南昌、九江、景德镇、抚州集聚，组装车企业逐渐向上饶集聚，汽车零配件企业逐渐向景德镇、南昌、九江集聚；船舶工业主要布局在长江九江段、鄱阳湖周边和赣江中下游；机电设备企业主要布局在南昌、景德镇、宜春、九江等地的经济开发区内；现代家电制造企业逐渐向南昌、景德镇的工业园区集聚；炼油及化工产业以九江为中心，开始实施九江石化油品质量升级工程，适时实施化肥原料路线改造项目；以樟树、新干为中心，积极开发离子膜烧碱、纯碱及无机氯产品和有机氯产品。

四是"高新技术产业集聚区"。半导体发光和大功率电池企业逐渐向南昌集聚，光学企业向上饶集聚，光伏企业向新余集聚；南昌开始发展薄膜太阳能电池，逐步限制除新余之外的设区市引进高纯硅料和多晶硅铸碇切片；南昌、景德镇积极参与民用飞机制造，已开始南昌航空工业城的建设；生物医药产业逐渐向南昌、樟树、袁州医药产业基地和核心企业集聚，医疗器械项目向进贤医疗器械产业基地集聚；计算机及网络、数字视听、移动通信、汽车电子向南昌、吉安高新技术开发区集聚，集成电路（IC）、软件及信息服务业向南昌高新技术产业开发区集聚。

（2）农业。

1）农业发展状况。2010 年全区农业总产值 899.6 亿元，比全省平均增速高0.4 个百分点，占全省农业总产值的 47.3%。"生态鄱阳湖，绿色农产品"的品牌形象初步树立。两年来，全省无公害农产品由 716 个增加到 1051 个，绿色农产品由 658 个增加到 703 个，有机农产品由 378 个增加到 412 个，地理标志农产品由 24 个增加到 37 个，总数首次突破 2000 个；全国绿色食品（原料）标准化示范基地由 33 个增加到 47 个，数量全国排名第二；成功创建两个国家级现代农业示范区、两个国家级水产种质资源保护区；"猪—沼—果"生态农业发展模式广泛推行，由 60 万户增加到 80 万户。初步形成了大米、生猪、水产、水禽、茶叶、油料、毛竹、中药材、商品蔬菜等主导产业。

2）生态农业布局情况。鄱阳湖生态经济区以保障粮食安全为重点，以发展生态农业、高效现代农业为突破口，不断促进优势产业布局区域化、生产规模化、经营产业化，依托特色农业资源，形成了一批优势农业产业集群区和优质农产品种植、生产、加工基地。具体而言，分为"四大生产区"。一是南部平原优质粮食和无公害蔬菜生产区。丰城市、樟树市、高安市等地区发挥区域地势、气候优势，大力发展水稻产业，确保国家粮食安全。同时，这些地区积极进行无公害蔬菜的生产，大力发展绿色农业。二是北部平原优质棉花、油菜生产区。九江县、德安县、湖口县、彭泽县、瑞昌市、永修县等区域积极扩大种植面积，大力推广优质良种，着力提高棉花、油菜单产和品质。三是环湖渔业生产区。环鄱阳湖的鄱阳县、都昌县、星子县等地均在保护鄱阳湖生态环境的前提下，大力发展生态渔业。区域内的企业合理利用渔业资源，重点发展水产品加工业和创汇渔业，形成了"一县一品、数县一板块"的产业格局。四是丘陵山地高效林业、牧业、果业生产区。东乡县、贵溪市等地区则利用其地势优势，合理利用山林资源，重点进行果树、茶叶、中草药等的种植，并通过猪、牛等畜类的养殖实现产业的循环。

（3）第三产业。

1）第三产业发展状况。鄱阳湖生态经济区在发展商贸、旅游等传统第三产业的同时，金融业、总部经济和楼宇经济、商贸物流、服务外包业、商务会展业、教育科技、文化创意业等现代服务业也在迅速扩张，生态服务产业体系的基本构架已形成。2011年，区内实现社会消费品零售总额1079.8亿元，同比增长18.3%，比全省平均增速高0.4个百分点，占全省比重达57.3%。2016年区内进出口总值159.79亿美元、实际利用外资31.58亿美元，占全省比重分别达74%和61.9%；综合交通体系、邮电通信等都呈现出快速增长的趋势；旅游业逐渐成为第三产业的支柱产业，2011年《鄱阳湖生态旅游区规划》上升为国家旅游发展战略，随后政府根据规划有计划地进行旅游业的发展并取得了一定的成绩，乡村旅游、森林旅游等生态旅游蔚然兴起，基本形成了以鄱阳湖为中心的旅游网络。2011年以来，新增世界遗产2处、国家风景名胜区1处、国家森林公园2个、国家湿地公园1个、国家历史文化名镇名村21个。初步预计，接待游客将由2009年的9400万人次提高到1.4亿人次以上，旅游总收入由676亿元提高到1000亿元以上。

2）现代服务业布局情况。鄱阳湖生态经济区积极发挥生态资源优势和交通区位优势，依托中心城市，不断提高服务业的比重，强化服务业配套、支撑和引领作用。具体而言，分为"四大发展区"。

一是"生态旅游业发展区"。庐山区、九江县、湖口县、星子县等北部区域发展文化观光、休闲度假、避暑疗养、科考教育、宗教朝圣等；德安县、永修县、共青城、都昌县、新建县、余干县、进贤县等中部区域发展湿地科考、湖滨休闲度假、水上运动、候鸟观赏、农家乐园和宗教朝圣等；南昌市区、南昌县、新建县、临川区、渝水区等南部区域发展文化观光、红色旅游和休闲娱乐等；鼓励景德镇市、鹰潭市、万年县等东部区域发展文化观光、森林旅游和宗教朝圣等。

二是"特色文化产业发展区"。景德镇发展陶瓷文化创意产业；鹰潭发展道教文化产业；南昌发展广播影视、文娱演艺、新闻出版、动漫游戏等文化产业。

三是"商贸物流业发展区"。南昌推进中心物流枢纽的建立，九江、鹰潭等建立区域物流基地；九江发展港口物流；建立以南昌高新技术开发区为中心的国家级服务外包示范区；环湖区域积极发展第三方物流，推动生产与流通企业改造业务流程，剥离、分立或外包物流业务。

四是"金融服务业发展区"。南昌市东湖区、西湖区、青山湖区、青云谱区、南昌县、九江市浔阳区、庐山区等区域都在积极培育壮大本土金融机构，着力引进国内乃至境外各类金融机构，加快建立比较完善的现代金融产业，特别是与先进制造业发展相配套的证券、信托、保险等生产性金融业体系，致力于建成满足当地、辐射周边的区域性金融中心。

3）鄱阳湖生态经济区生态品牌的发展状况。生态优势造就了鄱阳湖生态经济区。2012 年鄱阳湖生态经济区实现生产总值 7626.65 亿元，占全省的 58.9%。区内战略性新兴产业增加值占全省的比重达到 68%，高新技术产业工业增加值占全省的比重为 58.69%[1]。截至 2011 年，鄱阳湖生态经济区内实施了 500 个循环经济项目、重点节能工程项目、清洁生产实施项目，总投资达 450 亿元；区域内新增国家级高新区 2 个、生态工业示范园区 2 个、高新技术产业化基地 6 个、工程技术研究中心（重点实验室）6 家、省级生态工业园区 8 个、循环经济试点基地 6 个[2]。2012 年在鄱阳湖生态经济区内的 38 个县（市、区）开展"绿色植保农药减量推广行动"，大力推广应用生物农药、生物防治、生态防治等绿色防

---

① 资料来源：http://jiangxi.jxnews.com.cn/system/2013/12/11/012853444.shtml.

② 资料来源：http://news.sina.com.cn/green/news/roll/2012-03-06/093324067515.shtml.

控技术，使鄱阳湖每月少"喝"农药260余吨①。

鄱阳湖生态经济区内的生态品牌众多，其中以农产品品牌为主。截至2015年6月30日，江西省"三品一标"产品总数已达2587个（无公害农产品1483个、绿色食品598个、有机食品441个、农产品地理标志65个），仅今年"三品一标"产品就已净增171个，居全国前列②。截至2013年，省级以上农业产业化龙头企业774家，其中国家级40家；市级农业产业化龙头企业2018家③。在众多的生态品牌中，婺源、庐山、三清山、龙虎山等著名旅游品牌享誉海内外，而作为中国驰名商标的庐山云雾茶、万年贡米、汪氏蜂蜜、国鸿生态园等品牌也因其生态特色备受好评。

● 最美乡村——婺源

婺源位于江西省东北部（赣浙皖三省交界处），是徽州六县之一，东邻国家历史文化名城衢州市，西毗瓷都景德镇市，北枕国家级旅游胜地黄山市和古徽州首府国家历史文化名城歙县，南接江南第一仙山三清山，铜都德兴市。婺源素有"书乡""茶乡"之称，是全国著名的文化与生态旅游县，被外界誉为"中国最美的乡村"。截至2014年，婺源全县拥有5A级旅游景区1家（江湾景区）、4A级旅游景区7家。婺源县是全国4A级旅游景区最多的县，也是全国唯一一个以整个县命名的3级旅游景区。

2013年，婺源县16个乡镇中有13个获评国家生态乡镇，取得了创建国家生态县的"入场券"，并顺利通过了省级评定验收。近年来，该县大力实施"生态立县"发展战略，坚持走绿色崛起之路，先后获得了国家级文化与生态旅游县、全国绿化模范县、中国最佳山水文化旅游名县等20张国字号"生态名片"。

婺源生态环境优美，森林覆盖率达82.6%。近年来，为加快国家生态县创建步伐，该县率先在全国创建193个自然保护小区，规定10年禁伐163万亩天然阔叶林。同时，大力推进以电代柴、改燃节柴和改灶节柴工程，建成农村沼气池8000多座，使全县85%以上的家庭实现了以电代柴、以气代柴，并先后关闭近200家木竹加工企业，年均减少林木采伐5万立方米。目前，全县已拥有林地面积379万亩，城镇公共绿地面积142公顷，道路绿化普及率达90.4%，沿街单位拆墙透绿率达92.9%，成为亚洲越冬鸳鸯最多的地方，绝迹近一个世纪的珍稀濒危鸟种黄喉噪鹛也来这里繁衍生息。

---

① 资料来源：http://jiangxi.jxnews.com.cn/system/2013/12/11/012853444.shtml。
② 资料来源：http://jx.ifeng.com/news/jj/detail_2015_07/17/4120613_0.shtml。
③ 资料来源：http://www.jxcn.cn/system/2014/10/15/013378000.shtml。

作为全省五河源头保护区之一，婺源县把保护水资源作为生态文明建设的重中之重，开展了农村面源污染治理工程，对境内7条水系科学划定水环境和水功能区域，提高水资源的再生能力和自然承受力。同时，建立实验研究基地，承担国家863工程关键技术开发，投资9600余万元建成日处理3万吨污水的处理厂及配套管网；投资3000万元建成全省首家县级垃圾处理场，每年安排200多万元专项资金用于开展农村生活垃圾无害化处理工作，已建成垃圾焚烧炉800多座。2012年，该县饶河源生态功能区获得了上级部门1400万元的环保奖励。

为提高百姓的生态文明意识，该县还将"生子植树""封山育林"等传统做法纳入村规民约，每年开展绿色企业、绿色学校、绿色机关、绿色社区、绿色家庭等创建活动，加快引导百姓发展冷水鱼、油茶、河蟹等现代生态农业，推动香菇、干笋、山蕨等无公害绿色食品远销海内外，并以优美的生态环境吸引八方游客前来。2013年1~4月，全县共接待游客578.6万人次，实现旅游综合收入26.5亿元，同比分别增长38.2%和38%。[①]

● 庐山云雾茶

庐山云雾茶是汉族传统名茶。属于中国十大名茶之一的绿茶中的一种，始于汉代，在宋代被列为"贡茶"，因产自中国江西省九江市的庐山而得名。庐山云雾茶由于长年饱受庐山流泉飞瀑的亲润、行云走雾的熏陶，从而形成其独特的醇香品质：叶厚毫多、醇香甘润、富含营养、延年益寿。

庐山北临长江，东毗鄱阳湖，平地拔起，峡谷深幽，由于江湖水汽蒸腾而成云雾，常见云海茫茫。一是庐山雨量充沛，降水蒸发也形成了大量的水蒸气，因此庐山的水蒸气特别充足，尤其是在春季时特别突出。二是庐山多沟壑涧谷，水汽在其中不易扩散。三是气温多变，庐山属于亚热带湿润山地气候，四季分明，昼夜不同季节，或者同一季节的不同月份气温常常多变。水汽充足而且相对集中，当气温下降时水汽就凝结成雾，这就造成了庐山多雾的情况。庐山平均每年多雾的天数达192天，最多的是五月，达到了21天，少雾的五月也有13天。由于高升温迟缓，候期迟，茶树萌发须在谷雨后，4月下旬至5月初。萌芽期正值雾日最多之时，造就了云雾茶的独特品质。尤其是五老峰与汉阳峰之间，终日云雾不散，所产之茶为最佳。由于气候条件，云雾茶比其他茶采摘时间晚，一般在谷雨后至立夏之间方开始采摘。以一芽一叶为初展标准，长约3厘米。成品茶外形饱满秀丽，色泽碧嫩光滑，芽隐露。茶汤幽香如兰，耐冲泡，饮后回甘香绵。

---

① 资料来源：http://www.jxnews.com.cn/jxrb/system/2013/05/22/012430966.shtml。

高山茶园气候温和，一年四季温度变化小，昼夜温差大，早晚凉，中午热，白天温度较高，能制造较多的有机物，夜晚温度较低，因呼吸作用减弱，降低了有机物质的消耗，糖类的缩合困难，纤维素不易形成，这就有利于茶叶中有机物的积累，提高氨基酸、咖啡碱、芳香油等有效成分的含量，因而茶叶嫩度高、品质好。也正是庐山得天独厚的生态环境造就了闻名遐迩的生态品牌——庐山云雾茶。

3.2　黄河三角洲高效生态经济区

国务院于 2009 年 11 月 23 日正式批复《黄河三角洲高效生态经济区发展规划》，这意味着中国三大三角洲之一的黄河三角洲地区的发展上升为国家战略，成为国家区域协调发展战略的重要组成部分。作为中国第一批生态经济区之一，黄河三角洲高效生态经济区的建设有着一定的代表性。

3.2.1　黄河三角洲高效生态经济区简介

3.2.1.1　黄河三角洲简介

黄河三角洲位于渤海湾与莱州湾之间，是由于黄河携带大量泥沙在渤海凹陷处沉积形成的冲积平原。黄河三角洲是世界上面积增长速度最快的三角洲，与长江三角洲、珠江三角洲并列为中国三大三角洲。黄河三角洲可分为古代黄河三角洲、近代黄河三角洲和现代黄河三角洲（安永会等，2006；陈建等，2011）。

古代黄河三角洲主要指 1855 年之前，河道多次变迁过程中因冲积形成的诸多三角洲的总称。主要范围是：以河南巩县为顶点，北起天津附近，南达徐淮的一个庞大的三角洲体系。

近代黄河三角洲是指 1855 年黄河于河南省铜瓦厢决口，夺大清河入渤海后，冲积而形成的三角洲。近代黄河三角洲以山东省垦利县宁海为顶点，北起套尔河口，南至淄脉沟口的扇形淤积地区。这一地区的陆地面积约为 5400 平方公里，其中，东营市占地 5200 平方公里，占总面积的 96%；滨州市占地 200 平方公里，占总面积的 4%。

现代黄河三角洲指的是 1934 年黄河分流点下移，由此开始形成的以垦利县渔洼为顶点的三角洲，北起挑河湾，南至宋春荣沟口，主要包括四个亚三角洲体，面积约为 2200 平方公里。

区域经济概念上的"黄河三角洲"与地理意义上的"黄河三角洲"在行政区划上有所不同。1988 年山东省政府将整个东营市和滨州市的沾化县、无棣县划分为黄河三角洲并得到国务院确认。1995 年，山东省政府发文明确界定了黄河三角洲经济区的范围，即东营市和滨州市的全部，潍坊市的寒亭区、寿光市、昌邑市，德州市的乐陵市、庆云县，淄博市的高青县，以及烟台的莱州市，总共包括六个地级市的 19 个县（市、区），总面积约为 20000 平方公里。

3.2.1.2 黄河三角洲的生态环境状况

作为我国东部最年轻的陆地，黄河三角洲保存着我国暖温带地区最完整、最广阔同时也是最年轻的湿地生态系统（李政海等，2006）。黄河三角洲有着丰富的生态资源，然而其生态环境也存在一定的问题。

（1）湿地资源状况。

作为自然界生产力最高的生态系统之一，湿地不仅在净化污染物、调蓄洪水、调节小气候、抵抗自然灾害等方面有着重要的价值；同时还在维护生物的多样性方面起着重要的作用。此外，湿地还具有娱乐、文化、科研等多种功能（张晓龙等，2007）。黄河三角洲属于温带大陆季风性气候，四季分明、光照充足、雨热同期，年平均气温 12.1℃，年平均降水量 51.6 毫米。该区独特的地理位置和气候特征，使该地区蕴藏着丰厚的湿地资源（宗秀影等，2009）。黄河三角洲湿地总面积为 747139.4 平方公里，区域内的湿地可分为浅海湿地、滩涂湿地、河流湿地、湖泊与水库湿地、坑塘湿地、水田湿地、沟渠湿地、沼泽和草甸湿地及路边湿地九类。其中，浅海湿地面积最大，占湿地总面积的 41.22%；湿地面积位居第二的是滩涂湿地（包括海涂和河涂湿地），占湿地总面积的 24.64%，占三角洲土地总面积的 10.67%；沟渠湿地面积占湿地总面积的 12.76%，这主要与该区农业引黄灌溉有关（蔡学军等，2006）。

然而，20 世纪 90 年代以来，黄河三角洲区域非湿地与湿地之间面积转化剧烈，这种情况将会对区域生物多样性的发展产生极其不利的影响（王永丽等，2012）。孙志高等（2011）认为，黄河三角洲湿地有着生态系统发育层次低、物种多样性比较贫乏、食物网结构比较简单、适应变化能力弱、整个生态系统不成熟也不稳定等缺陷。这使湿地生态系统常常处于一种物质与能量、结构与功能的非均衡状态，缺乏自我调节能力，抵抗外界干扰能力差，属脆弱生态敏感区。宗秀影等（2009）认为，这些缺陷的形成主要是由于黄河断流、黄河入海流量的不断减少、自身演替动力、农田开垦、滩涂的开发与围垦、油田开发、人工建筑等的影响。

（2）生物资源状况。

黄河三角洲是东亚乃至全球重要的水禽繁殖与栖息地，具有重要的生物保护价值。根据赵延茂等（1995）的数据统计分析，黄河三角洲国家级自然保护区内动物资源比较丰富，共有野生动物1524种，同时包括陆生动物与海洋动物类群。其中陆生脊椎动物300种，陆生无脊椎动物583种，水生生物641种。在黄河三角洲自然保护区内自然分布的高等植物共43科115属171种，以被子植物为主。黄河三角洲的植物区系成分较简单，呈现出年轻性的特点。由于区域内湿地发达，水生、湿生植物在植被构成中占有重要的地位；同时，由于干旱区较多，旱生和中旱生植物种类多。然而，总体来说区域内的植物种类较少，尤其是木本植物种类贫乏（李政海，2006）。

总体而言，黄河三角洲的生物多样性不高，生物群落相对单调，生物种类较少，甚至有的贫乏，食物链简单，生态系统相对比较脆弱（张晓龙等，2007）。

（3）旅游资源状况。

黄河三角洲湿地作为山东省保存最完好、面积最大的湿地，其生态旅游开发空间巨大。黄河三角洲旅游资源较丰富，比较著名的有黄河三角洲自然保护区、黄河口湿地生态旅游区、神奇黄河口、生态大观园、梦幻石油城、黄河水城、武圣故里、宋代古城、世界风筝之都等。

1）黄河三角洲自然保护区。黄河三角洲国家级自然保护区于1992年10月经国务院批准建立，是以保护黄河口新生湿地生态系统和珍稀濒危鸟类为主体的湿地类型自然保护区，总面积15.3万公顷，其中核心区5.8万公顷、缓冲区1.3万公顷、实验区8.2万公顷，分为南北两个区域，南部区域位于现行黄河入海口，面积10.45万公顷，北部区域位于1976年改道后的黄河故道入海口，面积4.85万公顷。

黄河三角洲国家级自然保护区是中国暖温带保存最完整、最广阔、最年轻的湿地生态系统。区内鸟类众多，共有鸟类296种，其中国家一级重点保护鸟类有丹顶鹤、东方白鹳等10种，国家二级保护鸟类有大天鹅、灰鹤等49种。珍稀濒危鸟类逐年增多，每年春、秋候鸟迁徙季节，数百万只鸟类在这里捕食、栖息、翱翔，成为东北亚内陆和环西太平洋鸟类迁徙重要的中转站、越冬栖息地和繁殖地，被国内外专家誉为"鸟类的国际机场"。

区内植物资源丰富，共有植物400种，其中野生种子植物116种。盐地碱蓬、柽柳和罗布麻在自然保护区内广泛分布，芦苇集中分布面积达40万亩，国家二级重点保护植物野大豆集中分布面积达6.5万亩。区内自然植被覆盖率55.1%，是中国沿海最大的新生湿地自然植被区。

独特的生态环境和得天独厚的自然条件造就了黄河三角洲自然保护区"新、奇、特、旷、野"的美学特征,被评为中国"最美的六大湿地"之一。黄河三角洲自然保护区越来越引起国内外湿地组织和专家的高度重视,1994年被国家列为湿地、水域生态系统16处具有国际意义的重要保护地点之一,2006年被确定为国家级示范自然保护区。2013年10月,国际湿地公约组织宣布,包括山东黄河三角洲国家级自然保护区在内,中国的五个国家级自然保护区被正式列入国际重要湿地名录。

2)黄河口湿地生态旅游区。黄河口湿地生态旅游区占地23万亩,都处在黄河三角洲之内,地貌以芦苇沼泽、湿地为主,其次为河口滩地、带翅碱蓬盐滩湿地、灌丛疏林湿地及人工槐林湿地等。经过一系列的保护性开发,黄河口湿地生态旅游区已形成沼泽地生态区、海滩湿地观光区、槐林生态接待区、芦苇湿地观鸟区、新国土观光区五大功能区,集自然景观与人文景观为一体,既有沧海桑田的神奇与壮阔,又有黄龙入海的壮观和长河落日的静美,是人们休闲、度假、观光、科普的最佳场所。

3.2.2 黄河三角洲高效生态经济区发展状况

3.2.2.1 黄河三角洲高效生态经济区概况

2009年11月23日,中国国务院正式批复《黄河三角洲高效生态经济区发展规划》,中国三大三角洲之一的黄河三角洲地区的发展上升为国家战略,成为国家区域协调发展战略的重要组成部分。国务院通过了《黄河三角洲高效生态经济区发展规划》,标志着我国最后一个三角洲———"黄三角"正式上升为国家战略。该规划将黄河三角洲高效生态经济区的范围确定为:东营和滨州两市全部,以及与其相毗邻、自然环境条件相似的潍坊北部寒亭区、寿光市、昌邑市,德州乐陵市、庆云县,淄博高青县和烟台莱州市,共涉及6个设区市的19个县(市、区),总面积2.65万平方公里,占全省的1/6。

根据《黄河三角洲高效生态经济区发展规划》,黄河三角洲高效生态经济区的战略定位是:建设全国重要的高效生态经济示范区、特色产业基地、后备土地资源开发区和环渤海地区重要的增长区域。发展目标是:到2015年,基本形成经济社会发展与资源环境承载力相适应的高效生态经济发展新模式;到2020年,率先建成经济繁荣、环境优美、生活富裕的国家级高效生态经济区。

3.2.2.2 黄河三角洲高效生态经济区布局

(1)产业布局。

结合现有资源和地区发展要求，为突出区域特色，黄河三角洲高效生态经济区按照"四点、四区、一带"布局。四点，即东营港、滨州港、潍坊港和烟台港莱州港区。四区，即东营、滨州、潍坊、莱州四大临港产业区。一带，即北部沿海经济带。以循环经济发展理念的高效生态特点为基，依托港口和交通干线，以四大临港产业区为支撑，构筑北部沿海经济隆起带。

东营临港产业区位于东营市东北部和东部临海、临港区内，主要为国有荒滩盐碱地，初始规划1000多平方公里。此区域建设目标为成为整个经济区的重要化工产业基地、电力供应基地、装备制造业基地、区域物流中心和产品集散中心。

滨州临港产业区域位于滨州市北部无棣、沾化、滨城区界内，初始规划700多平方公里。此区域将聚集油盐化工、船舶制造、建材冶金、生态电源、生物制药、现代物流和环渤海区域性物流中心产业，目的是建成全国循环经济示范区。

潍坊沿海开发区位于潍坊城区北部与潍坊港之间，包括寒亭区北部、滨海经济开发区、寿光市北部、昌邑市北部，初始规划约800平方公里，目标是建成全国最大的海洋化工生产基地、出口创汇基地、农药化工生产基地、国家级循环经济示范区和生态工业示范区。

莱州临港产业区位于金城、三山岛至莱州银海化工园区之间，规划面积约500平方公里，目标是建成电力、冶金、精细化工、石油化工、机械加工、滨海旅游、高技术生物育种、物流等产业聚集区。

（2）主体功能区。

1）重点开发区域，主要包括四大临港产业区和各类开发区，距海岸线10公里以外的成片荒滩盐碱地。依托海运和铁路运输，发展大型化工基地、能源基地、物流基地，以生成生态产业和循环经济。

2）限制开发区域，主要指沿海岸线开发带的浅海滩涂、盐碱地，以及高效生态农业区等。在不破坏浅海滩涂的自然环境下，适度开展养殖和原盐制作，促进服务业尤其是旅游业的发展，同时合理开发海洋能源和风能，禁止污染严重的化工业进入，限定海洋倾废区域。高效生态农业区摆脱传统农业依赖农药化肥提高产量的方式，依托现有产业资源和技术手段，调整种植结构，发展高效、生态、观光、安全农业。

3）禁止开发区域，主要指农业保护区、水源地保护区和生态自然保护区等。基本耕地面积是一条不可触碰的红线，必须保证基本耕地不被其他用地侵占。水源地保护区关系到整个地区的用水安全，在河流源头、沿岸水源涵养和库区必须保证不发展高污染产业，同时限制该地区人口集聚。生态自然保护区（带），包括东营的国家级自然保护区、海岸线自然保护带、沿黄河和沿小清河自然生态保护带。

3.2.2.3　黄河三角洲高效生态经济区的农业、工业和现代服务业

（1）大力发展高效生态农业。

黄河三角洲高效生态经济区按照高效、生态、创新的原则，大力发展现代农业和节水农业，建设全国重要的高效生态农业示范区。到 2015 年，粮食总产量达到 700 万吨，畜产品 210 万吨，水产品 200 万吨，蔬菜 980 万吨。各种类型的农业都有一定的发展。

绿色种植业。实施引进、试验、示范、繁育与推广工程，推广立体高效农业、生物质能多层次利用和多能互补等技术，积极发展耐碱旱、节水、优质、高产、生态、安全种植业。加大中低产田改造力度，推进连片规模开发、集约高效发展。完善良种引进—工厂化繁育—种植—加工—保鲜—销售产业链，提高种植业标准化生产水平，建设全国重要的优质粮棉、特色果蔬生产加工出口、经济林草基地。

生态畜牧业。发挥牧草资源丰富的优势，集约化规模化发展奶牛、肉牛、肉羊、肉鸭等畜牧业，加强动物疫病防治，建成一批特色养殖基地。规划改良天然草场和规模较大的饲料粮种植区，配套建设畜禽加工和生产安全保障设施，支持现代畜牧业示范园建设，打造饲草种植—饲料加工—畜禽养殖—奶业—屠宰加工—冷藏—销售产业链，促进农工贸一体化、产供销一条龙发展，推动循环种养、生态养殖和绿色能源建设有机结合。

生态渔业。重点发展水产增殖业、健康养殖业和精深加工，大力发展远洋渔业和休闲渔业。实施渔业资源修复行动计划，保护近海滩涂主要经济生物资源，加大水域环境管理与治理力度，有效恢复渔业生态。加快浅海滩涂和沿黄盐碱涝洼地规模化开发，推进优势特色水产品标准化生产，建设环渤海地区重要的水产品物流贸易中心。加强渔政渔港设施建设，发展渔港特色经济。

高效生态农业重点工程：种植业，重点推进荒碱地治理与高效种养、绿色农产品标准化规模化生产、绿色控害技术综合运用和农业机械化，推广寿光农村沼气与蔬菜大棚结合技术；畜牧业，百万亩天然草场建设工程，形成肉牛 200 万头、奶牛 30 万头、生猪 500 万头、肉鸭亿只的养殖能力，建成全国重要的生态养殖和畜产品活体储备基地；水产养殖加工，培育和引进高产、优质、高抗逆的海淡水养殖新品种，建设良种场、区域育种中心和现代渔业养殖加工区；种养业

良种工程，建设农作物种质资源库、农作物改良中心、良种繁育基地、畜禽水产原良种场、水产遗传育种中心、种质资源场和区域性检测中心；动物防疫体系，建设和完善区域性动物疫病监测预警、预防控制、检疫监督、兽药质量监察及残留监控、防疫技术支撑、防御物质保障六大系统；农产品质量安全检测体系，建设区域性农产品质检中心和县级农产品检测站；渔港和渔港经济区建设工程，重点建设东营、滨州、潍坊、莱州沿海现代渔港经济区；渔业资源修复与保护工程，每年渤海湾增殖放流对虾、海蜇、梭子蟹等主要水产苗种 10 亿尾（粒）以上，建设 6 处濒危水生野生动植物保护区和 15 处渔业资源保护区；标准化生态鱼塘整理工程，建设 100 个具有区域特色的标准化生态健康养殖园区，整理改造标准化鱼塘 300 万亩。

（2）积极发展环境友好型工业。

黄河三角洲高效生态经济区坚持走新型工业化道路，以园区为载体，大力发展循环经济，提升制造业整体素质，促进产业集群发展。到 2015 年，规模以上工业增加值达到 6000 亿元。

高技术产业。加强创新能力建设，大力发展电子信息、生物工程、新材料等产业，培育海洋生物医药、海洋功能食品、海洋工程材料、海水综合利用等海洋高技术产业，加快形成一批高成长、带动能力强的骨干企业，开发一批具有自主知识产权的核心产品，建设以新型油田化学品、盐化工为特色的新材料产业基地。支持东营软件产业、莱州和寿光种业发展。

装备制造业。着力提高研发系统设计、加工制造、系统集成和关键总成技术整体水平，壮大产业规模，培育优势品牌，形成技术先进、竞争力强的装备制造业体系。石油装备，依托优势企业，加强技术引进和自主创新，提高石油成套设备研发能力，开发生产系列配套产品，重点发展石油钻采装备和石油工程技术服务，形成集研发、制造、服务于一体的石油装备高端产业链，着力打造特色鲜明、技术高端、国内一流的石油装备产业基地。在东营设立国家石油装备工程技术研究中心。加强协作配套，提高汽车发动机、关键零部件技术水平，壮大产业集群，打造全国重要的汽车零部件生产基地。按照"专、精、特"的要求，积极发展船舶及海洋工程装备配套设备和船舶维修等。加快发展纺织装备、通用飞机及零部件、工程机械、体育装备器材和风力发电、海水淡化、输变电设备等制造业。

轻纺工业。加快装备更新、工艺革新和产品创新，严格控制污染，提升纺织、造纸工业技术含量和产品附加值，建设全国重要的轻纺工业基地。开发时尚、健康、个性化高档家纺服装产品，培育自主品牌，促进棉纺、化纤、织布、印染、家纺、服装配套发展。因地制宜推进林、浆、纸一体化，积极发展生态造纸。

重点发展环境友好型工业：电子信息产业，重点发展激光电子产品、新型元器件、高性能电子元器件、网络通信产品及软件和集成电路五大产业；生物产业，开发耐盐碱转基因植物新品种，开发生物药物及治疗肿瘤、心脑血管、老年病等新型高效药物，建设中药种植 GAP、生产过程 GMP 标准化体系，发展 L - 乳酸、聚乳酸生产；新材料产业，重点发展热超导、电子、无机传热、环保、高分子等新材料；石油装备，东营重点发展钻机、磁悬浮抽油机、通井机、钻井平台等石油机械及油气集输设备和油田专用汽车制造业；汽车及零部件，东营、滨州和潍坊滨海经济开发区重点推进特种车辆生产，发展船用柴油机、重型发动机、高档大型发动机等系列产品及特种活塞、OE 刹车片、汽车轮胎等制造业；通用飞机及零部件，重点推进滨州通用航空飞行器及发动机和德州庆云飞机刹车盘项目建设，带动机械零部件、橡胶制品、电子、电气、复合材料等配套产品发展；环保设备制造业，发展风力发电、电厂脱硫、海水淡化、燃气发电、地热利用等配套设备制造业；轻纺，建设滨州、东营、淄博高青纺织家纺服装产业基地，发展寿光、广饶生态造纸业。

（3）大力发展现代服务业。

黄河三角洲高效生态经济区按照市场化、产业化、社会化的方向，重点发展生产性服务业，积极发展消费性服务业，加快构筑结构合理、功能完备、特色鲜明的现代服务业体系。

现代物流业。依托交通枢纽、中心城市和重要货物集散地，完善物流基础设施，建设一批特色物流园区和集散、存储、加工配送中心，重点建设临港物流基地，形成多层次、开放式、社会化的物流体系。积极推广现代物流管理技术，建立和完善物流网络和信息平台，提高物流信息化和标准化水平，引导物流企业向专业化、规范化和国际化发展。大力发展第三方物流。鼓励兼并重组，推动物流企业向物流园区集中，促进物流企业集群化发展，建成环渤海南部的区域性物流中心。

重点发展现代物流业：东营，建设临港物流园区、中心城物流园区、空港物流园区、广饶物流园区和广利港渔业交易中心，形成石油、成品油、钢材、建材、精密部件、农产品和零散集装箱运输集散地；滨州，建设西城物流园区、东城物流园区、临港物流园区和鲁北航空物流中心，形成机械纺织原材料、原盐、煤炭、石油、化工产品和农副产品集散地；潍坊，建设临港物流园区、寿光农副产品物流园区、寒亭食品药品和民俗产品物流园区、航空物流中心，形成化工产品、机械装备、蔬菜、干散货和集装箱运输集散地；莱州，建设临港物流园区、液体化工物流园区、农副产品物流园区，形成矿石、煤炭、汽车零部件、集装箱和散杂货集散地；乐陵，建设乐陵（义乌）国际商贸物流园区；庆云，建设庆云国际物流园区；高青，建设陶瓷建材物流园区。

生态旅游业。按照发展大旅游、开发大市场、建设大产业的要求，加强旅游基础设施建设，推动旅游资源整合，突出神奇黄河口、生态大观园、梦幻石油城、黄河水城、武圣故里、宋代古城、世界风筝之都、摩崖石刻、海岛金山寺、滨海渔盐、枣林等特色，开发生态观光、文化会展、休闲度假、体育健身和古贝壳自然遗迹等产品，着力打造黄河入海口、滨海旅游度假、红色旅游和民俗文化四大精品旅游线路。支持黄河口生态旅游区、黄河水城、孙子文化旅游区建设，逐步建成国家级旅游区。

金融保险业。创新合作发展机制，完善区域金融服务体系。整合城市商业银行，引进战略投资者，支持在黄河三角洲地区设立地方性银行，条件成熟后适时上市。支持国内外金融机构在区域内开设分支机构。加快发展信托公司信托业务、金融租赁公司租赁业务，支持符合条件的企业上市和发行债券。丰富保险服务品种，拓展保险市场，加快发展政策性农业保险。

商务服务业。积极发展远程教育和医疗、数字及网络电视、数据处理等新型信息服务业，规范法律、经济鉴证类服务，支持发展投资与资产管理、市场调查、工程和管理咨询、资信服务等服务业，鼓励发展专业化工业设计，积极发展服务外包。

3.3 甘肃循环经济示范区

3.3.1 甘肃循环经济示范区简介

3.3.1.1 甘肃省简介

甘肃简称甘或陇，位于黄河上游，省会为兰州。甘肃地处北纬32°~42°，东经92°~108°，地控黄河上游，沟通黄土高原、青藏高原、内蒙古高原，东通陕西，南瞰巴蜀、青海，西达新疆，北扼内蒙古、宁夏；西北出蒙古国，辐射中亚。甘肃省东西蜿蜒1600多公里，全省面积45.37万平方公里，占中国的4.72%；全省总人口为2763.65万人；辖12个地级市、2个自治州。2014年，甘肃省 GDP 达 6790 亿元。经过中华人民共和国成立以来的开发建设,甘肃已形成了以石油化工、有色冶金、机械电子等为主的工业体系,成为中国重要的能源、原材料工业基地。甘肃省是我国重要的生态屏障和陆路交通枢纽,资源蕴藏丰富,战略地位重要,发展潜力巨大。

3.3.1.2 甘肃省的生态资源

(1) 矿产资源。

甘肃是矿产资源比较丰富的省份之一,省内地质环境复杂,成矿条件优越,矿产资源相对丰富。截至 2010 年底,全省已发现各类矿产 179 种,包括能源 13 种,金属矿产 64 种,非金属矿产 98 种,水气矿产 4 种。列入《甘肃省矿产资源储量表》的固体矿产 95 种、矿产地 1184 处(含共伴生矿产)。据《2010 年全国主要矿产资源储量通报》统计,在已查明的矿产中,甘肃省资源储量名列全国第 1 位的矿产有 12 种,居前 5 位的有 29 种,居前 10 位的有 58 种。

(2) 能源。

甘肃省能源种类较多,除煤炭、石油、天然气外,还有太阳能、风能等新能源。其中,石油可采储量为 6 亿吨,天然气探明储量 31 亿立方米,集中分布在河西玉门和陇东长庆两油区。全省煤炭预测储量为 1656 亿吨[①]。甘肃风能资源丰富,总储量为 2.37 亿千瓦,风力资源居全国第五位,可利用和季节可利用区的面积为 17.66 万平方公里,主要集中在河西走廊和省内部分山口地区,河西的瓜州素有"世界风库"之称。甘肃是我国太阳能最为丰富的三个区域之一,各地年太阳总辐射值为 4800 ~ 6400 兆焦/平方米,其中河西西部、甘南西南部是我国太阳能资源最丰富的地区,按现有利用水平测算可开发资源量约为 520 万吨标准煤/年。

(3) 土地资源。

甘肃的土地资源丰富。全省总土地面积 45.44 万平方公里,居全国第七位,人均占有土地量居全国第五位,土地大体可分为"三山、三草、二沙、一林、一田"。全省耕地面积居全国第 11 位,人均耕地 2.65 亩,居全国第六位。

根据 2007 年土地利用现状变更调查,全省耕地 462.47 万公顷、园地 20.54 万公顷、林地 518.25 万公顷、牧草地 1410.84 万公顷、其他农用地 129.69 万公顷、居民点及工矿用地 87.81 万公顷、交通用地 6.51 万公顷、水利设施用地

---

① 甘肃经济日报.《甘肃省煤炭资源潜力评价报告》完成 [EB/OL]. http://gsjjb.gansudaily.com.cn/system/2011/09/22/012189609.shtml.

2.87 万公顷、未利用土地 1849.99 万公顷、其他土地 58.76 万公顷。

（4）水资源。

甘肃省水资源主要分属黄河、长江、内陆河三个流域、九个水系。黄河流域有洮河、湟河、黄河干流、渭河、泾河五个水系；长江流域有嘉陵江水系；内陆河流域有石羊河、黑河、疏勒河三个水系。全省河流年总径流量 415.8 亿立方米，其中 1 亿立方米以上的河流有 78 条。黄河流域除黄河干流纵贯省境中部外，支流就有 36 条；长江水系包括省境东南部嘉陵江上源支流的白龙江和西汉水，蕴藏有丰富的水能资源；内陆河流域包括石羊河、黑河和疏勒河三个水系，有 15 条，年总地表径流量 174.5 亿立方米，流域面积 27 万平方公里。

（5）动物资源。

主要畜种禽种。甘肃养殖的牲畜主要有马、驴、骡、牛、羊、骆驼等。甘肃养马历史悠久，远在公元前 100 多年的汉武帝时期，西北边境设有官马场 36 处，民间养马亦较繁盛，自汉至今一直是我国养马业的重地。中华人民共和国成立后，甘肃还先后引进和改良了阿尔登、整顿河、卡拉巴依马等品种，养马、驴、牛等得到了发展。禽种，除对静宁鸡、太平鸡、临洮鸡等杂交改良外，现主要有来航鸡、澳洲黑、芦花洛克、洛岛红、科尼什、新汉、狼山鸡等优良品种。水禽有北京鸭、麻鸭、中国白鹅、灰鹅和狮头鹅等品种。

野生动物资源。甘肃境内共有野生动物 650 多种，其中两栖动物 24 种，爬行动物 57 种，鸟类 441 种，哺乳动物 137 种。这些野生动物主要分布在文县、武都、康县、成县、天水、两当等地。文县让水河、丹堡一带，已被列为全国第十三号自然保护区，出产大熊猫、金丝猴、麝、猞猁、扫雪等世界珍贵动物，并对梅花鹿、马鹿、麝进行人工饲养。野生动物中，属于国家保护的稀有珍贵动物有 90 多种，其中属一类保护的 24 种，二类保护的 24 种，三类保护的 4011 种。

（6）植物资源。

甘肃是一个少林省区，据第六次全省森林资源清查，全省林业用地面积981.21 万公顷，森林覆盖率 13.42%，主要树种有冷杉、云杉、栎类、杨类及华山松、桦类等。甘肃草场有天然草地、人工草地和半人工草地三种，天然草场主要分布在甘南草原、祁连山地、西秦岭、马衔山、哈思山、关山等地，海拔一般在 2400~4200 米，气候高寒阴湿。甘肃是全国药材主要产区之一，现有药材品种 9500 多种，居全国第二位。目前经营的主要药材有 450 种，如当归、大黄、党参、甘草、红芪、黄芪、冬虫夏草等，特别是"岷当""纹党"产量大、质量好，是闻名中外的出口药材。

3.3.2　甘肃循环经济示范区发展状况

3.3.2.1　甘肃循环经济示范区概况

甘肃是我国的资源大省，具有较大的资源优势，但由于我国长期以来存在的资源型产品与下游产品比价的扭曲，以及资源管理体制存在的问题，资源优势并没有为甘肃经济发展带来巨大利益，相反却形成了过度依赖资源的产业结构。甘肃资源型产业的另一个特点是发展方式粗放，资源利用水平低下，万元 GDP 能耗比全国平均水平高出 60%，必须通过发展循环经济，逐步使"两高一资"变为"两低一资"，才能实现甘肃的可持续发展。另外，甘肃的工业结构对区域生态环境影响巨大，发展循环经济是确保国家生态安全的现实需要，也是调整产业结构、振兴老工业基地的现实选择。

在此背景下，2009 年国务院正式批准了《甘肃省循环经济发展总体规划》（以下简称《总体规划》），把甘肃省整体列为全国唯一一个循环经济示范区。《总体规划》提出从 2009 年起至 2015 年，甘肃省将在各有关部委的支持下，建成全国循环经济发展的示范区。包括 16 条产业链、七大基地在内的《总体规划》为甘肃人民描绘出了今后循环经济发展的蓝图。

《总体规划》确定甘肃省发展循环经济的目标分两阶段实施：第一阶段目标（2009～2010 年）：为与国民经济与社会发展的五年规划相协调，在现有 32 户国家和省级试点企业、10 个省级试点园区、4 个试点城市的基础上，把试点提升为示范，并使示范企业增加到 6 个。在全省范围内打造 16 条循环经济主导产业链，重点建设"兰白""平庆""金昌""酒嘉""张武定"等七个循环经济基地。第二阶段目标（2011～2015 年）：在经过第一阶段的重点突破和全面铺开后，继续深化省级试点示范工作，到 2012 年，使省级示范试点企业达到 100 家，示范试点园区达到 36 家，示范试点城市增加到 8 个，并选择 50 家企业重点培育为示范企业。到 2015 年，建立起循环型农业、工业、服务业产业体系，再生资源回收体系得到完善，生态环境得到明显改善，资源出产率等指标在 2010 年基础上实现重大进展，成为国内发展循环经济的省级示范区。

《总体规划》的重点：以不同行业的骨干企业为龙头，围绕资源的循环利用、节能减排和产业链延伸，培育发展横向关联配套、纵向延伸拓展的产业网络，形成以下 16 条循环经济产业链：依托金川集团和金化集团，打造有色与精细化工循环经济产业链；依托酒钢集团等企业，打造冶金—资源综合利用—冶金化工—新材料产业链；依托酒钢集团、中科宇能等企业，发展风电设备制造业；

依托兰州石化、银光集团等企业，打造石油化工—特色精细化工一体化产业链；依托白银公司、中铝兰州分公司、中铝连城分公司、甘肃稀土集团等企业，打造有色金属及废弃物采选冶—深加工—再生—再加工产业链；依托长庆油田、庆阳石化等企业，打造石油炼制—石油化工—精细化工产业链；依托华能集团、华煤集团、庆阳煤田等企业，打造煤电化工循环经济产业链；依托靖煤集团、窑街煤电、国电靖远发电公司等企业，打造煤电—建材—综合利用产业链；依托中核四零四厂等企业，发挥风能、太阳能和核能等清洁能源优势，打造河西"陆上三峡"；依托兰石集团、兰州电机公司、星火机床公司等企业，打造设备制造—回收—再制造产业链；依托白银公司、中铝兰州分公司、甘肃稀土公司等企业，打造资源高效利用—节能环保产品—新型材料产业链；依托长开厂、213 电器公司、电传所、电缆厂和华天集团、天水 6931 工厂、天光半导体等企业，打造西部电工电器工业基地和集成电路封装基地；依托天水农业高新技术产业园等，打造养殖—沼气—种植—养殖生态农业产业链；依托腾胜公司、银河食品公司、马铃薯雪花全粉食品公司等企业，打造畜产品—特色农副产品—农业废弃物循环经济产业链；依托扶正药业公司、岷州实业公司等企业，打造中藏药产业链；依托张掖甘绿、民乐银河、武威市祁连蔬菜公司等企业，打造绿色食品产业链。

《总结规划》的布局："一区七基地"。《总体规划》将全省循环经济发展分为"一区七基地"：到 2015 年，将甘肃建成全国循环经济发展的示范区；在兰州、白银建设以石油化工、冶金有色为主的"兰白"循环经济基地；在平凉、庆阳建设以煤电化工、石油化工为主的"平庆"循环经济基地；在金昌建设以有色金属新材料为主的金昌循环经济基地；在酒泉、嘉峪关建设以清洁能源和冶金新材料为主的"酒嘉"循环经济基地；在天水建设以加工制造和电子信息产业为主的天水装备制造循环经济基地；在张掖、武威、定西建设以特色农副产品加工为主的"张武定"循环经济基地；在甘南、临夏、陇南建设以林业、草业和中药材等生态经济为主的"甘临陇"循环经济基地。

3.3.2.2 甘肃循环经济示范区发展状况

2015 年是甘肃省建设国家循环经济示范区的收官之年。六年来，甘肃省循环经济取得了长足发展。例如，金昌市和通渭县被列为国家首批循环经济示范市县，甘南州和定西市被列为国家首批生态文明先行示范区；金昌经济技术开发区等八个园区被列为国家循环化改造示范试点园区；金川铜镍多金属矿、窑街煤炭资源被列为首批国家矿产资源综合利用示范基地；白银市和白银公司等四家企业被列入国家首批 50 家资源综合利用"双百工程"示范基地和骨干企业；兰州、武威被确定为国家再生资源回收体系建设试点城市，酒泉、敦煌被确定为国家再生资源回收体系建设基地。

自 2010 年起，甘肃省循环经济项目投资年均达到 600 亿元以上，对全省固定资产投资增长的贡献率近 40%；16 条循环经济产业链中，有色与精细化工、冶金—资源综合利用—冶金化工—新材料等 11 条产业链的工业增加值年均增速达到 13.6%，11 条产业链的工业增加值之和超过全省工业增加值的 70%。甘肃省通过实施循环经济总体规划，以年均 7.74% 的能源消耗增长和 0.09 的水耗负增长支撑了 11.91% 的经济增长。

通过推进循环经济工作，甘肃省《总体规划》确定的各项工作取得显著的进展，"四位一体"循环体系基本建成，"五大载体"打造进展顺利，保障体系逐步完善，示范试点创建成效显著。循环经济对全省经济社会发展引领作用明显。《总体规划》确定的 24 项指标中，资源产出率等 17 项指标得到巩固。从监测情况看，2014 年底 12 项就已完成或超额完成的指标运行正常，未出现大的反弹现象。

4 生态区域品牌资产扎根研究

本章对生态区域品牌资产进行了质化研究。第一节介绍了扎根研究方法；第二节通过文献研究、案例分析、小组访谈等方法进行了资料的收集；第三节利用收集到的资料，通过开放式编码、主轴编码、选择性编码等步骤进行资料的分析。

4.1 扎根研究方法

鉴于现有文献对生态区域品牌资产的内涵维度尚未展开系统的探讨，本书采用扎根研究范式开发生态区域品牌资产的维度模型。扎根理论（Grounded Theory）是一种运用系统化程序扎根于社会现实进行归纳、演绎，进而构建理论体系的质化研究方法。它适用于解释个体对真实世界的看法，对于构建新的理论具有重要的意义（王璐和高鹏，2010）。

扎根理论研究法是由哥伦比亚大学的 Glaser 和 Strauss 于 1967 年共同发展提出的一种定性研究方法，主要思路是运用系统化的程序对某一现象进行归纳式的总结，而后得出理论，其宗旨是通过经验资料来建立理论。在实际操作中，研究者一般没有理论假设，而是通过实际观察从原始资料中归纳出经验概括，最后总结出系统的理论。扎根理论从下往上建立理论，主要是对系统性收集的资料进行分析，进而寻找反映事物或现象本质的核心概念，最后通过概念之间关系的分析构建出相关的理论。扎根理论的使用需要有经验证据的支持，然而经验性并不是它的主要特点，其主要特点是它从经验中提炼出了新的理论。从哲学的角度来看，扎根理论方法主要是对已经构建的理论进行证伪，属于后实证主义的范式。

4.1.1　扎根理论的基本思路

扎根理论的基本思路主要包括以下几个方面（陈向明，1999）：

4.1.1.1　从资料中提升理论

扎根理论强调从资料中提升理论，认为通过对收集到的资料进行深入分析，才能提炼出理论框架。从资料中提升理论的过程中主要是对资料从下往上地进行浓缩，也是一个归纳的过程。扎根理论与其他研究方法不同，它主要是从收集资料入手并对其进行归纳分析，事先并没有设定假设。最终产生的理论必须要有原始资料可供查询，也必须要有事实或经验作为依据。因为扎根理论认为，从资料中产生的理论才具有生命力。如果得到的理论与收集的资料相吻合，那么理论就有实践意义，可以用来指导人们的日常行为。

扎根理论要求研究者建立一个介于微观操作性假设和宏大理论之间的实质理论或者构建一个具有普适性的形式理论，这也是扎根理论的首要任务。但是形式理论的建立要以实质理论为基础，只有通过收集的资料建立了实质理论后，形式理论才能在实质理论的基础上建立起来。因为扎根理论认为，知识的形成是一个从事实不断演进为实质理论进而向形式理论演进的过程。形式理论的构建需要收集大量的资料，同时还需要实质理论作为中介。直接通过收集的资料构建形式理论其跳跃性太大，可能会产生较多的漏洞，缺乏严谨性。而且，形式理论的构成形式不一定是单一的，它可以包含许多不同的实质性理论，将不同的概念整合为一个整体。与单一的形式理论相比，密集型的形式理论内蕴更加丰富，能够为更为广泛的现象提供解释。

4.1.1.2　对理论保持高度敏感

扎根理论的主要目的是构建理论，因此它要求研究者在研究过程中对理论保持高度的敏感。研究者不管是在设计阶段还是在资料的分析阶段，都要对前人的理论、资料中的理论及现有的理论保持高度的敏感，要善于发现构建新理论的线索。对理论保持高度敏感可以在资料的收集过程中帮助我们确定方向，在资料的分析过程中，如果资料内容比较松散，还能帮助我们找出更能准确地表达资料内容的概念。一般情况下，研究者更擅长对研究现象进行描述性分析，对理论的构建则相对生疏。扎根理论认为，与描述性分析相比，理论更具解释力，研究者应该对理论保持高度的敏感。

4.1.1.3　不断比较

不断进行比较是扎根理论的主要分析手段，研究者在研究过程中要在不同的理论及不同的资料之间进行对比，然后根据资料与理论的关系提炼出相关的类属和属性。比较一般分为四个步骤：首先，根据不同的概念对资料进行比较。在实际操作中，对收集到的资料进行编码，同时将资料归到尽可能多的概念类属下，然后在不同的概念类属中对编码过的资料进行对比，为每一个概念类属找到属性。其次，对相关的概念类属及其属性进行整合，通过比较找出这些概念属性的不同之处，思考这些概念属性之间的关系并通过某种方式将这些关系联系起来。再次，初步形成理论框架并确定该理论的内涵及外延，利用原始资料对初步形成的理论进行验证并对现有理论进行优化，使其更加精细。最后，对理论进行陈述，同时还应对所掌握的资料、概念类属、类属的特征及概念类属之间的关系进行描述。

4.1.1.4 理论抽样

在对收集到的资料进行分析的过程中，研究者可以根据资料生成初步的理论并将理论作为接下来资料抽样的标准。这些初步形成的理论可以用于指导接下来的诸如收集资料、编码、归档等工作。研究过程中出现的所有理论都能对研究起导向作用，能够限定研究者的走向。因此，对资料的分析不仅要进行语言编码，还应该进行理论编码。研究者在研究过程中要根据资料的内容不断地进行假设，通过对资料和假设不断地比较得出理论，并根据理论对资料进行编码。

4.1.1.5 恰当地使用文献

资料的分析过程中使用相关的文献能够使我们的视野更加开阔，为研究提供新的理论框架和概念，但是在研究过程中不能过多地使用已有的理论。过多地使用已有的理论会束缚我们的思路，会使我们在研究过程中无法走出别人的理论，限制了自己的思维，难以形成新的理论框架。

在理论的构建过程中，研究者应该灵活地使用已有的理论，同时还应融入研究者的个人解释。在研究过程中，由于结合了自己积累的经验知识，研究者能够很好地理解资料所包含的内涵，资料最终形成的理论也是研究者的个人解释与资料不断整合的结果。已有的研究成果、原始资料及研究者的个人解释这三者之间是互动关系，研究者在使用文献时应该正确地使用收集到的资料，同时融入个人的判断。研究者也应该深入了解文献中不同的观点，与原始资料及文献进行良好的互动。

4.1.1.6 对理论进行评价

扎根理论有一套标准对初步形成的理论进行检验与评价，其评价标准主要有以下四个方面：首先，研究中的概念必须是通过原始资料得到的，形成了理论以后能够找到丰富的原始资料作为理论的依据。其次，扎根理论比较重视概念的密集程度，理论中的概念密度应该较大。研究形成的理论中要有很多复杂的概念，这些概念处于密集的理论环境中，应该得到较充分的发展。再次，理论中概念与概念之间要有系统性的联系。理论中的概念应该与其他概念紧密地联系在一起，形成一个具有一定联系的整体，概念与概念相互联系才能形成理论。最后，通过概念之间的联系形成的理论必须具有较强的实用价值，理论的适用范围要比较广阔，其解释能力也应该较强。

4.1.2 扎根理论的操作程序

在扎根理论的实际运用过程中，其操作程序主要有五个步骤：第一，从收集到的资料中产生概念，并对资料进行逐级登录；第二，对资料和概念进行不断的比较，并对与概念有关的生成性理论问题进行系统的询问；第三，形成理论性的概念，在概念和概念之间建立联系；第四，对资料进行理论性抽样并进行系统的编码；第五，构建理论，尽可能地获得密度、变异度和高度整合性较强的理论概念。扎根理论研究过程中，对资料进行逐级编码是最重要的一个环节，这一环节包括三个级别的编码。

4.1.2.1 开放式编码

开放式编码也叫一级编码。在进行一级编码的过程中，研究者要摒弃个人的偏见，按照资料原本所呈现的形态进行编码。这个过程将收集到的资料打散，赋予其概念，再通过新的方式对资料进行重组。编码的主要目的是从收集的资料中发现概念类属，对这些类属进行命名，并确定这些类属的属性及维度，进而对研究的现象进行命名及类属化。开放式编码开始时范围比较广，随着范围的不断缩小，码号会逐渐饱和。在根据资料进行编码的过程中，研究者应该围绕着资料中的内容，询问与概念相关的具体的问题。在提问的过程中，研究者要牢记研究目的，并为事先没有预想到的目标留有余地。研究者在这个阶段既要什么都信，也要什么都不信。

在研究过程中，为了进行深入的分析，研究者在进行开放式编码的同时还应该不时停下来写分析备忘录。这种方式能够帮助研究者更好地进行资料分析，也能使研究者对研究中出现的理论性问题进行思考，进而逐步深化已经构建的初步理论。这一轮编码的主要目的是对资料进行开放式的探究，这个研究阶段的解释都是初步的。研究者在这一阶段应该关心手头的文本如何可以使研究不断深入，而不是文本中有哪些概念。

在进行开放式编码的过程中，研究者要注意以下原则：在对资料进行编码的过程中，研究者要谨慎，不能漏掉任何重要的信息，直至饱和。若发现了新的码号，研究者要在下一轮的研究中继续收集原始资料；留意资料提供者所使用的词语，尤其是能够用作码号的原话；对码号进行初步的命名，命名可以使用研究者自己的语言，也可以是当事人的原话，不用考虑命名是否合适；在对资料进行分析时，研究者应该根据有关的词语、句子、意义和事件等询问具体的问题，例如这些资料能够提供什么信息、这一情况发生的原因是什么等；研究者应该对与资料有关的概念维度进行快速的分析，因为这些维度可能会唤起进行比较的案例，如果没有案例产生，应该继续寻找；把登录范式中的相关条目罗列出来。

4.1.2.2 主轴编码

主轴编码又称二级编码或轴心编码，其主要任务是发现并建立概念之间的各种联系，进而表现资料各部分之间的有机关联。这些联系可能是相似关系、因果关系、差异关系、先后关系等。在轴心编码的过程中，研究者每次只能围绕着一个类属进行分析，根据这个类属发现相关关系，所以称为轴心编码。随着研究者的深入分析，各类属间的联系也越来越具体。研究者在对概念类属之间的联系进行分析时，不仅要对概念类属之间的联系进行分析，还要对被研究者表达这些概念类属的意图及动机进行研究，分析时要将被研究者提供的言语置于当时的语境中，同时还要考虑其所处的社会文化背景。

研究者要从建立起来的每一组概念类属中分辨出主要类属及次要类属。在不同的类属被辨别出来以后，研究者可以运用比较的方法将这些类属之间的关系联结起来。研究者在所有主从类属关系建立了之后，可以通过新的方式对原始资料进行重组。研究者还需要判定这些分析方式是否具有现实意义，可以在探讨了各种概念类属的关系以后，初步建立一个以互动为导向的理论雏形。当事人的实践理性是这种理论雏形的基础，如何处理和解决现实问题则是这种理论雏形分析的重点。

4.1.2.3 选择性编码

选择性编码又称作三级编码或核心式登录。选择性编码是指通过系统的分析，从已发现的概念类属中选择一个核心类属，集中地对与核心类属有关的码号进行分析。核心类属需要被证明能够将多数的研究结果包含在一个较宽泛的范围内，同时还需要通过与其他类属的比较证明其具有统领性。核心类属起着提纲挈领的作用，它能够将其他的类属串联起来。总的来说，核心类属主要有以下几个特征：在所有类属中，核心类属必须处于中心位置，它与最大数量的类属之间存在联系，最有可能成为资料的核心；核心类属出现在资料中的频率很高，表现核心类属的指标最为频繁地出现在资料中，它能够反复地、稳定地出现在资料中；核心类属能够与其他类属很快地发生联系，这些联系的发生是主动的，联系的建立也较快，同时它们之间联系的内容也较丰富；实质性理论中的核心类属更容易发展为具有概括性的理论，不过在发展为理论之前，研究者需要仔细地对相关资料进行审查，同时要尽可能多地对实质理论进行检测；核心类属被分析出来了，理论也将形成；核心类属的下属类属可能会比较丰富和复杂。

选择性编码的具体步骤是：首先，明确资料的故事线；其次，详细描述主类属和次类属的属性和维度；再次，对初步建立的假设进行检验，对需要补充或发展的概念类属进行填充；又次，挑选出核心概念类属；最后，在核心类属与其他类属之间建立起系统的联系。如果在分析开始时找到了多个核心类属，研究者可以通过不断地比较，将有关系的类属连接起来，关联不紧密的类属去除掉。

4.2　资料收集

4.2.1　资料收集的原则

资料收集又称信息收集，即通过各种方式获取所需要的信息。它是信息得以利用的关键步骤。信息收集的工作质量对整个信息管理工作有着直接的影响。在信息的收集过程中，收集者应当遵循信息的准确性、全面性及时效性等原则。

（1）准确性原则。在信息的收集过程中，收集者要保证所收集的信息真实可靠。准确性原则也是信息收集最基本的要求。要想做到这一点，信息收集者需要对收集到的信息进行反复的检验，尽可能地减小信息的误差。

（2）全面性原则。只有收集到的信息全面完整，研究者才能够真实地反映实际情况，进而为企业提供科学的决策建议。然而，由于各种条件的限制，任何人都收集不到绝对完整的信息，因此，研究者要在有限的条件下，尽可能地使信息完整。

（3）时效性原则。收集者要保证所收集的信息及时、有效。信息能否及时地提供决定了信息的价值大小。信息必须及时、迅速地提供给使用者，这样才能保证信息发挥作用。事前的消息和情报才能对决策起到帮助，因此，信息收集必须遵循时效性原则。

4.2.2 资料收集的方法

4.2.2.1 文献研究法

文献研究法指的是一种对文献进行搜集、鉴别及整理，并对文献进行研究，最终形成对事实的科学认识的方法。

（1）搜集文献的途径。搜集文献的途径主要有查找学术期刊、专业书籍、学术论文集和网络数据库。在搜集学术期刊中的相关文献时，应该重点查阅排名靠前的刊物所刊载的文献。这些期刊能够在较大程度上保证所刊载文献的正确性，以避免研究因参考文献的错误而带来的误差。有些理论并不一定能从期刊中得到，而教科书涉及的知识面更广，更有助于拓宽理论来源。此外，经典教科书中所提及的文献也是非常重要的。查看以"handbook"为名的论文集也是获得文献的一个途径。在网络途径，我们可以利用"百度学术"或者"谷歌学术"查找相关的文献。这两种网络途径通过搜索可检索到收费和免费的学术论文，并通过时间、标题、关键字、摘要、作者、出版物、文献类型、被引用次数等细化指标筛选论文，提高检索的精准性。

研究者可以通过多样的渠道搜集文献，主要渠道有互联网、图书馆、博物馆、档案馆、学术会议、社会、个人交往、科学及教育事业单位或机构等。研究中所需的文献不同，采取的搜集渠道也不一定相同。

（2）搜集文献的方式。文献的搜集方式主要有参考文献查找和检索工具查找两种方式。参考文献查找又称为追溯查找，这种方式主要是通过追踪文献中列举的参考文献，搜集有关文献。检索工具查找则是通过已有的检索工具查找相关文献，已有的检索工具主要包括手工检索工具和计算机检索工具。手工检索工具主要包括文摘、目录卡片和目录索引。计算机检索工具则是利用计算机系统查找文献的工具，包括百度学术、谷歌学术等数据库系统。

积累文献则是另一种搜集文献的方式。每一个研究都需要汇集、积累一定的文献资料，每一个课题的研究过程同时也是一个新文献资料的积累过程。文献的积累需要注意以下几点：首先，文献积累的内容应努力做到充实和丰富。其次，积累文献要有明确的指向性，即与研究目标或研究假设有关。最后，积累的文献要全面，这要求研究者不仅要搜集与课题相关的文献，还要搜集不同学者从不同角度对该问题做出描述或评价的文献。研究者既要搜集与自己观点相同的文献，还要搜集与自己观点不同的文献。

（3）本书的文献搜集过程。本书首先对关于生态区域品牌资产的期刊文献进行研究，以生态区域品牌资产为关键词对中国知网数据库进行了初步搜索，发现并没有以生态区域品牌资产为研究对象的文献；以生态品牌为关键词进行搜索，发现虽然相关文献对生态品牌的研究不少，但是多数是概念思辨或案例描述，对生态品牌资产的结构内涵研究甚少。本书还选择 Web of Science、Emerald 和 EBSCO 等外文数据库进行检索，分别以 ecological place brand equity 和 ecological brand equity 为关键词进行搜索。结果显示，以 ecological place brand 为关键词，Web of Science 显示 0 篇、Emerald 显示 0 篇、EBSCO 显示 0 篇；以 ecological brand 为关键词，Web of Science 显示 0 篇、Emerald 显示 0 篇、EBSCO 显示 0 篇。

鉴于现有文献对生态区域品牌资产的内涵维度尚未展开系统探讨，本书采用 Pandit（1996）的扎根研究范式开发生态区域品牌资产的维度模型。为避免质化研究的主观性，本书从资源与制度理论视角组织访谈与编码。诸如文化环境、产业传统，以及一切经济刺激的竞争性资源和遵从社会期待的制度性要素都将成为编码生态区域品牌资产内涵维度的理论依据。相关量表也同时在扎根访谈中被提炼开发（Churchil，1979）。

4.2.2.2　访谈法

访谈法是一种有目的的、个别化的，通过与人面对面地交谈来了解受访人的心理和行为的研究方法，以研究者与被研究者口头谈话的方式展开，以此收集一手资料。访谈是提问、倾听和回应的艺术，需要有技巧地把握访谈过程才能得到有效的数据。不同的研究问题有不同的研究对象、目的或性质，研究者也要采用不同形式的访谈。访谈法能够有效地收集多方面的分析资料，其应用面较广。

根据不同的标准，访谈法可以划分为很多种类型，但本书只使用了个人访谈和小组访谈两种方式收集数据。

（1）个人访谈。个人访谈指的是调查员单独与被调查对象进行的访谈活动，具有保密性强、访谈形式灵活、调查结果准确、访问表回收率高等优点。

个别访谈法的主要优点是：获取的信息更加深入、详细和全面；可以进入到受访者的内心，了解他们的心理活动和思想观念；深入地了解行为发生的背景和影响行为的广泛决定因素；研究者有更多机会分享和了解应答者的观点，以及他们在更广泛问题上的信念、经历和语汇等；可用于研究个人隐私或敏感性问题。

个别访谈法的主要缺点是：需要具有高度熟练的技巧和受过专门培训的调查员；记录和分析的方法耗时。因此，个别访谈法样本规模通常较小，典型的应答者人数在 10 ~ 60 名，解释资料也需要丰富的经验和高水平的技巧。

（2）小组访谈。小组访谈法是一种了解被访者态度、动机等的理想方法，从而获得对有关问题的深入了解。

1）小组访谈的实施步骤。①小组访谈前的准备。一般而言，小组访谈是在访谈室内进行，根据调查的需要，常用的设备主要有摄像机、话筒、单向镜等。参与者的挑选是小组访谈前比较重要的一个事项。调查者可以通过随机的方式选择被访者，也可以有目的性地进行挑选，主要根据访谈的需要进行选择。小组访谈并不存在最理想的参与人数，主要根据访谈的类型确定。一般而言，人们同意参加小组访谈的理由主要有：对话题感兴趣、有空闲时间、访谈有意思、受访者对话题较熟悉、好奇、有一定的报酬等。②选择主持人。小组访谈成功的关键因素是要拥有合格的受访者和一个优秀的主持人。小组访谈中的主持人应该满足以下要求：首先，主持人能够组织好一个小组的人员进行特定话题的讨论；其次，主持人能够把控好小组讨论的整体走向，当讨论的内容偏离话题时及时进行引导，当讨论不够激烈时，鼓励大家畅所欲言。③制定好访谈指南。在访谈前，访问者要制定好访谈指南，讨论指南是一份关于小组讨论中将会涉及话题的概要。讨论指南主要由主持人进行解释，包括：在访谈开始前，主持人对小组访谈的规则进行解释，提出讨论的话题并进行适当的解释；访谈开始后，主持人鼓励成员积极地参与讨论；最后，主持人对讨论进行总结。④编写小组访谈报告。小组访谈即将结束时，主持人可以在访谈室进行口头的总结报告。正式的访谈报告则一般是在访谈结束后进行撰写。正式的访谈报告开头通常是对讨论的话题、访谈的目的、参与者的个人情况等进行说明。接下来则对访谈的过程进行描述，最后总结整个小组访谈得出的结论，并根据结论提出相关建议。如果在访谈过程中，工作人员已经对访谈的内容进行了详细的记录并归类，那么访谈报告的撰写就比较容易了，因此访谈过程中对内容进行详细的记录十分重要。

2）小组访谈的工作要点。要组织完成一项小组访谈，需要做好三方面的工作。首先，做好访谈前的准备工作，主要内容包括：确定讨论的主题、访谈的主持人及讨论的参与人员；选择好访谈的场所及访谈的时间；准备好访谈所需的演示和记录设备，如录音笔、摄像机、图片、视频等；在需要同声翻译的情况下，应该让翻译了解所要讨论的大概内容。其次，组织和控制好座谈会的全过程，主要有：要善于把握座谈会的主题；要做好与会者之间的协调工作；要做好座谈会记录。座谈会一般由专人负责记录，同时还常常通过录音、录像等方式记录。最后，做好座谈会后的各项工作，主要有：及时整理、分析座谈会记录；回顾和研究座谈会情况；做必要的补充调查。

3）小组访谈的注意事项。在进行小组访谈时，应该注意：小组访谈的目的决定了所需要的信息，从而也决定了需要的被访者和主持人。每个小组参与者的数量一直以来认为 8～12 人是合适的，但经常有 4～5 人的焦点访谈实施，这主要由访谈内容决定。

吸引参与者参加座谈的措施有：报酬越高越能吸引人参与；越枯燥的调研项目报酬要越高；座谈会要尽量安排在周末举行；向目标人选描述座谈会如何有趣、有意义；强调目标人选的参与对研究十分重要。

主持人在小组座谈中要明确工作职责，其工作职责包括：与参与者建立友好的关系；说明座谈会的沟通规则；告知调研的目的并根据讨论的发展灵活变通；探寻参与者的意见，激励他们围绕主题热烈讨论；总结参与者的意见，评判对各种参数的认同程度和分歧。

小组访谈的数据和资料分析要求主持人和分析员共同参与，他们必须重新观看录像，不仅要听取参与者的发言内容，而且要观察发言者的面部表情和肢体语言。企业在产品的概念测试时特别要注意这一点，因为参与者往往不愿意对设计的"概念"提出激烈的反对意见，只有当企业自己观察到参与者不屑一顾的嘲讽表情时，才会认识到概念并不受欢迎。

在邀请访谈对象时，为了拉近与被访谈者的距离，使访谈顺利进行，访问者应该注意以下事项：穿着干净整洁，礼貌用语；自我介绍简洁明了，不卑不亢；发出邀请时应热情，语气应该肯定和正面；采取适当方式消除被访者紧张和戒备的心理，必要时主动出示身份证等文件。如果受访人拒绝访谈，访谈者要有耐心，不要轻易放弃，要了解清楚拒绝的原因并做出相应的对策。

在访谈过程中，为使被访者有轻松愉快的心情，访谈者应该对访谈环境进行设计，使被访者感觉放松舒适。访谈者要储备正确的访谈知识，访谈过程中要有细致的洞察力、耐心及责任感，不能对被访者进行访谈内容的暗示和诱导。为获得更加全面的信息，访谈者可以对同一事件从不同的角度进行提问。访谈者要如实地记录访谈信息，不能曲解被访者的回答。

访谈过程中要避免出现访员偏差。由于访员技术水平低而使访谈的内容和结果不实，这称为访员偏差。产生访员偏差的最直接原因是：访员对受访人有偏见；访员想要受访人做出某种回答而产生的期望效应；访员进行暗示或诱导性提问。由访员偏差所得到的资料已失去了科学研究的价值，不能用于科学研究。

4）本书访谈方法操作。本书采取个人访谈和小组讨论方式就生态区域品牌资产的内涵维度和属性展开扎根访谈。采用个人访谈可以让受访者有成熟的思考和充分的表述，从而形成明确的理论抽样取向，为小组讨论奠定基础。小组讨论则由研究者引导受访者结合自己的认识和熟知的案例对生态区域品牌资产的内涵维度和属性进行开放式讨论。

在生态区域品牌价值体系的开发中，考虑到访谈对象对生态区域品牌的认识能力，本书选择本科及以上学历在校生或在职人员作为访谈对象。他们思想活跃，对新生事物把握敏锐。访谈将 146 名受访者按地区分成 12 组，对其中 9 组进行 60～90 分钟讨论。各地区留一组用于理论饱和检验，看是否有信息补充。讨论的问题有：①对生态经济发展方式，你有哪些联想？②如何理解生态区域品牌资产？③从哪些方面努力可以提升生态区域品牌的市场联想？结合案例说明。

访谈中全部内容都被现场笔录。两名熟悉质化研究方法的非本研究参与者按照 Spiggle（1994）、Strauss 和 Corbin（1990）的编码范式，对访谈资料筛选后进行逐级编码分析。访谈对象人口统计学特征如表 4-1 所示。

表 4-1 访谈对象人口统计学特征

类别		人数（n = 146）	百分比（%）
性别	男	76	52.1
	女	70	47.9
年龄	25 岁及以下	23	15.2
	26～30 岁	35	24.0
	31～35 岁	43	30.0
	36 岁及以上	45	30.8
学历	本科	67	44.8
	研究生	79	55.2
职业	在校学生	23	15.5
	政府公务员	42	27.6
	科研院所及高校	36	25.0
	企业管理者	45	31.9
分布地区	南昌市	50	34.2
	九江市	36	24.7
	济南市	12	8.2
	东营市	18	12.3
	兰州市	20	13.7
	金昌市	10	6.9

4.3 资料分析

4.3.1 开放式编码

编码是通过对事件与概念的持续比较，形成更多的编码范畴与特征，以及对数据进行概念化（Glaser，1992）。根据扎根理论的定义，开放式编码指的是确定所搜集资料中包含的概念，并对概念属性进行分析的过程（Strauss et al.，1990）。建立理论首先要明确各个概念，概念是对特定事物或现象的一种表达和说明（陈晓萍等，2012）。在开放式编码的过程中，要先将收集到的资料分解出多个概念，再对这些概念间的关联性和相似性进行比较，并对这些概念进行分类和重组继而形成一个更抽象的范畴（陈向明，1999）。在开放式编码的整个过程中，研究者需要不断提出问题，对资料进行比较，并根据逐步显现出的概念和范畴进行理论采样。之后，再进一步地进行资料的搜集，根据新的资料和原始资料提炼出新的概念和范畴，并对这些概念和范畴进行比较，进而得出主要的范畴。

本书在资料分析的初始阶段对收集到的信息进行了初步的筛选，剔除了与研究主题无关的语句后，最终得到了756余条原始语句。为了使概念化和范畴化更加科学，本书只选择出现了三次以上且描述的是同一概念的原始语句。对原始语句进行概念化和范畴化之后，本书得到了35个概念、12个范畴，具体过程如表4-2所示。

表 4 - 2　开放式编码形成的概念和范畴

访谈原始语句	概念化（开放式编码）	范畴化（属性因子）
湖泊、湿地、候鸟、绿色田园等资源丰富；森林、公园随处可见；自然资源与众不同，生态特色明显独特；生物资源丰厚多样	自然资源丰厚、独特、优越	生态资源优势性
生态旅游业较发达；高耗能产业被淘汰；资源利用率高；产业链合理，形成了富有特色的产业集群	产业低碳性、循环性、集群性	生态产业优势性

访谈原始语句	概念化 （开放式编码）	范畴化 （属性因子）
出产的产品健康、无添加剂、非转基因、少污染；生态食品就是有机食品；产品可再生或被回收利用；有生态标识和绿色无公害商标；产品使用先进绿色技术加工；新能源使用	产品有机、环保、认证、绿色技术性	生态产品优势性
生态景点、农家乐等旅游发展因地制宜；地方资源规划合理；产业布局有计划；产业链规划性符合生态要求	科学、合理、布局协调	生态产业规划性
政府倡导生态发展观念，追求人与自然和谐发展目标；政府重视生态保护和治理；政府出台政策扶持生态环保企业；政府主动承担生态发展责任	生态目标认同、生态责任担当	生态目标一致性
政府行为有制度规制约束，办事有效率；政府致力于科学民主决策；政府分工管理明确，政令统一	效率、科学、标准、规范	政府领导专业性
公共基础设施生态环保；政府重视生态建设人才；重视地方生态资源发掘；生态建设财政投入不断增加	资源发掘、环保人才、建设投入	生态资源动员性
政府和企业等相关组织协同致力于生态环境保护与治理；政府鼓励企业和相关群体开发生态技术和产品；政府积极鼓励投资生态产业	鼓励、协同、合作	利益群体协同性
民众有生态价值观，生态文化理念普及；媒体宣传生态价值观，推广生态文明；通过制度保护生态特色；大众传媒积极倡导生态价值理念	分享、制度、倡导	生态价值观分享性
系统学习生态知识，生态文明教育深入；重视生态素质提升，生态知识普及	理论知识、普及教育	生态理论认知性
节电节水，节俭成习；选择节能家电；自愿选择步行、骑车上班，推崇低排量汽车，倡导低碳生活；人们普遍具有生态习惯	文明习惯、节俭成俗	生态理念俗成性
自觉保护环境；愿意承担社会责任；认为生态建设应从自己做起；自愿为生态建设努力	角色明确、有责任感	角色任务定位性

4.3.2　主轴编码

主轴编码是指通过运用"原因→现象→情景→中介→条件→行动/互动策略→结果（Strauss and Corbin，1998）"这一编码范式，将开放性编码中得到的各个概念联结在一起而形成主轴范畴的工程。主轴编码主要围绕着某个范畴的主线进行探索，从而发现和构建该主要范畴与次级范畴之间的内在联系。本书基于资源与制度理论要义和不同范畴间的逻辑关系，归纳出生态集群规范性、政府生态指导性和生态文化认同性三个形成生态区域品牌资产的关键过程属性维度（见表4-3）。

表4-3 主轴编码关系形成过程

主轴编码 （结构维度）	范畴化	范畴的关系连接
生态集群 规范性	生态资源优势性、生态产业优势性、生态产品优势性、生态产业规划性	环境友好、资源节约，产业低碳和循环，产品有机环保，产业布局科学，形成集群，体现了经济生态集群规范性
政府生态 指导性	生态目标一致性、地方领导专业性、生态资源动员性、利益群体协同性	政府的生态目标明确、管理专业、资源高效配置，并引导协调相关组织协同，可以体现生态的政府指导性
生态文化 认同性	生态价值观分享性、生态理论认知性、生态理念俗成性、角色任务定位性	分享生态价值观，学习生态理论，养成生态文明习惯，对生态责任有担当，可以体现社会文化的生态特色

4.3.3 选择性编码

选择性编码指的是对已经发现的概念范畴进行系统性的分析，通过分析找出核心范畴与次要范畴，并将分析结果集聚到与核心范畴相关的编码上的过程。在完成了开放式编码和主轴编码之后，研究者需要进行选择性编码，将主要范畴整合到一个完善的理论架构上（Strauss et al.，2001）。进行选择性编码的前提是确定了核心范畴。核心范畴是通过对前文所有编码进行分析得到的词汇，核心范畴可以阐释整个研究的含义，并与其他范畴联合共同形成一个完整的解释框架（Corbin and Strauss，1990）。核心范畴与最大数量的其他范畴有着一定的联系，是研究中最重要的现象（陈向明，1999）。

在进行选择性编码的过程中，研究者首先要从主范畴中挖掘出核心范畴，然后根据对现象的故事性描述来梳理核心范畴与其他范畴之间的逻辑关系，并通过对资料和正在成型的理论的分析动态地完善各个范畴及它们之间的关系，直到理论已经饱和（即新数据不再产生新的理论见解），形成最终的模型。

通过系统分析，从已有范畴中归纳出核心范畴，并在现象的故事性描述中对范畴间的逻辑关系进行梳理，动态地完善各范畴及其相互关系，形成最终模型。本书根据上述概念和范畴的逻辑关系，最终构建了生态区域品牌资产评估指标体系

（见图4-1），并结合现有文献和访谈内容开发出48测项初始量表（见表4-4）。由图4-1可见，生态区域品牌资产可以概念化为生态集群规范性、政府生态指导性、生态文化认同性三个维度。其中，生态集群规范性包括生态资源优势性、生态产业优势性、生态产品优势性、生态产业规划性四个观测指标；政府生态指导性包括生态目标一致性、生态资源动员性、地方领导专业性和利益群体协同性四个观测指标；生态文化认同性则包括生态理论认知性、生态价值观分享性、角色任务定位性和生态理念俗成性四个观测指标。

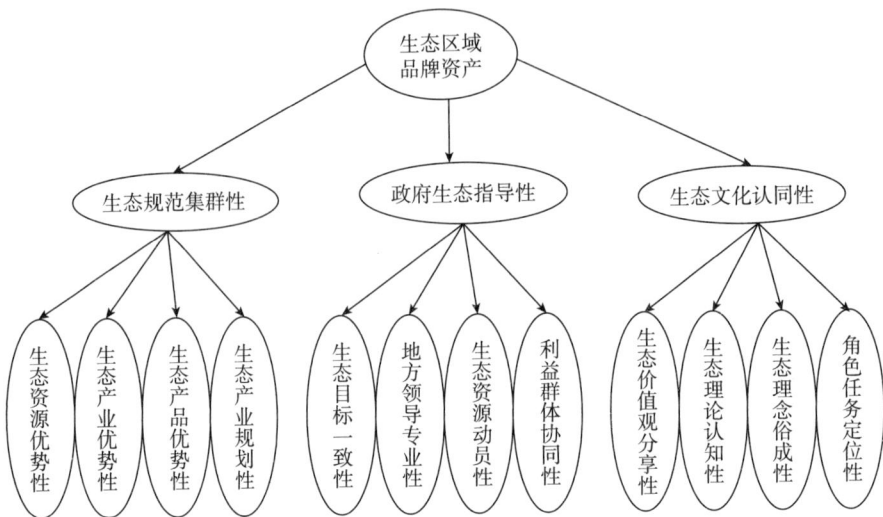

图4-1　生态区域品牌资产评估指标体系概念化模型（故事链）

表4-4　生态区域品牌资产评估指标初始量表

评估维度	评估指标	指标测项	标签
生态集群规范性	生态资源优势性	自然资源丰富性	RUSE1
		气候条件适宜性	RUSE2
		资源利用节约性	RUSE3
		资源配置科学性	RUSE4
	生态产业优势性	产业循环互补性	IDEC1
		地区环境污染性	IDEC2
		关联企业集聚性	IDEC3
		产业设施完善性	IDEC4

评估维度	评估指标	指标测项	标签
生态集群规范性	生态产品优势性	生态产品有机性	PREC1
		生产能耗节约性	IDEC2
		生态产品认证性	IDEC3
		绿色技术采用性	IDEC4
	生态产业规划性	空间布局合理性	IDPL1
		产业发展前景性	IDEC2
		发展定位明确性	IDEC3
		产业链完整性	IDEC4
生态文化认同性	生态价值观分享性	生态理念共同性	VISH1
		生态价值观一致性	VISH2
		生态理念宣传自觉性	VISH3
		生态规范准则遵守性	VISH4
	生态理论认知性	生态学习意识性	TELE1
		生态认识深刻性	TELE2
		生态文明辨别性	TELE3
		生态文明意识性	TELE4
	生态理念俗成性	节能意识性	TECU1
		环保习惯性	TECU2
		环境绿化意识性	TECU3
		节俭意识性	TECU4
	角色任务定位性	环保责任意识性	ROPO1
		环保角色意识性	ROPO2
		环保志愿活动性	ROPO3
		环保组织履职性	ROPO4
政府生态指导性	生态目标一致性	生态规划主动性	TASA1
		环境保护重视性	TASA2
		环保责任主动性	TASA3
		生态发展积极性	TASA4
	地方领导专业性	生态规划科学性	LEPR1
		生态制度科学性	LEPR2
		生态履职自觉性	LEPR3
		生态保护效率性	LEPR4

评估维度	评估指标	指标测项	标签
政府生态指导性	生态资源动员性	生态发展调动性	REMO1
		生态资源发掘性	REMO2
		生态发展投入性	REMO3
		生态理念宣传性	REMO4
	利益群体协同性	生态理念相似性	GRCO1
		生态发展合作性	GRCO2
		生态技术共享性	GRCO3
		生态交流参与性	GRCO4

5　概念化模型与效标预测

本章根据第 4 章对生态区域品牌资产的扎根理论研究，得出了生态区域品牌资产内涵的概念化模型，并对生态区域品牌资产内涵结构的理论模型进行了解释，继而提出了生态区域品牌资产过程属性维度与品牌联想的关系假设。

5.1　概念化模型

根据制度理论和资源理论的观点（Scott，1987，1995；Hirsch，1997；Grant，1991），企业可以从资源、规制、规范、认知等方面入手，实施品牌战略；区域也可以从政治、经济、文化、技术、环境等方面入手，打造生态品牌。结合第 4 章对生态区域品牌资产内涵维度的扎根访谈，本章提出了生态区域品牌资产的概念化模型（见图 4-1）。由模型可知，生态区域品牌资产由产品生态性、产业生态性、环境生态性、文化生态性和政治生态性五个维度组成。其中，产品生态性由产品有机性、产品环保性、产品绿色技术性和产品认证性产生；产业生态性由产业低碳性、产业循环性、产业集群性和产业规划性生成；环境生态性源于资源优势性、资源节约性、环境友好性和发展可持续性；文化生态性源于生态价值观共享性、生态理论认知性、生态理念俗成性和生态角色定位性；政治生态性由生态目标一致性、地方领导专业性、生态资源动员性和利益群体协同性生成。

5.1.1　生态规范集群性对生态区域品牌资产的作用机理

生态产业集群性是指生态产业在相对限制的地域集中。1990 年迈克尔·波特在《国家竞争优势》一书中首先提出用"产业集群"（Industrial Cluster）一词对集群现象进行分析。产业集群是指在特定区域中具有竞争与合作关系，且在地理上集中、有交互关联性的企业、专业化供应商、服务供应商、金融机构、相关产业的厂商及其他相关机构等组成的群体。产业集群代表着介于市场和等级制之间的一种新的空间经济组织形式，不同产业集群的纵深程度和复杂性相异。但是，绝大多数产业集群包含最终产品或服务厂商、专业元件、零部件、机器设备、金融机构及其相关产业的厂商。

区域品牌是随着产业集群的产生、成长而逐步形成的。产业集群具有特定区域空间上的聚集、生产专门的产品、企业间分工、产业链相对完整和企业间网络关系复杂的特点。因为地域上的相对集中，产业关联企业及其支撑企业、相应辅助机构，如地方政府、行业协会、金融部门与教育培训机构都会在空间上相应集聚，形成一套完整的全生产体系综合体系，构成了区域的核心竞争力。此外，集群往往伴随着政府对与产业相关的教育、培训、检测和鉴定等公用设施更多的投资，而基础设施的完善会进一步促进产业集群的发展。随着产业集群的成功，规模的扩大和分工的细化使区域内企业获得广泛的规模经济效应与范围经济效应，区域内企业的成本逐渐下降，竞争力增强。最终，区域将成为某些产品的主要生产地，在一定的地域范围内将拥有区域产业的知名度、美誉度及强大的市场影响力，自然就形成了一种区域品牌。

而产业的集群和区域特色的凝聚可以产生和强化市场联想，形成了区域品牌资产。因此，区域品牌的构建首先在于培育和强化特色产业的集群效应，提升集群产业的市场竞争力，形成区域集群效应和品牌效应互动。其中，做大特色产业的集群规模是区域品牌形成的基础，培育名牌企业是对区域品牌的重要支撑，促进区域品牌和企业品牌良性互动是区域品牌战略的核心。而在培育和形成特色产业集群过程中，规范性制度趋同机制将发挥驱动作用。

一个规范性程度高的生态特色产业集群链有助于形成生态特色效应，强化生态品牌形象和市场联想。通过规范性制度趋同机制规划和培育区域内生态资源优势、生态产业优势、生态产品优势和生态产业规范，可以有效促进区域内生态产业集群效应的形成，显著提升生态区域品牌资产。

生态集群规范性是指区域内生态产业集群的规范合理性，本书中的生态产业集群规范性概念包括生态资源优势性、生态产业优势性、生态产品优势性和生态产业规划四个指标维度。

5.1.1.1 生态资源优势性与生态区域品牌资产

区域的生态资源是建立在生态特色的基础上，通过利用区域的自然资源、信息、人才等优势才能构建出的区域生态形象。正面的生态形象不断通过资源投入而强化，最终被消费者感知并形成良好的口碑及品牌知名度。

资源优势性指的是特定区域内地理位置、气候条件、自然资源蕴藏等方面所具有的相对优势，比如气候温和、物产丰富和依山傍水等自然资源的独特性和优越性。资源优势理论近年来已经正式在市场营销学、管理学和经济社会学文献中得到明确表述（马迎贤，1997）。Hunth 和 Morgan（1995）发展了资源优势理论，并将其与新古典主义完全竞争理论进行了对比，与新古典主义认为需求是静态的观点相反，资源优势理论认为产业间需求和产业内需求是异质动态的。尽管资源优势理论的基础可以追溯到许多来源，包括奥地利学派经济学，但其最接近的来源是市场营销学的异质需求理论和管理学的企业资源导向理论的直接融合（马迎贤，1997）。

企业资源导向理论把企业看作异质的、不完全流动的资源的组合者。资源导向理论为企业的竞争观点提供了一个重要的支持。

简言之，资源优势理论是一种强调细分市场和资源重要性的关于竞争性企业行为的过程理论。细分市场是可识别的消费者群体，群内消费者对于某种产业产品的兴趣和偏好是比较同质的，群间消费者对于某种产业产品的兴趣和偏好却是非常异质的。

资源优势理论把资源定义为企业可用来为某些细分市场有效地或有效率地生产有价值的市场出售物的有形物和无形物的统一体。据此，资源不仅限于一个企业的有形资产，而且还包括企业可以得到的具有实现能力的任何东西。因而，资源可以是财务上的（现金和进入金融市场）、实物上的（工厂、原材料和设备）、法律上的（商标和许可证）、人力上的（个别雇员的技能和知识）、组织上的（职权、控制、常规和文化）、信息上的（关于消费者、竞争者和技术的知识）和关系上的（与竞争者、供应者和顾客的关系）。

资源优势理论指出，资源在企业之间有着显著的异质性，因此它们在市场上的流动是不完全的。例如，制造高品质汽车发动机的组织能力不是一个企业能够在市场上买到的。当一个企业具有一种资源，且常常是一种特有的资源搭配，而竞争者极少具有这一资源搭配时，这个企业就具有了产生比较优势的潜力，即相对于竞争者的市场出售物而言，一个企业的资源搭配使其能够生产这样一种市场出售物：①在某些细分市场上具有优异的价值，这里，"价值"指消费者感觉假如接受这一市场出售物将会得到的全部利益的总和。②生产成本较低时，这个企业就具有资源比较优势。相对于一个细分市场上的竞争对手，一个企业的资源搭配可以在任何时点上处于一种比较优势、均势或比较劣势的状态。虽然资源比较优势可以导致企业具有竞争优势的市场地位（进而带来优异的财务绩效），然而这样一种有利的结果却是没有保证的。

陈红艳（2007）则以科学发展观来审视资源优势，她认为：

（1）单纯的资源优势并不等于经济优势。资源作为经济发展的基础是必不可少的，但经济发展在资源上的体现必须要经过一系列的转化过程，这一过程受资源本身开发利用的难易程度、开发者的技术素质、管理水平、资源的利用状况、社会经济发展程度等各种因素的制约，是一个系统化的过程。因此，认为资源优势即经济优势是不对的。再者，过分强调资源优势和依赖资源易导致产业结构的趋同性，反而不利于经济的发展。

（2）资源优势并不是永久不变的。资源优势是变化的。因为自然资源是有限的，其中有许多还是不可再生和耗竭性的，过度开采和利用就会导致资源的急剧减少。另外，资源优势的变化是因为其利用价值的减少所致。随着时间的推移、科技的发展，过去被认为优势的资源，因为环境污染严重或性价比太低等其他原因，在今天可能会变为被摒弃的资源。如随着电特别是核电的广泛使用，煤和石油的优势也相继逊色。随着新金属材料、无机非金属材料、高分子材料、复合材料等的相继问世，天然资源材料的优势地位也受到了严重的威胁；而生物工程等新技术的应用，使地大物博已不再是自我炫耀的资本。另外，资源优势的认同心理易导致经济发展的滞缓性，认为反正有的是资源，不愁发展的心态导致不愿尝试新的创新资源的途径，从而使原本的资源优势成为过去时。

（3）全球化趋势将更偏好科学技术，资源优势的作用已让位于科学技术优势。科学技术在各国经济增长中起着越来越重要的作用。从近几年的平均情况来看，中国万元 GDP 能耗是日本的 9.7 倍，是世界平均水平的 3.4 倍；33 种主要产品的单位能耗比国际平均水平高出 46%。而自然资源贫乏的日本、新加坡等国家都是经济富有且发达的国家。另外，我国自然资源贫乏的东部地区经济上居全国前列，而资源富有的中西部地区却较落后。可见，现代社会已转向以科技为依托的发展阶段，资源优势已让位于科学技术优势。而我国经济增长中的科技贡献总体较低，虽然经过改革开放以来多年的努力，科技贡献率大幅度提高，2004年前后是 33%，但却只相当于美国 60 年前的水平，美国的科技贡献率在 20 世纪 80 年代就已高达 80%。目前，我国的研发经费投入较低，在 GDP 中所占比例不到发达国家的一半。差距的存在告诫我们应杜绝依靠物质资源的高消耗来实现现代化，只有坚持以科技为先导的原则，科学地开发和利用资源，在经济增长中提升科技贡献率，才可能成为拥有科技优势的强国。

（4）信息资源优势将成为资源优势的科学内涵。在科学发展观下重新审视资源优势，必须弄清楚资源优势的内涵。现代社会能创造价值的资源包括很多种，而人们以前习惯提起的是自然资源，认为只有拥有丰富的自然资源才具有资源优势。自然资源固然重要，但它的内涵价值的最大体现是在农业和工业社会。自 20 世纪 70 年代以来，科技进步已日益成为社会、经济发展的决定性因素，电子、层子世界的揭示将人类带入了一个崭新的电子计算机和以智能经济、知识经济为主流的社会，信息资源的占有量和使用度成为界定社会个体和群体财富的最新标准和保证，这里面包括人力资源和科技知识资源。因此，资源内涵的演进经历了从农业社会的物质资源到工业社会的能量资源，到了工业社会后期，以环境资源为主导，逐步演变到现在，资源的内涵价值已由传统的自然资源范畴扩展到囊括自然、经济、社会三大系统内能为人类利用的所有物质、能量和信息，而信息资源将更体现资源的价值所在。

生态资源的总储量总是有限的，区域生态资源优势同时还表现在资源的节约利用上。资源节约性指的是在整个经济社会活动中，减少资源的消耗，并使人尽其才、物尽其用、地尽其利的特性。王建明（2013）认为，资源节约有全新的意蕴：实现资源的可持续使用和社会的可持续发展。相应地，其研究中的资源节约行为是出于资源可持续使用和社会可持续发展目标，公众在日常生活消费过程中注重减量化、再利用、再循环的行为统称。

刘晓洁（2006）认为，资源节约型社会是指以科学发展观为指导，将节约理念贯穿于生产、流通、消费和社会生活的各个领域，通过采取法律、经济和行政等综合措施，依靠科技进步，动员和激励全社会合理利用资源，最大限度地节约资源，提高资源利用效率，以尽可能少的资源消耗和环境成本，获取最大可能的经济效益和社会效益，最终实现资源、环境、经济、社会的协调发展。资源节约型社会包含以下几层含义：

（1）节约理念贯穿各个领域。真正的节约型社会是节约理念贯穿生产、建设、流通、消费和生活各个领域的社会，是节约理念与各行各业、个人生活息息相关的社会。

（2）以满足人们的生活质量为前提。资源节约型社会提倡的消费适度和资源节约并不是强调过度节俭，抑制和降低人们的生活水平及对美好生活的追求，而是以满足人们生活质量为前提，将适度消费和资源节约建立在人们生活质量稳步提高的基础上。

（3）减少资源消耗，提高资源利用率。资源节约型社会是从传统强物质化的增长转向未来减物质化的发展，在社会福利大幅度提高的同时，使资源消耗没有大幅度的增长。减物质化的实质在于提高资源生产率和能源利用率。

（4）促进社会、经济、资源与环境的协调发展。资源节约型社会的指导思想是科学发展观，强调经济、社会、资源和环境保护协调发展，既要达到发展经济的目的，又要保护好人类赖以生存的大气、淡水、海洋、土地和森林等自然资源和环境，使子孙后代能够永续发展和安居乐业。

刘晓洁（2006）还认为建设资源节约型社会具有以下意义：

（1）有利于缓解经济发展的资源瓶颈制约。人口众多、资源相对不足、环境承载能力较弱是中国的基本国情。今后一个时期，人口还要增长，人均资源占有量少的矛盾将更加突出，资源短缺成为制约我国经济发展的瓶颈。这种基本国情决定了我国必须走建设资源节约型社会的路子。

（2）是全面建成小康社会的重要保障。中国政府提出到2020年全面建成小康社会的奋斗目标，这一时期是中国城镇化、工业化和现代化进程加速推进的重要时期，在这一阶段，经济规模进一步扩大，工业化不断推进，居民消费结构逐步升级，资源需求快速增长，资源供需矛盾和环境压力也越来越大。解决这些问题的根本出路就在于节约资源。加快建设资源节约型社会，既是保持经济快速、平稳发展的迫切需要，也是实现全面建成小康社会宏伟目标的重要保障。

（3）有利于确保国家安全。加快建设资源节约型社会是保障经济安全和国家安全的重要举措。我国自然资源虽然丰富，但人均资源不足。近年来，石油、矿产等重要资源进口问题更加突出，过多地依赖进口资源不仅耗费大量资金，而且会加剧国际市场供求矛盾，带来一系列经济、政治、外交方面的问题。因此，建设节约型社会，控制和降低对国外资源的依赖程度，实质上是关系到经济安全和国家安全的一个重大战略决策和长远战略方针，具有重要意义。

资源节约型社会是一个复杂的系统，包括资源节约观念、资源节约型主体、资源节约型制度、资源节约型体制、资源节约型机制、资源节约型体系等。

（1）资源节约观念。观念是行动的先导。资源节约观念是指人们从节省原则出发，克服浪费，合理使用资源的意识。节约意识（观念）作为客观存在的反映，是建立在对资源严重稀缺的认识基础上的。建立资源节约型社会，必须在全社会树立节约资源的观念，形成节约光荣、浪费可耻的社会风气，养成人人都乐于节约一张纸、一度电、一滴水、一粒米、一块煤的良好习惯。

（2）资源节约型主体。资源节约型主体主要包括资源节约型政府、资源节约型社会团体、资源节约型军队、资源节约型企业、资源节约型事业单位、资源节约型家庭等。其中，资源节约型企业是指既追求企业生产成本节约又兼顾企业生产的社会成本节约，既考虑企业自身效益又兼顾社会效益、生态效益，既考虑当前利益又兼顾长远利益，能使企业自身效益与社会效益之和达到最大值，使企业生产成本和社会因企业生产而必须支付的社会成本之和达到最小值的企业。

（3）资源节约型制度。资源节约型制度是约束人们浪费资源、规范人们合理使用资源的经济制度、政治制度、法律制度及有关道德规范等相互联系、互为补充的各种制度的总称。

（4）资源节约型体制。资源节约型体制是资源节约型制度的实现形式和组织方式，包括资源节约型经济体制、政治体制、法律体制等。

（5）资源节约型机制。它是资源节约型制度、体制在经济运行过程中形成的互为关联、相互作用、彼此约束、协调运转的各种机能的总和。用系统论的观点来看，资源节约型机制是一个大系统，它通过资源节约型管理系统来具体运作。它主要包括以下几个子系统：资源探测管理系统、资源开采管理系统、资源加工管理系统、资源运输管理系统、资源消耗预警系统、资源使用监测管理系统和资源节约调控系统。其中，资源探测管理系统是对我国现存资源总量进行科学摸底，探明实有存量，为资源长远开采制定科学合理规划提供依据的系统；资源开采管理系统是对资源开采制定科学的中长期规划，并依据规划，以最低成本、最大效益进行资源开采的系统；资源加工管理系统是采用先进加工技术，以最低加工成本、最高综合利用率加工资源的系统；资源运输管理系统是以最低的运输成本、最低的运输损耗、最快捷的运输方式运送货物的运输组织和管理网络的系统；资源消耗预警系统是由资源探测信号、价格信号、供给信号、需求信号、运输信号和环境污染信号等形成的，能全方位、多层次、全天候预警资源消耗程度的系统；资源使用监测管理系统是依据事先制定的标准对国民经济各部门、各单位使用资源的数量进行日常监督、测算和反馈的系统；资源节约调控系统是由经济、法律、行政等手段组成的，能调节和减少资源使用的相互联系、相互补充、相互制约的有机调控系统。

（6）资源节约型体系。资源节约型体系可分为两大类：一类是以产业为标准划分的资源节约型产业体系，主要包括：重效益、节时、节能、节约原材料的工业体系，规划科学、设计优良、节地省材、质量过硬的基本建设体系，节水、节地、节时、节能的"二高一优"节约型农业体系，节时、节能、重效益的节约型运输体系，适度消费、勤俭节约的节约型生活服务体系；另一类是战略资源节约型体系，即有关战略资源从生产、流通、分配到消费的各个环节形成的相互关联、相互制约的有机节约整体。

在建设资源节约型社会的大背景下，区域也要建设资源节约型的生态品牌。资源的有限性要求在进行经济建设过程中要有节约意识，开发区域内的资源时要节约资源，这样才能塑造真正的生态品牌。

5.1.1.2 生态产业优势性与生态区域品牌资产

扎根研究显示，生态产业优势性是生态集群规范性的一个重要组成部分，生态产业是区域品牌的直接承载。在消费市场，区域以产业为基本形态进行生产活动，产业经营的优劣及产业的特征属性决定了区域的品牌属性。生态区域品牌资产的生态特征也因此必须依靠产业的生产运行方式来塑造。生态产业是指特定区域内的产业基于自然生态系统和完整生命周期所形成的物流和能量合理转化与高效代谢的网络型、进化型和复合型组织群落。这些产业群落生态化所实现的区域内企业生产循环互补、生产污染的控制和企业集群带来的规模经济等优势，就是生态产业的优势性。根据不同的切入角度，学术界对于产业生态化的内涵主要有以下几种看法：

（1）从过程的角度出发，郭守前（2002）将产业生态化创新定义为将产业系统视作生物圈的一种有机组成部分，在生态学和产业生态学等理念相关原理的基础上，遵循物质能量循环、生物和产业共生原理要求，达成产业生态系统中各个组分的合理优化耦合，实现以低消耗、高效率、低污染、经济增长与生态环境相协调为特征的产业生态体系过程。这一观点充分说明了为达到全程生态化的目的，产业生态化过程涉及了生产、流通、分配、消费等过程中所有的环节，自始至终实现了物质和能量的高效循环利用。

（2）从系统的角度出发，黄志斌等（2000）指出，产业生态化即为了达到产业活动与生态系统的相互循环利用，实现可持续发展目的，把物质生产过程中的产业活动加入到生态系统的循环之中，将产业活动在资源消耗中对自然生态的影响放在一个大的物质能量总交换的系统——自然生态系统的过程。这一观点强调了生态系统作用的发挥得益于在产业生态系统的总交换中去实现产业生态系统的资源和能量的交换，这样才能使生态环境保护和产业发展相得益彰。

（3）从生态化目的出发，厉无畏等（2002）认为，产业生态化是指产业依据自然生态有机循环原理体现的要求来打造新的发展模式，通过联合不同类别的产业、不同的工业企业，有机结合形成类似于自然生态链的关系模式。这一模式能够改变传统模式对生态环境高度不良影响的局面，实现对资源的充分循环利用，从而有效提升经济发展的质量，适度扩大经济发展的规模。这一观点强调产业生态化的目的是实现废弃物进一步减少，充分循环利用资源以增强经济发展的效益。学者认为，这一目标的实现取决于能否形成类似于自然生态链关系的产业发展方式。

学者们从过程论、系统论、目的论及适应的相关实现途径和方法等角度出发，对产业生态化的定义和理解进行了一定的阐释，在此基础上，我们可以认为生态产业是一种在一定程度上遵从自然生态系统的物质和能量循环模式来进行生产活动的产业模式，这种模式使产业的发展趋向于注重环境保护和物质资源的最大化利用，使自然和人类生产系统相得益彰，实现产业生产的循环利用和人类的可持续发展。

生态产业发展的影响因素一般包括以下几个方面：

（1）市场因素。生态产业归根结底还是一种产业，是需要服务于市场的。其产出所能供应的产品需要符合消费者的需求。生态产业的产品相比其他传统形式下的产品价格较高，消费者对这些产品的接受度与其在社会中形成的环保意识、健康理念有着很大的关联。因此，市场整体的生态化观念和生态化的需求引导着企业对生态化产品的创造和供应。

（2）技术因素。区域层面的产业生态大系统只有通过产业结构调整和产业的衔接有机组合，才能形成一个关联性强、互动效果显著的原料链和产品链，而这最为关键的是技术的支撑。企业内部的循环小系统同样也需要依靠技术来实现其内部工艺流程的有序衔接。产业生态化的改造或提升，需要建立在现代化的"二废"处理技术、信息技术、跨行业或企业的产业联合运营技术、上中下游企业能量综合利用技术等一系列综合技术的应用基础之上，而技术创新也能够进一步推动产业生态化的进步和发展。

（3）经济因素。生态产业的发展受资源和环境条件的限制，而资源、环境等公共产品则受到外部经济的影响。按照微观经济学的理论，在市场经济的原则之下，企业主体对生产的设定不同于社会效用最大化的依据和出发点，这往往会导致市场经济中的个体为追求自身利润最大化而无节制地开发公共资源，甚至破坏环境，这有违于产业生态化的基本理念。

（4）体制因素。产业生态化的发展离不开一定体制的推动，政府应该更加注重经济、环境、社会的可持续发展，不断进行制度的完善，摒弃唯 GDP 增长论的政绩观，将产业生态化作为重要的发展手段和模式。通过制度对市场中的企业施加一定的压力，可以有力地推动企业进行技术改造，促使企业形成内部的产业生态系统。产业生态化的发展道路若没有法律和制度的安排与设计，必将步履艰难。

学界围绕产业生态化的对策展开了广泛的研究，研究领域小到企业内部清洁生产中相关技术和工艺流程的改造、园区内企业之间的产业联动生产机制，大到国家经济、资源、环境的重大部署，甚至有关于跨国界的全球产业生态化研究。根据研究对象的区别，我们将现有产业生态化的研究对策概括为以下三个方面：

（1）微观层面。最早有关产业生态化的研究主要聚焦于微观层面，而根据微观方面产业链各个环节的不同，也出现了不同的研究。如：原材料的选取，用可降解、易分离且能够重新利用的新型材料替代传统材料，从而减少生产过程中废弃物的产生；生产过程优化，在生产过程中往往会产生中间副产品，传统的生产往往无法合理利用中间副产品，为充分有效地利用资源，需要对生产工艺加以改造，提高资源的利用率；废弃物的再利用，一道工序结束后往往会产生一定的废弃物，若能将废弃物转变为原材料，将中间废弃物投入到下一工序当中，则能够实现中间废弃物的循环再生产；注重产品的包装可再利用，当今社会追求物流便捷性的同时，也将产品外在包装视为产业生态化的重要方面，使用可循环利用的包装材料对包装材料进行有效的回收是实现产业生态化的方式之一；"垃圾"的循环利用，从传统观念来看，生活垃圾和生产垃圾往往只能面临被丢弃的选择，而从产业生态化的角度来看，这些所谓的"垃圾"是社会生产的宝贵原材料，可通过"回收—回收中心—生产商—销售商—消费者—回收"的良好循环进一步实现产业的生态化。

从上述研究方向可以看出，微观层面的诸多领域都将成为有利于实现产业生态化的重要方式。但我们必须认识到，这些零散的领域难以构成一个完整的产业生态化系统，因此，我们需要在更高的层面上探讨这一问题。

（2）中观层面。中观层面研究所取得的突破促进了产业生态化研究的快速发展，例如，最早引起世人瞩目的丹麦卡伦堡生态工业园。这个工业园区的主体企业是电厂、炼油厂、制药厂和石膏板生产厂，园区以这四个企业为核心，通过贸易方式利用对方生产过程中产生的废弃物或副产品，作为自己生产中的原料，不仅减少了废物产生量和处理费用，还产生了很好的经济效益，使经济发展和环境保护处于良性循环之中，成为生态城市品牌的典范。对于规模有限的单个企业而言，其生产流程的末端不可避免地会产生一些废弃物，要充分地利用这些废弃物，就需要多个企业进行组合式联动（某一企业生产造成的废弃物成为另一家企业的原料），多家企业之间搭建复杂的共生网络，形成物质和能量上的共生关系，形成一个内部产业生态系统。产业生态系统极具经济效益和社会效益，产业生态化系统的建立使企业间形成了共生关系，在一定程度上降低了企业自身的成本，提高了企业的市场竞争力。

（3）宏观层面。随着交通物流的日趋便利和信息传播的日益迅速，不同组织乃至不同区域之间的关系也发生了巨大的变化。因此，我们需要站在区域乃至国家的层面，甚至是全球的高度去解决产业生态化问题。沙尘暴、土地沙漠化、雾霾、气候异常、水质恶化等环境问题使我们不得不改变过去高消耗、高排放的生产方式，我们迫切需要通过产业的生态化来解决发展过程中人与自然的矛盾。

生态产业的优势性并不是一蹴而就的，需要长远的规划和发展。本书通过扎根研究得出了生态区域品牌资产的概念化模型，模型显示，产业的生态特性源于产业循环互补性、产业低碳性、关联企业集群性和产业设施完善性，区域可以从这四方面入手塑造区域产业的生态特性。

（1）产业循环互补性。

产业生态特性的形成需要区域内产业具备循环互补特性。产业循环互补性指的是产业按照自然生态系统中物质循环互补和能量流动规律运行的构建模式。产业循环互补以"少消耗、再利用、再循环"为原则，以资源的高效和循环利用为目标，以能量梯次使用和物质闭路循环为特征。

少消耗原则针对系统输入端，旨在减少进入生产和消费过程的物质流量，遏制资源消耗的线性增长，从源头上实现对资源使用量的节约及对污染物排放的减少；再利用原则针对系统的运行过程，旨在减少或消灭资源的一次性利用，使资源能够被最大化转化，不存在浪费；再循环原则针对系统的输出端，这一原则要求物品在完成使用功能之后重新变成再生资源，通过回收利用进入到新的生产循环中。

产业循环本质上是一种生态循环，是一种将清洁生产和废弃物综合利用融为一体的生产模式。传统生产模式将物质流动视为一种单向的"资源—产品—废物"线性经济。相较于传统模式，循环产业对物质流动方面有着不同的理解。循环产业倡导在物质不断循环利用的基础上进行生产活动，从而实现废弃物的低排放和自然资源的低消耗、高利用，从根本上解决自然环境与经济活动之间的矛盾。

（2）产业低碳性。

低碳意指较低或更低的温室气体（二氧化碳为主）排放。以低能耗、低污染为基础的产业即为"低碳产业"。低碳产业涉及化工、电力、冶金、交通、建筑、石化等部门，以及可再生能源和新能源、煤的清洁高效利用、油气资源和煤层气的勘探开发、二氧化碳捕获与埋存等领域能够有效控制温室气体排放的新技术。产业的低碳性则是指在可持续发展理念指导下，通过技术创新、制度创新、产业转型、新能源开发等手段，减少煤炭、石油等高碳能源消耗和温室气体排放，达到经济发展与生态环境保护双赢的产业形态特征。

低碳产业应具有市场性和技术性两大特征。其中，市场性特征包含两层含义：一是低碳产业的发展不应以降低行业生产质量为准，应保证为市场提供更优质，至少是同等水准的产品；二是低碳产业应该按照市场经济的原则和机制来发展。技术性特征则是指通过技术进步，在提高能源效率的同时实现二氧化碳等温室气体排放量的减少。无论是提高产业生产水准还是提高能源使用效率，或者减少温室气体的排放，都需要有不断进步的生产技术作为支撑。

低碳产业往往被视为打造低碳经济的核心。2003 年英国政府发布的能源白皮书《我们未来的能源：创建低碳经济》中首次提出"低碳经济"的概念。狭义的低碳经济是指经济发展的碳排放量最低的经济，宽泛的低碳经济则是生态环境代价及社会经济成本最低的经济（方时姣，2009）。低碳经济是一种绿色生态经济，是低碳技术、低碳产业、低碳生活和低碳发展等经济形态的综合，低碳经济的实质在于促进产品的低碳开发、推行区域的清洁发展、提升能源的高效利用乃至维持全球的生态平衡（贺庆棠，2009）。低碳经济是一种可持续性很强的、能够改善地球生态系统自我调节能力的经济。而实现低碳经济的关键在于能源技术的创新和制度创新，其核心是在不影响经济和社会发展的前提下，通过技术创新和制度创新，最大限度地减少温室气体的排放，从而减缓全球气候变暖，实现经济和社会的生态发展与可持续发展（庄贵阳，2005；付允等，2008）。低碳产业承载能力（低碳产业发展质量的好坏、规模的大小）的大小决定了低碳经济发展的水平。低碳产业的传递和催化作用体现在其对现有高碳产业转型发展的带动作用，低碳产业能够催生新的产业发展机会，形成新的经济增长点，从而促进经济"乘数"发展。

自英国政府首次提出"低碳经济"的概念以来，低碳经济就被广泛认为是继工业革命后改变全球经济的又一次革命浪潮。因此，无论是对于国家还是某个区域而言，发展低碳经济都是不可逆转的潮流。产业的低碳化发展就是将以工业为主导的产业作为基点和抓手，通过实现产业节能、产业减排、产业增加值的提高和产业结构调整等内容，实现碳排放与经济发展相分离，改善产业高能耗和经济不可持续发展的态势。

（3）关联企业集群性。

区域品牌的形成离不开产业的集群，生态区域品牌资产的构建也是如此，产业集群性是生态区域品牌资产的另一大重要特性。产业集群性是指在特定区域内具有竞争与合作关系，且有交互关联性、在地理上相对集中的企业、服务供应商、相关产业的厂商、专业化供应商、金融机构及其他相关机构等组成的产业群体性特征。

企业集群，有时简称集群，用来定义在某一特定领域（通常以一个主导产业为主）中，大量产业联系密切的企业及其相关的支撑机构在空间上聚拢，并以此为基础形成持续强劲的竞争优势的现象（Porter，1998）。Theo 等（1998）将产业集群定义为了获取新的互补技术、从互补资产和知识联盟中获得收益、加快学习进程、降低交易成本、克服或构筑市场壁垒、取得协作经济效益、分散创新风险和相互依赖性很强的企业（包括专业供应商）、知识生产机构（大学、研究机构和工程设计公司）、中介机构（经纪人和咨询顾问）和客户通过增值链相互联系形成的网络，这种网络就是集群。张辉（2003）认为，产业集群是指在一定区域内众多规模不同且互相分工合作的企业与各种组织、机构等行为主体通过纵横交错的网络关系紧密联系在一起的空间集聚体，产业集群代表着介于市场和等级制之间的一种新的空间经济组织形式。产业集群包含三个关键要素：其一，产业集群是经济活动的一种空间集聚现象，是对应于一定的区域而言的。其二，产业集群存在和发展的核心是特定的地方优势产业。产业集群不仅包含了区域内直接从事某一特定产业的生产和经营企业，而且还包含了许多对其存在和发展起直接和间接支撑作用的各种行为主体。其三，产业集群是一个包含了某一产业从投入、产出甚至到流通的各种相关行为主体的完整的经济组织系统。

集群具有专业化、地理集聚的特征（魏守华，2002）。集群具有专业化的特征，其成员企业包括上游的原材料、机械设备、零部件和生产服务等投入供应商，下游的销售商及其网络、客户，侧面延伸到互补产品的制造商、技能与技术培训及行业中介等相关联的企业，以及基础设施供应商等。集群还具有地理集聚的特征，是产业关联及其支撑企业、相应支撑机构（如行业协会、地方政府、教育培训机构、金融部门等）在空间上的集聚。集群是一种柔性生产综合体，它体现了某一区域的核心竞争力。产业集群的空间集聚优势可以从三个不同角度加以分析：首先，从纯经济学角度出发，集群具有外部范围经济和外部规模经济效应，它使不同企业共同分享公共基础设施并获得垂直一体化与水平一体化利润，在很大程度上降低了生产成本，为产业集群的价格竞争提供了基础。其次，从社会学角度出发，集群能够降低交易费用，集群是建立在共同产业文化背景下人与人之间信任基础上的经济网络关系，它既可以维持老顾客，又可以吸引新顾客和生产者的到来。最后，从技术经济学角度出发，集群能够促进知识和技术的创新与扩散，实现产业和产品创新等（王缉慈和童昕，2001）。全球范围内的产业集群区域几乎都显现出异乎寻常的竞争力，其竞争优势多数来源于生产成本、区域营销、基于质量基础的产品差异化及市场竞争优势等方面（魏守华，2002）。

产业集群的概念为我们思考、分析区域生态品牌的发展并制定相应政策提供了一个新的视角。产业集群从整体出发挖掘特定区域的竞争优势，为企业、政府及其他机构的角色定位和关系的构建提供了一种新的思考方法，能够有效地促进区域经济的增长。产业集群突破了企业和单一产业的边界，着眼于某一特定的区域中，强调具有竞争和合作关系的企业、政府、相关机构与民间组织等的互动。这样就使该区域的相关利益群体能够从整体上系统思考区域经济与社会的协调发展，加强与邻近地区企业的竞争与合作，考察可能构成特定区域竞争优势的产业集群，而不仅仅局限于考虑一些狭小地理空间和个别产业的利益。产业集群的观点更贴近竞争的本质，强调通过竞争来促进集群产业的效率提升和创新。产业集群要求政府重新思考自身的角色定位，要求政府专注于消除妨碍经济增长的障碍，从而推动区域市场的不断拓展，促进区域经济的繁荣。

产业集群有以下作用：

第一，加强集群内企业间的有效合作。绝大部分市场经济国家都将企业视为创新体系的主体，因此，企业之间的技术合作和其他的非正式互动关系就成了知识转移最重要也最直接的形式。企业间合作的基础是信任而非契约。没有企业之间或者说企业领导人之间的深刻信任，任何形式的契约合作的预期目标都难以达成。集群运行机制的基础是信任和承诺等因素，集群的发展正好顺应了企业间信任的要求。集群内的企业由于地域的便利性，互相之间的联系较为密切，形成了共同的正式或非正式的行为规范与惯例。集群内的企业通过密切合作，能够使企业降低市场风险和生产成本，减少区域内企业的机会主义倾向，因此集群内的企业应该加强合作。单个企业力量的简单总和远不及企业之间合作所能创造的力量，集群内的企业要通过优势的互补增强区域内企业的竞争力。现代组织理论预言，产业内企业联合的形式很可能是未来的潮流，它将取代企业之间一对一的竞争，供应商、客户甚至竞争者都将一起合作，共同分享技能和资源，共同分担成本。

第二，提高产业的整体竞争能力。一般来说，当产业集群形成后，可以通过刺激创新、降低成本、加剧竞争、提高效率等多种途径来提升整个区域的竞争力，并在此基础上形成集群竞争力。这种新的竞争力是非集群和集群外企业所难以拥有的。换言之，在其他条件相同的情况下，集群的竞争力将远大于非集群的竞争力。竞争不仅表现在企业对市场的争夺，还表现在企业之间的合作。集群竞争力的提高要求集群内的企业在竞争的同时互相合作。许多原本市场竞争力较弱的中小企业，由于参与了集群内的合作，不但得到了发展，同时还增强了集群的整体竞争力。

第三，有利于形成区域品牌。产业集群具有地理集聚的特征，政府、产业关联企业、行业协会、金融部门、教育培训机构等都会在空间上集聚，形成一种柔性生产综合体，从而为区域竞争力的提升创造优势。此外，集群的形成使政府更愿意对产业相关的交通、园区建设、教育等公用设施加大投资，而公共物品的共享则使资源在产业集群内具有更高的运用效率，公共设施的设立将显著地促进集群内企业的发展。随着产业集群的不断发展，区域内品牌的知名度将不断提升，在业内越来越有影响力，并形成区域品牌，例如意大利的时装、法国的香水、瑞士的手表等。区域品牌是产业区位的独特象征。单个企业建立自有品牌需要借助大量的人才、丰厚的资金投入等，往往较为困难。然而，企业可以运用集群内企业的整体力量来构建区域品牌，这种方式相对来说难度更小，更容易形成区域品牌，而且还能使集群内的企业都受益。相较于企业品牌，区域品牌更具有广泛和持续的品牌效应，它是众多企业品牌精华的浓缩和提炼。区域品牌是在企业共同的生产区位上产生的，区域品牌一旦形成，就能够为区域内的所有企业共享，这就使区域品牌具有了外部效应。区域品牌的外部效应不仅有利于提升整个区域的形象，为招商引资和未来发展创造有利条件，还有利于区域内企业减少生产成本，降低市场风险，能够增强企业的比较竞争优势，最终实现企业利益的最大化。

第四，增强企业的创新能力。集群提高企业竞争力的同时还有利于增强企业的创新能力。这种创新具体体现在观念、制度、技术、管理和环境等多方面的创新。具体而言，集群对创新的影响主要集中在三个方面：

1）集群能够降低企业创新的成本。地理位置的接近使企业相互之间进行频繁的交流成为可能。集群为企业进行创新提供了更多的学习机会，尤其是隐性知识的交流，更能激发新思维、新方法的产生。由于"学习曲线"的存在，集群内专业化小企业能以更低的成本学习新技术。同时，建立在相互信任基础上的竞争合作机制也有助于加强企业间进行技术创新的合作，从而降低新产品开发和技术创新的成本。

2）集群有利于促进知识和技术的转移扩散。在新经济时代，产业布局并不像工业经济时代那样各行各业简单地聚集在一起，而是高度专业化，相互关联的产业有规律地聚集在一个区域，形成各具特色的产业集群。产业集群与知识和技术扩散之间存在着相互促进的关系。集群内由于共同的产业文化背景和空间接近性，不仅可以加强显性知识的传播与扩散，而且能够促进隐性知识的传播与扩散，并通过隐性知识的快速流动进一步促进显性知识的流动与扩散。由于产业集群内同类企业较多，在竞争压力下企业不断进行技术创新，员工也受迫相互竞争、不断学习。企业间的邻近也为其创造了更多现场参观、面对面交流的机会，这种学习、竞争的区域环境促进了企业的技术创新。事实也已经证明，产业集群内知识和技术的扩散要明显快于非集群化的企业。集群内领先的企业会主导产业技术发展方向，一旦某项核心技术获得创新性突破，在集群区内各专业细分的企业很快会协同创新，相互支持，共同参与这种网络化的创新模式。

3）集群能够为企业提供良好的创新氛围。集群是培育企业学习与创新能力的温床。集群使企业彼此邻近，这就使企业会受到竞争的无形压力，迫使企业不断进行技术创新和组织管理创新。集群内竞争压力和挑战的存在驱动着集群内企业不断进行创新，不断改进产品的设计、包装、开发、技术和管理等，以适应迅速变化的市场需求。同时，集群也使一家企业的知识创新很容易外溢到区内的其他企业，企业间通过经常性的面对面交流和实地参观访问，能够快速地学习到其他企业的新知识和新技术。在产业集群中，由于地理接近，企业间合作密切，企业的合作交流将有利于各种新观念、新思想、新知识和新技术在集群内的传播，由此形成知识的溢出效应，获取"学习经济"，增强企业的研究和创新能力。

集群对新企业的进入和企业的增长也存在着重要的影响。一方面，良好的外部环境和地理集中性，在利于现有企业增长和规模扩张的同时也鼓励了产业新手的出现；另一方面，良好的创新氛围、完善的地方配套体系及激烈的竞争环境，使集群在吸引新企业进入方面具有竞争优势。在产业集群形成后，不仅吸引来的企业会根植于本地，还会有很多新企业在本地扩散和成长。集群内长期形成的完整产业链体系促使企业在集群内"落地生根"，除非整个产业链出现转移，企业往往不会考虑向其他区域迁移。

产业集群的形成对区域的发展而言至关重要，产业的集群性也是生态区域品牌资产的一大组成部分。因此，在发展生态区域品牌过程中，区域要采取相关措施吸引企业入驻并形成产业的集群。

（4）产业设施完善性。

在一个企业中，其产品的研发、生产归根结底都离不开设施。一个企业，只有其生产设施正常运行，才有可能保证其产品的研发及生产的正常顺利进行。一个生态区域也是如此，产业设施完善性是构建生态区域品牌资产最重要的一部分。设施是生产力的主要构成要素，是区域固定资产中最主要、最具决定性作用的部分，区域做好产业设施的完善对于提高经济效益具有一定的指导意义。设施是区域内产业的根本，是产业规模和现代化水平的一个基本标志。只有完善的设施才能为区域的产品研发及生产提供基础保证。除了有能够为市场所接受的产品及可靠的质量保证之外，生态区域对用户的供货信誉同样是一个决定生态区域品牌生存的重要的因素，而生态区域的供货信誉则与产业的质量控制和设备能够提供可靠的根本保障是分不开的，而设备对区域内产业的生产及保证及时供货，则需要区域内的产业拥有一套完善的设施，并且能够稳定、可靠地运行。

5.1.1.3 生态产品优势性与生态区域品牌资产

当消费者对生态区域品牌有所评价时，实际上是对区域内相关产品的评价。因此，生态产品对于构建生态区域品牌资产有最直接的作用。由于生态环境的复杂性及其涉及领域的广泛性，学界尚未对生态产品的概念内涵达成统一的认识。狭义上的生态产品指的是保障生态调节功能、维系生态安全、提供良好人居环境，包括清洁的水源、清新的空气、生长的森林和适宜的气候等看似与人类劳动无直接关联的自然产品；而广义上的生态产品不仅包含狭义的内容，还包括通过循环利用、清洁生产、降耗减排等途径，减少对生态资源的消耗生产出来的绿色农产品、有机食品、生态工业品等物质产品（马涛，2012）。曾贤刚等（2014）将生态产品定义为保障生态调节功能、维持生命支持系统，提供包括清洁的水源、干净的空气、茂盛的森林、无污染的土壤和适宜的气候等环境舒适性的自然要素。生态产品来自于自然生态系统，无论是健康的生态系统，还是经过投入相应的社会物质资源和人类劳动后恢复了服务功能的生态系统，人们最终享受到的生态产品实质上是一种生态系统服务。一般而言，空间差异性、整体性、动态性、用途多样性、范围有限性、正负效应、持续有效性、外部性和公共物品性等构成了生态产品的特征。此外，生态产品通常具有消费的非排他性和非竞争性两种公共产品的本质属性。曾贤刚等（2014）还对生态产品进行了分类，认为生态产品可以分为以下四种类型：

首先是"私人"生态产品。根据产权理论，外部性体现在没有界定清楚稀缺资源的产权。对于有清晰产权界定的生态产品，可以将其转变成私人产品，并通过市场交易实现产品供给。严峻的生态环境现状使我们意识到不能再把生态环境视作一种生存条件，而应将其作为资源和生态产品来进行开发和市场交换，实现生态资本化经营。随着市场经济的逐步建立和完善，排污权、碳汇等非市场价值产品在市场上也形成了自身的价值，可以在市场上进行交易。如我国黄土高原丘陵沟壑区的生态环境建设等，政府收购由市场生产的生态建设成果（生态产品），促使生态效益转化为经济效益。

其次是社区性公共生态产品。这种生态产品在社区层次上具有公共性，但就社区之外的其他居民而言，其则具有排他性和私人性。社区作为由居住在一个特定地域内的人口及家庭建立的一种社会与文化体系，由于居住地域的共同性，其居民往往对生态产品持有共同的需求。为了满足社区成员对生态产品的需要，社区可以通过社区自治的方式来实现社区生态产品的共享与共同受益。

再次是区域或流域性公共生态产品。这类生态产品的生产和供给涉及多个行政主体的参与，跨越了单个主体的管辖范围。这类生态产品具有极为显著的公共资源性，尤其是具有消费的非排他性，如上下游生态环境的保护与治理。这类跨区生态产品的供给，无法由单个地方政府独自有效地解决，因此需要地方政府之间进行合作以解决跨区生态产品供给。

最后是全国性公共生态产品。由于这类生态产品与经济发展和当地的资源禀赋相关联，因此在不同地区、不同人群间的差异较为明显，且它具有纯公共产品的性质。这类生态产品的供给应该列入基本公共服务的范围，并应将其纳入均等化的范畴，由政府来供给。

本书根据已有的文献，将产品的生态性定义为特定区域内出产的产品在生产和使用过程中不对环境和消费者造成危害，且产品本身可再循环使用的特性。扎根研究显示，产品的生态性由有机性、能耗节约性、认证性和绿色技术采用性生成。

（1）产品有机性。

打造生态区域品牌资产首先需要区域生产出受消费者欢迎的生态产品，赋予产品生态性。而产品的有机性则是产品生态性的体现之一，在打造生态品牌的过程中，区域应该着重于有机产品的规范生产，鼓励并引导生态农业的发展。

产品有机性指的是生产资料或产品根据有机农业原则和有机生产方式及标准

进行生产加工所具备的天然、无污染、安全营养等特性。

1）有机农业。

国情的不同使不同国家对有机农业概念的理解不同，发展有机农业的侧重点也不同。欧洲把有机农业描述为，一种通过使用有机肥料和适当的耕种和养殖措施，以达到提高土壤的长效肥力的系统。有机农业强调通过自然的方法而非通过化学物质来实现对杂草和病虫害的控制。虽不允许使用化学肥料，但仍可使用有限的矿物物质（Elsen et al.，2000）。美国农业部指出，有机农业是一种基本不用甚至完全不用人工合成的农药、肥料、畜禽饲料添加剂和生长调节剂的生产体系。有机农业是一种在最大的可行范围内尽可能地采用作物轮作、畜禽粪肥，利用作物秸秆、绿肥、豆科作物、农场以外的有机废弃物，通过生物防治病虫害的方法来保持土壤生产力和可耕性，供给作物营养并防治病虫草害的一种农业（Dimitri and Greene，2000）。而加拿大农业部则认为，有机农业是为了寻求创造一个系统，这一系统通过植物和动物的残余物的再循环，通过相互独立的生命形式，通过作物选择和轮作、耕作和栽培措施、水管理等途径来实现持续生产与控制杂草和病害等（Wallace，2001）。

中华人民共和国国家质量监督检验检疫总局及中国国家标准化管理委员会颁布实施的有机产品标准（GB/T 19630.1-4-2005）中规定，有机农业是遵照一定的有机农业生产标准，在生产中不采用基因工程获得的生物及其产物，不使用化学合成的农药、化肥、生长调节剂、饲料添加剂等物质，遵循自然规律和生态学原理，协调种植业和养殖业的平衡，采用一系列可持续发展的农业技术以维持持续稳定的农业生产体系的一种农业生产方式。

有机食品、绿色食品、无公害农产品等都属于有机农业的范畴，发展有机农业需要鼓励这些产品的生产，打造品牌，进而促进区域经济的发展。

2）有机产品。

国家认监委注册管理部食品农产品认证管理处（2014）对"有机"和"有机产品"进行了概念界定，认为"有机"是指一种农业生产方式，而非"有机化学"。根据我国《有机产品》国家标准（GB/T 19630-2011）的规定，有机产品是指生产、加工、销售过程符合该标准的供人类消费、动物食用的产品。

有机农业提倡保持产品的天然成分，通过使用有机肥料代替化肥使瓜果蔬菜保持食物原本的味道；有机产品在生产过程中不使用化学合成的农药，产品中没有化学农药残留，对健康有利，对人类的生存环境有利；消费者可对有机产品的生产过程进行追踪追溯，确保有机产品是一种可信赖的产品；有机产品在生产过程中可以减少碳的排放，对有机产品的选购也可被视为一种潜在的环保行为。

《有机产品认证管理办法》规定，认证机构在允许有机生产企业在产品标签上印制有机产品认证标志或向获得有机产品认证的企业发放认证标志前，必须按照统一编码要求赋予每枚认证标志一个唯一编码，以保证有机产品的可追溯性。该编码由 17 位数字组成，数字前须注明"有机码"三个字。每一枚有机标志的有机码都需要报送到"中国食品农产品认证信息系统"，任何个人都有权在该系统中查到有机标志所对应有机产品的名称、获证企业、认证证书编号等信息。

人们对那些仅能够满足消费者的主观需要产品的评价程度是随着生活水平的提高而提高的。在食物不足的情境下，消费者注重自身基本效用的满足，即着眼于营养成分和能量的摄入。随着基本效用的不断满足，消费者需要的重心会逐渐转移到其他产品特征上。例如，为了获得有益于环境的农业生产方式和体恤牲畜的畜产品生产方式等产品附加效用的满足，消费者情愿支付相对较高的价格。有机产品在满足消费者基本效用的同时，也为消费者提供了一系列诸如环境友好、社会公平等附加效用。因此，近年来消费者越来越认可有机产品。

消费者对有机产品的需求构成了有机农业运动日益发展的原动力。要使消费者愿意出高价购买有机产品，则要使消费者认为这一产品利于健康，让消费者认识到有机的生产方式益于环境的保护，能改善落后国家农民的耕作生活。很多消费者相信，有机产品感官性质量更好，对健康更有好处。对于一些人来说，对食品安全的担忧往往是其购买有机食品的首要动机。

然而，目前我国有机产品的生产、加工及运输、销售产业链发展尚未成熟。有机产品在生产、质量管理、劳动力投入等过程中成本相对较高，有机产品的产出较常规生产产品更低，且实现从常规农场向有机农场的转变需要 2 ~ 3 年的转换期，因此有机产品的售价普遍高于一般产品。有机产品的价格实际上还包含了环境成本，而目前常规农业生产的产品定价并未完全考虑生产过程中使用的化肥与农药危害人类健康及污染环境的成本。虽然有机产品在价格方面竞争不过传统产品，但是有机产品因其生态、环保、健康的特性，深受广大消费者的喜爱，市场发展前景广阔。因此，区域在经济建设的过程中要生产有机产品，发展生态产业，形成生态品牌，进一步促进区域经济的健康可持续发展。

（2）生产能耗节约性。

能耗节约性指的是在整个产品生产活动中，减少能源的消耗、物尽其用的特性。王建明（2013）认为，资源能耗节约有全新的意蕴，即实现资源能耗的可持续使用和社会的可持续发展。相应地，其研究中的能耗节约行为是出于资源能耗可持续使用和社会可持续发展目标，公众在日常生活消费过程中注重减量化、再利用、再循环的行为统称。

刘晓洁（2006）认为，能耗节约型社会是指以科学发展观为指导，将节约理念贯穿于生产、流通、消费和社会生活的各个领域，通过采取法律、经济和行政等综合措施，依靠科技进步，动员和激励全社会合理利用能耗，最大限度地节约能耗，提高能耗利用效率，以尽可能少的能耗消耗和环境成本，获取最大可能的经济效益和社会效益，最终实现能耗、环境、经济、社会的协调发展。能耗节约型生产应该包含以下几层含义：

1）节约理念贯穿于产品生产的各个环节。节约理念贯穿于选材、生产加工、流通各个环节。

2）以满足生产的需求为前提。能耗节约型生产提倡的能耗节约并不是强调过度节俭，放弃生产安全需求和质量需求等，相反，这些正常的需求应该首先被满足。

3）减少能耗消耗、提高能耗利用率。传统的高耗能生产方式以高能源消耗来满足生产的各项需求和经营需求，在能耗节约的要求下，需要通过生产技术的革新来提高生产效率，以满足更高效、高质量的生产需求。

能耗节约型生产是一个复杂的系统，包括能耗节约观念、能耗节约型主体、能耗节约型制度、能耗节约型体制、能耗节约型机制、能耗节约型体系等。

1）能耗节约观念。观念是行动的先导。能耗节约观念是指生产者从节省原则出发，克服浪费，合理使用能耗的意识。节约意识（观念）作为客观存在的反映，是建立在对能耗严重稀缺的认识基础上的。打造能耗节约型生产，必须在组织内部树立节约能耗的观念，形成集体的节约意识。

2）能耗节约型主体。能耗节约型主体主要包括能耗节约型政府、能耗节约型社会团体、能耗节约型军队、能耗节约型企业、能耗节约型事业单位、能耗节约型家庭等。而生产能耗节约型主体是指企业，能耗节约型企业是指既追求企业生产成本节约又兼顾企业生产的社会成本节约，既考虑企业自身效益又兼顾社会效益、生态效益，既考虑当前利益又兼顾长远利益，能使企业自身效益与社会效益之和达到最大值，使企业生产成本和社会因企业生产而必须支付的社会成本之和达到最小值的企业。

3）能耗节约型制度。能耗节约型制度是约束人们浪费能耗，规范人们合理使用能耗的经济制度、政治制度、法律制度及有关道德规范等相互联系、互为补充的各种制度的总称。

4）能耗节约型体制。能耗节约型体制是能耗节约型制度的实现形式和组织方式，包括能耗节约型经济体制、政治体制、法律体制等。

5）能耗节约型机制。它是能耗节约型制度、体制在经济运行过程中形成的互为关联、相互作用、彼此约束、协调运转的各种机能的总和。从系统论的观点来看，能耗节约型机制是一个大系统，它通过能耗节约型管理系统来具体运作。它主要包括以下几个子系统：能耗探测管理系统、能耗开采管理系统、能耗加工管理系统、能耗运输管理系统、能耗消耗预警系统、能耗使用监测管理系统和能耗节约调控系统。其中，能耗探测管理系统是对现存能耗总量进行科学摸底，探明实有存量，为能耗长远开采制定科学合理规划提供依据的系统；能耗开采管理系统是对能耗开采制定科学的中长期规划，并依据规划，以最低成本、最大效益进行能耗开采的系统；能耗加工管理系统是采用先进加工技术，以最低加工成本、最高综合利用率加工能耗的系统；能耗运输管理系统是以最低的运输成本、最低的运输损耗、最快捷的运输方式运送货物的运输组织和管理网络的系统；能耗消耗预警系统是由能耗探测信号、价格信号、供给信号、需求信号、运输信号和环境污染信号等形成的，能全方位、多层次、全天候预警能耗消耗程度的系统；能耗使用监测管理系统是依据事先制定的标准对各部门、各单位使用能耗的数量进行日常监督、测算和反馈的系统；能耗节约调控系统是由经济、制度、行政等手段组成的，能调节和减少能耗使用的相互联系、相互补充、相互制约的有机调控系统。

6）能耗节约型体系。能耗节约型体系可分为两大类：一类是以产业为标准划分的能耗节约型产业体系，主要包括：重效益、节时、节能、节约原材料的工业体系，规划科学、设计优良、节地省材、质量过硬的基本建设体系，节水、节地、节时、节能的"二高一优"节约型农业体系，节时、节能、重效益的节约型运输体系，适度消费、勤俭节约的节约型生活服务体系。另一类是战略能耗节约型体系，即有关战略能耗从生产、流通、分配到消费的各个环节形成的相互关联、相互制约的有机节约整体。

（3）生态产品认证性。

国际标准化组织将认证定义为：由可充分信任的第三方证实某一经鉴定的产品符合特定标准或其他技术规范的活动。实质上，产品认证是建立在合格评定程序基础之上的一种产品市场准入制度。生态产品的认证性指的是产品获得国家或相关权威机构认可的有机、绿色、无公害认证机构对其产品、服务、管理体系符合相关标准、技术规范（TS）及强制性要求的合格评定，并获得相应的标志。

作为市场经济中的重要组成部分，生态认证有以下作用：

1）生态认证是政府间接控制产品生态质量的重要手段和有效机制。作为一种比较有效的手段和普遍的机制，在以市场经济为主的工业化国家，认证是政府间接控制产品质量的重要措施之一。为将涉及生态属性、环境保护及重大技术经济政策产品的质量置于政府的全面监督之中，政府往往会通过立法的形式来规定市场的准入制度，将取得某种生态认证标志作为允许产品上市的前置条件。

2）生态认证是生产企业检验的社会化，它能够避免重复抽查和检验，节省用于型式检验的时间、人力、物力和财力，并降低交易费用。生产的专业化分工、技术的进步及社会化协作的发展促成了某一企业的产品或外协件日趋复杂的品种和规格，某些外协件的质量对主导产品的技术水平有着举足轻重的作用。为此，企业不得不投入相当的人力、财力，组织有关经营管理人员和工程技术人员对协作企业的生态特性保证能力或产品质量进行考察、评价与认定，但企业往往不可能拥有精通所有协作行业的工程技术人员，认证的出现则使企业或者个人能够从认证信息中去选择适合自己的合作伙伴与产品。认证既为其节约了大量的人力、物力和财力，又加快了贸易成交的速度，具有十分显著的优越性。

3）促进企业建立严谨的、体系化的经营管理模式。世上没有完美无瑕的产品，只有不断改进的产品。企业应将认证机构在生态认证过程中所反馈给企业的信息，作为企业产品内部生态生产改进的动力，把生态产品认证视作一种外部的推动机制；以实事求是的态度，严肃认真地采取积极的改进措施，从而提升企业产品的整体品质；不断完善企业经营管理，优化组织结构，特别是预防消除质量缺陷的机制，不断改进企业的产品质量，以提高企业生态产品的市场竞争能力。

4）正确引导消费的作用。对于一般消费者而言，他们往往会依据自己的经验和知识来进行商品的挑选与购买。由于缺乏对各种商品生态特性方面的专业知识，消费者在进行绿色有机商品选购（特别是选购复杂的或者有安全要求的产品）时，常常容易处于被动接受的境地。而现在，由于买卖双方信息不对称所造成的选购障碍，则可经过权威部门对产品的生态认证及认证标志的印制来消除。生态产品认证清晰地向消费者表明了该产品是符合国家相关规定和要求的，是经过独立第三方认证机构公正评价和检测过的，可以放心购买。此外，工业发达国家的实践证明，即使认证产品的价格相对偏高，消费者还是愿意购买经过产品认证的商品，因为这会让他们对所购产品产生较高的安全感。

5）开展正规合法的产品质量认证，有利于技术贸易壁垒的消除、国际市场的进入、出口的扩大，从而促进国际间经济贸易的交流与发展。目前国际上多数国家都把认证作为产品市场准入的条件之一，因此，企业应提高自身出口产品的质量管理和质量保证水平，积极应对认证，从而提高企业出口产品的竞争力，使更多的出口商品获得国际认证，从而避开发达国家的技术性贸易壁垒。

正因为其巨大的作用，认证也成为了一份十分重要的工作。张锐（2010）指出，产品认证行业具有第三方特性，产品认证的"无形性"、较高的专业化程度和资源的垄断性使产品认证标准纷繁复杂。为正确指导消费者的购买行为，保障其基本利益，产品认证活动要求不受供需双方经济利益所支配的独立第三方用科学、公正的方法对市场上流通的商品（特别是涉及人身安全与健康的商品）进行评价与监督。

作为社会经济发展到一定阶段的产物，产品认证已经被世界大多数国家广泛采用。实行市场经济体制的国家，政府利用产品认证制度作为产品市场准入的手段，正成为国际通行的做法。认证一方面应该体现出具体产品需要满足的技术要求；另一方面又需要考虑认证的风险，如产品质量的现状、认证企业的诚信情况等。同时，还要考虑认证实施过程中的可操作性、对认证的经济承受力及整个社会对认证的可接受程度。产品认证涉及政府、企业、消费者明显和潜在的利益，执行认证涉及认证机构、检测机构、检查机构、标志发放机构，监管认证涉及政府部门和认可机构等。认证是一项技术要求高、影响因素多、情况错综复杂的综合性活动。因此，认证风险从认证活动一开始就伴随而生了，各认证相关方的风险都与认证的有效性和社会效应密切相关。

王忠文（2010）将产品的认证分为强制性和自愿性两种。其中，强制性产品认证是通过制定法律法规由政府以行政措施强制实行的认证制度。一般为产品安全认证，不经认证合格、加贴认证标志的产品，不准许投入市场。自愿性认证则是由企业自愿申请第三方中介机构对其进行审查认可，通过审查后颁发认证机构认证标志的过程。未进行认证的产品从法律上讲一样可以进入市场，但因为这类认证机构被"中国认证机构国家认可委员会"所认可，使这类机构有较高的信誉，其相应的认证标志也得到政府乃至社会的广泛承认，因而自愿性认证也就成为了一种事实上的市场准入制度。我国规定的强制性产品认证包括中国质量认证中心指定的电线电缆、汽车产品、照明电器等的认证；中国电磁兼容认证中心指定的电动工具、音视频设备、信息技术设备等。自愿性认证机构则包括 ISO9001 质量体系认证、环境管理体系认证、三大体系认证等。关于产品生态性方面的认证包括绿色食品认证、无公害农产品认证、中国环境标志认证等（见图 5-1）。

图 5 - 1　我国关于产品生态性的部分认证

区域在构建生态品牌的过程中，应该鼓励企业生产具有生态特性的产品并支持其进行产品生态特性的认证。同时，区域应加强生态产品的认证管理，为企业的产品认证提供更好的服务，进而增强区域品牌的竞争力。

（4）绿色技术采用性。

产品生态性的绿色技术性指的是绿色科技在产品生产上的应用性，比如高效农业生产体系、太空育种等在农产品中的应用。要想赋予品牌生态特性，就要区域在品牌化过程中大力推广绿色科技，使绿色技术在区域内广泛使用。

绿色科技就是适应可持续发展要求的科技，是对整个科学技术活动的一种导向，是为了解决生态环境问题而发展起来的科学技术，是有益于保护生态和防治环境污染的科学技术（陈昌曙，1999）。绿色科技的核心是研究和开发无毒、无害、无污染、可回收、可再生、可降解、低能耗、低物耗、低排放、高效、洁净、安全、友好的技术与产品（鲍健强，2002）。绿色技术则是建立在现代生物学基础之上，其目的就是要增进人与自然、人与社会、人与人之间的和谐，就是要促进人类社会的可持续发展。李鸣（2010）从两个层面对绿色科技进行了解释：从广义层面看，绿色科技是一种资源节约型、环境友好型科技，是一个集合概念，既是对整个科学技术活动的一种绿色理念的集结升华与导向，又是对各类绿色科技（绿色科技理论研究、绿色科学技术研究、绿色科技产品、工艺和设备开发创造、绿色科技的推广与应用、绿色软科学研究与应用）的总称；从狭义层面看，绿色科技是指研究和开发无毒、无害、无污染、可回收、可再生、可降解、低能耗、低物耗、低排放、高效、洁净、安全、友好的技术与产品。作者在其研究中还指出，绿色科技具有时代性、前沿性、科技绿化性、源头性、产业性、多赢性、战略性等内涵特征。

绿色科技还具有以下几个特点：

1）绿色化学是绿色科技发展的前沿。1990 年美国通过了《污染防治条例》，首次提出了环境保护的首选对策是在源头上防止废物的生成。它使环境保护的重心从后处理转向前防止，从治标转向了治本。为消除环境污染而探索新的合成原料以取代传统原料，简化合成步骤、改变反应途径及开发新型催化材料是绿色化学的主要方法和途径。不同于作为环境污染后处理产物的传统环保技术，绿色化学体现的是"防患于未然"。当科学家终有一天用无污染的新技术替代产生污染的传统化学工业的技术工艺和路线时，环保技术将失去存在的依据（鲍健强，2002）。所以说，绿色化学是绿色科技的前沿产物。

2）环境友好技术和洁净技术是绿色科技的重点。环境友好技术是绿色科技的重要内容。环境无害标准优先于经济效益的标准是环境友好理念的核心（陈帆，2004）。环境洁净技术则是 21 世纪绿色科技发展的另一个重点领域。从能源的角度来看，它包括两方面：一是能源的洁净技术。运用先进的技术减少传统能源对环境产生的污染即为能源的洁净技术。煤炭的洁净技术是能源洁净技术的重点领域。二是洁净能源的技术开发，包括太阳能、地热能、风能、海洋潮汐能、生物质能、水资源能等对环境不构成污染的洁净能源的利用与开发。

生物质资源的开发是绿色科技关注的另一个重点。目前，绿色科技已成功地采用了生物转化法，通过将酶作为催化剂来降解生物质，从而产生了许多能够用来制造汽油、氢气、天然气等的有用化学物质。用生物质生产有机化学品，不仅可使原料再生，而且生产过程避免了毒害物质的使用，其最终产品往往更加友好和环保。运用生物技术路线来开发生物质资源的前景非常广阔，生物质资源的开发指引了未来绿色技术发展的方向。

3）绿色科技发展的推动力量。两股力量推动了 21 世纪绿色科技的发展：一股是绿色市场的导向力量，另一股则是绿色政策的牵引力量。公众不断增强的环保意识、科技素质及绿色消费理念使绿色的概念开始深入人心，绿色产品和绿色品牌也逐渐受到人们的关注和追捧。这些绿色需求和绿色消费开创了一个巨大的绿色市场。绿色政策指的是各国在可持续发展理念的指引下所制定的与环境保护相关的法律、政策、法规和标准等。政府对绿色技术的推广和扶持也在很大的程度上加快了绿色科技的发展。

绿色技术性属于产品生态特性中比较重要的属性。区域在打造生态品牌的过程中应该平衡好经济效益和生态环境两者的关系，以环境无害优先于经济效益为准则，采用绿色科技，生产出真正绿色、环保的产品，从而增强品牌的竞争力，占领更大的市场。

5.1.1.4 生态产业规范性与生态区域品牌资产

生态产业规范的科学性能够在制度层面满足消费者对于产业生产品质合理性的感知，使消费者对区域生态品牌形成专业的、合格的口碑评价。生态产业规划性指的是综合运用各种理论分析工具，从当地实际状况出发，充分考虑国际、国内及区域经济发展态势，对当地生态产业发展的定位、产业体系、产业结构、产业链、空间布局、经济社会环境影响、实施方案等做出科学的产业设计。

吴扬等（2008）认为，产业规划就是对产业发展布局、产业结构调整进行整体布置和计划，产业规划是一种实践性很强的区域经济发展指导工具。孙明芳和王红扬（2006）对产业规划的基本程序、内容及基础理论进行了分析（见表5-1），认为产业规划的基础理论主要有发展阶段理论、产业结构理论、主导产业理论、劳动地域分工理论、比较优势理论、全球化理论、产业集群理论和各种不均衡发展理论，如区位论、中心地理论、增长极理论、点—轴开发理论、梯度推移理论等。

表5-1 产业规划的基本程序、内容及基础理论分析

程序	基本内容	背后的基础理论
现状分析	将产业阶段和产业结构作为主要分析内容，并以"三二一"结构及向其演变的进程作为产业状态的评判标准	产业结构理论、发展阶段理论
发展条件	分析全球或区域产业梯度转移、上级或周边城市产业外迁、区域政策，本地区位、土地、人才、产业基础、城市能力等机遇、挑战和优劣势	全球化、梯度推移、增长极、区位论、中心地等
总体战略	确定产业结构升级、中心服务能力提升、区域协作、产业组织集群化、生产方式高技术化和生态化等总体战略；根据一定标准选择主导或优势产业	产业关联发展、中心地、劳动地域分工、比较优势、产业集群、主导产业理论
产业布局	基于产业布局现状和集聚、规模效应，提出"点、轴、圈、片"等总体架构	中心地、增长极、点—轴开发理论、古典区位论

资料来源：孙明芳. 产业规划的理论困境及其突破［J］. 河南科学，2006，24（1）.

生态产业规划是区域生态品牌发展的战略性决策，是实现生态产业长远发展目标的方案体系，是为产业发展所制定的指导性纲领，是政府从生态产业发展的历史、现状和趋势出发，明确规划产业发展方向和发展目标，对区域产业发展中的重点发展领域、发展程度、资源配置、产业支撑条件等进行统筹安排，并提出具体实施政策的全面而长远的区域产业发展构想。生态产业规划需要满足整个区域未来较长一段时间内的发展要求，应该具有系统性、战略性、前瞻性和可操作性等特点。

从产业规划内部体系来看，生态产业规划包含了发展预测、组织形式和规划过程三个基本要素。发展预测是指围绕经济增长和发展目标，在原有产业基础、生态资源条件、市场需求等多种约束条件下制定最优的生态产业发展目标。组织形式是指生态产业规划要将政府和市场组织有效结合起来，以充分发挥两者的优势，促进生态产业规划目标的实现。美国硅谷、印度班加罗尔、台湾新竹的高新技术园区及我国东莞、昆山等地开发区的发展历程和成功经验为政府组织和市场组织有效结合的形式提供了宝贵的实践经验。生态产业规划过程就是根据特定的经济增长与生态发展目标及实际操作环境，策划发展策略以达成目标的过程，它是产业规划内部体系中最关键的一个因素。产业规划过程主要包括产业规划的制定和产业规划的实施与评价等环节。产业规划制定首先要对产业发展的内外部环境做一个全面的了解和分析，要对当地的区域定位、资源约束、产业基础、人口及环境、产业发展空间、消费市场、区域竞争与合作情况等基本情况进行总体的把握，在此基础上，制订一个切实符合当地情况的产业规划方案。生态产业规划的实施主要是运用各种政策手段，为产业规划组织提供具体的政策保障，保证产业规划目标的实现。生态产业规划的评价是产业规划过程的最后一个环节，它是对生态产业规划的最后总结和建议，能更有效地指导今后生态产业规划方案的优化。

生态产业规划应遵循以下原则：第一，突出生态产业特色原则。生态产业的特色即为产业发展过程中体现的生态特性。这种生态特性是一种绿色的、节能的、高科技的属性集成，能够使区域产业在消费者心目中形成高质量、负责任的积极形象。第二，生态产业集聚原则。生态产业集聚能给城市产业和经济发展带来显著的优势，主要有：专业化分工模式带来分工细化与规模经济双重好处；上下游企业之间减少了合作风险；大量的采购与销售有助于规模经济的实现；有利于专业性外部服务与配套设施的发展，以及有利于生态绿色技术、管理知识的交流与人才资源的培养与利用等。按照这一原则，首先应明确区域应该重点发展的生态产业或某一生态产业中的重点环节，然后进行产业集中布局，形成若干具有一定规模的工业园区，依托园区进行生态产业的集聚和产业链整合。第三，区域分工合作原则。在生态产业规划过程中，不能坐井观天，而要有更大的区域观念，充分重视区域的分工协作。随着经济全球化、一体化进程的加速，区域不再是一个孤立的封闭单元，而是处于区域的循环和国际交流圈中。因此，必须本着区域分工合作的精神，强调区域的整合，采用跨越式的产业布局模式。第四，可持续发展原则。区域的可持续发展包括区域经济的可持续发展潜力和区域可持续发展的生态环境。区域经济的可持续发展潜力一般是由知识和技术的创新系统、知识传播和应用系统等构成一个体系。而知识和技术创新系统是衡量一个地区可持续竞争能力的重要指标。因此，在产业规划过程中，我们重视知识和技术的创新，加大"产学研"的结合力度，统筹规划相关高校、现有研究机构及相关产业用地的布局，形成高教、科研、开发区三者之间的互动关系，推动知识和技术创新。区域可持续的生态环境则要求我们在产业规划中融入生态设计的理念，大力发展循环经济，实现区域可持续发展。

生态产业规划是产业生态特性中必不可少的因素，要想生态区域品牌具备产业生态特性，就应该对产业进行科学合理的规划。因此，区域在进行产业化发展的过程中，应该遵循产业规划的原则，对区域进行科学的产业规划，大力发展生态产业，塑造生态区域品牌。由扎根研究和文献归纳可得出，生态产业规划性包括了空间布局合理性、产业发展前景性、发展定位明确性和产业链完整性。

5.1.2 政府生态指导性对生态区域品牌资产的作用机理

本书认为，政府生态指导性是指特定区域政府对生态价值观的认识、对生态政策的制定及对各部门相应职责的科学管理等。政府生态指导性由生态目标一致性、地方领导专业性、生态资源动员性、利益群体协同性生成。刘京希（1997）认为，生态政治学是生态与政治相结合的政治学理论，生态政治包括两个层面：一是政治体系"内生态"。一个民主的政治体系如果要保持其良好的内生态，必须以历史的传统性、目的的人民性、体系的开放性和运行的制衡性为其准则。二是政治体系的"外生态"，即政治体系与社会及政治体系通过社会这一中介与自然之间形成的互为助益的动态平衡关系。李咏梅（2013）认为，生态政治以政治权力为手段，改善和保护现有的生态环境，将生态环境问题提到政治的高度进行解决，使政治与生态环境的发展一体化，把政治与生态有机辩证地统一起来，最终促进全球政治与生态环境持续、健康发展。生态政治理论与实践的展开、深化是随着生态危机的加剧和拓展而进行的，在这个过程中，生态政治理论在内涵上也经历了从以自然生态的维护为中心到以政治生态化为中心的转变。

5.1.2.1　生态目标一致性与生态区域品牌资产

生态目标的一致使区域内资源利用和制度设立都能首先满足生态的发展保护，使区域生态特色建立能够得到投入与保障，以支持生态区域品牌资产的构建。生态目标一致性指的是特定区域内政府在生态保护和发展上统一认识、目标一致的特性。扎根研究显示，其在概念内涵上包括了生态规划主动性、环境保护主动性、环保责任主动性和生态发展积极性。这种目标的一致表现在两个层面：一是政府对于区域发展目标和生态发展目标的一致性认可。也就是，政府应该在制定区域发展规划时，主动将生态保护作为重要指标纳入决策体系，即生态规划主动性。生态保护对于区域政府而言，短期内难以看到显著效益并且很有可能会占有经济发展资源，因而在过去的很长时间内，生态保护都不是政府的主要工作。对于生态区域品牌资产而言，只有政府真正主动意识到生态保护的重要性，并且积极主动地实施规划生态功能区等政策，才能体现生态保护与区域发展的目标的一致性。二是区域内部成员对于生态保护设立的一致性目标。区域在打造生态品牌资产的过程中，从个人到组织、从个人到政府都应该有统一的生态保护目标。区域内成员组成是非常复杂的，因受教育程度、经济状况、社会角色等不同，每个主体对于生态保护的理解都不一样。而一致的生态保护目标将能够缓和对生态保护理解不一致带来的力量分散问题，把区域内所有成员的力量聚集到某几个区域需要的生态保护目标上，实现最大效益，这就需要区域内部成员重视环境保护、主动承担环保责任、积极发展生态经济。

5.1.2.2　地方领导专业性与生态区域品牌资产

地方领导的专业素养虽然不能直接转化为区域品牌资产，但是领导对生态区域品牌的相关决策能够显现出区域处理生态区域品牌发展问题的能力，使消费者选择信任或质疑区域品牌的生态特性保有能力。地方领导专业性指的是特定区域内地方政府专业化的领导力，包括职能制度化所带来的高效率的特性。作为区域内的"领导"，政府在塑造生态品牌的过程中，应该具备专业化的领导力和超强的自觉性，并认真熟悉生态品牌建设的所有环节和涉及的重点、难点，科学地制定相关政策并将其落实到基层，各部门分工合作，提高办事效率，使区域的生态品牌资产建设顺利进行。扎根研究显示，地方领导专业性体现在生态规划科学性、生态制度科学性、生态履职自觉性和生态保护效率性上。

5.1.2.3　生态资源动员性与生态区域品牌资产

资源动员能力决定资源的利用效益，也就决定了生态资源转化为生态区域品牌资产的效益。生态资源动员性指的是特定区域内政府对生态资源的合理配置，充分发掘地方生态特色优势的特性。张洪春（2012）认为，资源动员理论是一种理性假设理论（理性人），通过对传统社会运动的非理性范式的颠覆建构而成，体现为三个层次，分别是资源动员、成员动员和框架动员。

（1）资源动员。早期资源动员理论将资源规定为自然或物资资源，理性假设强调人们对物质利益的占有欲导致社会运动，如迈耶在解释美国20世纪60年代的运动中就承认充足的物资资源和时间资源是运动启动的关键。

（2）成员动员。物资利益也非其中决定因素，因为不少参与者把自身私有资源运用到运动当中，如斯诺和古尔德等学者以社会网络理论为中介来实现他们对资源动员理论成员动员的解读，认为生存于同一网络的人们更可能采取同一集体性行动。但这一解释未能解决如下问题，即他们为何在不需要物资占有情况下卷入社会运动？或者为何同一社会网络中并非人人选择集体行动？

（3）框架动员。资源应定义为"社会运动能够动员以下资源：时间、人数（特别是已经组织起来的群体和能够以较小风险获取利益的人）、资金、有政治影响的第三派势力、意识形态、领导人和沟通系统等"，既包含物资、成员动员，也包含框架动员（文化价值和意识形态等）。赵鼎新（2006）认为，所谓框架是指能帮助人们认识、理解和标记周遭发生事物的解读范式，实质是意识形态和核心价值。人总是运用框架来把握外部世界，显然这继承了康德的理性先验思想，同时人们还进行框架整合促使其他人与自己形成同一框架，其途径主要是框架搭桥、框架扩大、框架延伸、框架转换和框架借用，这些目的都指向形成某种主框架，从而达到统一战线的目的。

生态资源动员也包括物资、成员和框架动员三个方面。首先是自然生态资源的发掘，自然生态资源是不能自动转化为区域生态品牌资产构建的动力的，需要人为发掘，比如将自然山水开发为景区景点、利用乡村风光发展生态农业观光等。其次，区域生态品牌资产建设不是个体行为，需要区域内成员共同行动。因此，动员区域内成员共同参与，引导进行生态资本投资或者人力投入等也是必要的资源动员。最后是思想理念的框架动员，动员区域内所有组织成员建立必要的生态保护和发展理念。

根据研究问题层次的不同，大致可将资源动员理论分为微观动员、中观动员和宏观动员。微观动员的研究是目前取得最大进步的地方，其关注的主要议题是社会运动中成员招募、面向个人资金募集的活动等。微观动员的过程实际上是社会运动中资源动员策略运用的过程，这是一个"知识—技术"展开的过程。资源动员中的行动技术是如何从事一项社会运动及其后果可能是什么的一套知识，包括生产技术和动员技术两种类型。生产技术是有关实现某种集体行动目标的方法的一整套知识，即为动员知识；动员技术是有关如何积累起生产技术所需要的资源（如时间、金钱、人力等）的方法的一套知识。

区域在生态品牌建设过程中要对资源进行合理调动利用，并动员区域内资源宣扬区域生态理念，为构建生态区域品牌奠定基础。同时，作为区域内的权力组织，政府应该对区域内的生态资源进行充分的发掘并合理配置，使有限的资源能够发挥最大的作用，为区域的经济建设提供坚实的基础。扎根研究显示，本书中的生态资源动员性由生态发展调动性、生态资源发掘性、生态发展投入性和生态理念宣传性构成。

5.1.2.4 利益群体协同性与生态区域品牌资产

利益群体协同性指的是特定区域政府在发展生态区域品牌时能够协调好利益相关群体的关系，使各利益群体能够共同发展并且致力于生态区域品牌建设的特性。本书中的利益群体协同性包括了生态理念相似性、生态发展合作性、生态技术共享性和生态交流参与性。

区域品牌的公共属性容易使企业在经济理性的驱动下产生消极参与，甚至产生抵制区域品牌化的机会主义行为，从而损害区域品牌化绩效（赵卫宏，2016）。因此，调和区域内企业间利益、企业品牌与区域品牌利益非常重要。协同理论认为，任何一个环境都是由多个系统构成，该环境内各系统之间的相互作用决定了该环境的整体情况。协同理论的基本思想是协同导致有序，在此基础上倡导通过运作实现协同效应。协同效应就是各系统之间通过一定方式的结构相互联结，发挥出单个系统简单相加所不能达到的效果（周彦喆，2018），这就要求各个系统之间的理念是相似的，有发展合作的可行性，同时还要求各系统进行技术、信息等的共享。利益群体协同发展就是通过打破产业间发展不均衡的态势，依托产业间内部复杂的协同关系相互促进，实现产业共同演化。

区域政府在发展生态区域品牌时要以人民的利益为前提，在发展经济的同时要注意协调好利益相关群体的关系，使利益相关群体的关系协调，为区域经济建设夯实群众基础。

5.1.3 生态文化认同性对生态区域品牌资产的作用机理

生态文化是指特定区域体现人与自然、人与社会和睦相处、和谐发展的意识形态和与之相适应的制度，而认同性则是指区域内所有成员对这些意识形态和制度的认知及接受。对生态文化的认同表现为生态价值观分享性、生态理论认知性、生态理念俗成性和角色任务定位性。

邓先瑞（2003）指出，生态文化旨在研究文化与生态环境的相互关系，它是生态学产生并发展到一定阶段后与文化嫁接的一个新概念。俞万源等（2012）认为，生态性是文化的重要特性，体现在文化生存、传承、存在的各种状态。文化生态一旦遭受破坏，将会带来文化丧失、文化遗传变异和文化生态失衡。保证文化公平与文化安全、保护文化多样性、维护文化生态平衡是文化生态保护与建设的核心任务。

总而言之，生态文化是一种有利于生态环境和自然资源可持续发展的人类更高级的生存方式，有广义和狭义之分：狭隘的理解是，以自然价值论为指导的社会意识形态、人类精神和社会制度；广义的理解是，以自然价值论为指导的人类新的生存方式，即人与自然和谐发展的生产方式和生活方式。

杨庭硕（2007）在《生态人类学导论》中对文化与生态环境的关系做了较为深入的探讨。其要义包括：

其一，文化属性与生态环境紧密相关。文化所具有的单一归属性、功能性、习得性、共有性、稳定性、整体性、能动创新性和相对性八种属性中，文化的单一归属性、稳定性主要与人类的社会生活相关，其余的六种属性与生态环境的运行关系较为直接。

其二，生物多样性与文化多元并存且相互关联。由于文化自身具有双重性，因而两者的生态价值也必然会相互关联。文化多元并存的水平降低，必然诱发为生物物种多样性的受损，这是人类对生物资源的消费趋于简单化所必然导致的后果。而生物物种多样化水平的降低，又必然导致生态系统的稳态延续能力下降。

其三，人类对生态环境的依赖具有永久性。不管现代科学技术多么发达，都没有改变人类及其社会对地球生命体系的依赖，地球生命体系依然会对未来的人类社会发挥无法替代的重大作用。

5.1.3.1　生态价值观分享性与生态区域品牌资产

生态价值观决定了区域内成员的行为方式，而这些行为方式是生态产品产出、生态文化特性形成的实现基础。因而，生态价值观深刻影响区域生态的塑造能力，也即营销消费者对区域品牌生态性的评价。生态价值观分享性指的是特定区域内公众具有长期形成的生态理念、价值观、生活习惯和行为规范等特性。Richard Pascal 和 Anthony Athos 在 1987 年提出企业分享价值观的概念，他们认为分享价值观不同于强加于人的价值观枷锁，也不是企业为实现长期经营目标而设立的使命、愿景，而是指感动人的、能够将成员和组织目标真正结合起来的价值观。从价值观到分享价值观，就是要改变把组织固有的价值观灌输给员工的传统观念，因此员工的参与必不可少。通过全员参与的各种互动，最终形成既有利于组织发展，所有组织成员又都能接受的分享价值观。

这样的分享过程并不是不能实现的，O'Reilly和Chatman（1986）发现，心理上的依附可以通过遵从、认同、内在化三种因素来预测。遵从是为了获得报酬而不是因为有共同的信念；认同是对组织的价值观和成就的尊重和认可，但没能把组织的价值观和成就当成自己的加以接受；内在化发生在个人和组织的价值观是一致的时候。

陈泽（2012）认为，遵从、认同和内在化是价值观分享的三个不同程度的阶段。分享价值观的前提条件就是成员出于自己的意愿，与组织的价值观进行互动，制度的保障是必要的（祝慧烨等，2008）。当成员尝试着遵从组织价值观所要求的行为，如果组织有制度保障来确保成员的行为能够得到相应的回报，那么成员就会认同这样的价值观。

分享价值观是区域内生态文化构建的核心内容，是成员间合作建设生态区域的基础。区域成员是由具有不同动机、需求与特征的组织或个人组成的，他们虽然同在一个区域中，但他们在区域中的目的并不完全相同，当成员承认一种共同的价值观，就会给区域成员提供合作的一种共同语言。当个人、团队和组织的价值观相一致时，就会产生巨大的能量，团体的基本力量也就形成了。分享价值观是区域内部的指南，它使各成员找到关心自己工作的理由，使个人的工作更加有效率，促使成员更加忠诚地服务于组织。分享价值观要有一个鲜明的主题，然后将其细化为具体内容，融入团队的行动、学习等各个方面，使之真正成为区域的理念或精神，并成为区域成员的自觉行为。扎根研究显示，本书中的生态价值观分享性包含了生态理念共同性、生态价值观一致性、生态理念宣传自觉性和生态规范准则遵守性。

5.1.3.2 生态理论认知性与生态区域品牌资产

生态理论认知性指的是特定区域内公众通过一系列学习活动获取生态理论知识的程度，理论认知度越高，生态文化环境就越浓，区域的生态文化特征就越强。区域要想塑造生态品牌，从组织到个人应该养成学习的习惯。加强生态区域品牌资产理论的学习至关重要。任何一种真正的理论，都具有三重基本内涵：其一，它以概念的逻辑体系的形式为人们提供历史的、发展着的世界图景，从而规范人们对世界的自我理解和相互理解；其二，它以思维逻辑和概念框架的形式为人们提供历史的、发展着的思维方式，从而规范人们如何去把握、描述和解释世界；其三，它以理论所具有的普遍性、规律性和理想性为人们提供历史的、发展着的价值观念，从而规范人们的思想与行为。理论的三重内涵表明，理论不仅是解释性的，而且是规范性的；理论不仅是实践性的，而且是超实践性的。品牌理论、区域品牌理论、生态品牌理论等理论都能够有效地指导区域打造生态品牌，增强区域的竞争力。

生态理论不是所谓的常识，区域内成员难以直接接触和认知它。因此，生态理论认知性的表现在于区域内成员主动学习理论的意识。有主动学习的意识才能更自觉地去接触生态理论，进而产生程度不一的认知。毫无疑问的是，深刻的生态理论理解才能代表有效的理论认知，才能实现指导生活和生产的目的。理解意味着成员能够对不同的生态理论进行准确的辨识，以获取区域生态文化所需的理论部分。在本书中，生态学习意识性、生态认知深刻性、生态文明辨别性和生态文明意识性共同构成了生态理论认知性。

5.1.3.3　生态理念俗成性与生态区域品牌资产

俗成性反映了文化理论与实践生活融合的程度，生态理念越理所当然，反映区域成员对其的接受度越高。区域成员对生态理论的接受程度最终会外化为行为被消费者感知，全民对生态的遵从会使消费者对区域的生态性产生信任与好评。生态理念俗成性指的是特定区域内公众对生态理念的追求和保护经过长期的社会实践而形成生态习惯俗成的程度，其在本书中是指节能意识性、环保习惯性、环境绿化意识性和节俭意识性。理念俗成的内涵与共同价值观相似。共同价值观是指组织成员或群体成员分享着同一价值观念。这一概念是组织的重要基础。这些价值观念贯穿于整个组织之中，为组织成员所接受，并指导他们很好地从事生产经营活动。当价值观念灌输到组织中时，组织就会存在独特的同一性。

共同价值观是组织文化的核心和基石，是组织的灵魂，也是维系组织生存发展的精神支柱。价值观是人们选择行动的判断标准，它能决定管理活动的成效和方向，是组织文化理论的核心概念。共同价值观对组织成员具有导向、凝聚、约束和激励的作用。在实际的组织价值观塑造中，要注意不能简单地归结为几句空洞的口号，不能变成少数人的主观意志，不能把它简单地等同于管理文化，不能没有自己的个性。

要想打造生态区域品牌，区域内也要形成共同的生态价值观，并使区域内成员培养节俭节约的意识，使绿色环保成为一种习惯，以约定俗成的理念指导生态品牌的打造，更有效地促进区域经济的发展。

5.1.3.4 角色任务定位性与生态区域品牌资产

生态角色任务定位性指的是在特定区域社会系统环境中，一个人或一个群体对生态保护具有自己的角色分工，拥有一定身份和责任定位的特性。

角色任务定位要处在一定的系统环境中，包括组织系统环境、体制系统环境、时间环境。首先是组织系统环境。比如，一个企业中，需要总经理，还需要财务、人力资源、市场等功能部门构成组织系统，以及由此产生的各种角色分工。这是最根本的基础，是任何组织都具有的共同特征。其次是体制系统环境。其实"角色分工"只是"角色定位"的前提，只有体制环境才是产生角色定位的决定性环境。最后是时间环境。角色是指在一定时间条件下的角色，组织对角色能力的要求是不断变化的，时间因素常常被很多人不知不觉地忽略，如果因为今天是不可代替的角色而不思进取，最终可能会被淘汰。

角色定位的根本特征是不可代替性。在一定的组织环境下和特定的时间段，体制系统基于以下几个环节，决定了角色的不可代替性。其一，角色能力。这是不可代替性的核心，角色能力不强，就谈不上角色定位。进行角色定位首先要关注人力资本的角色能力，并确立尊重、激励和强化这种角色能力的流程和制度，以鼓励每个人强化角色能力并朝某一角色方向定位。其二，角色权力。体制系统必须提供这样一个环境，即角色不对某一权力负责，不对某一人负责，只对角色事务和角色原则负责，对于拥有出类拔萃的角色能力的人员，他拥有根据角色原则下最高的事务处理权力，也就是"角色终决权"。其三，角色责任。角色权力拥有根据角色原则下最高的事务处理权力，因而角色就必须承担角色原则下最终和最高的责任。"首长负责制"就是典型的角色责任原则。看一个组织是否按角色定位原则运作，主要看角色责任而非角色权力。而角色责任的最高体现，是"引咎辞职"制度或"首长罢黜制"。

区域在进行生态区域品牌建设时，要对区域内的个人或组织进行生态角色的定位，各司其职，有条不紊地完成各自角色的任务。这样才能保证区域在生态建设中的整体性和协调性，使区域内各项环保活动能够有效地运行，有利于区域生态角色的凸显。扎根研究显示，本书中的角色任务定位性包括了环保责任意识性、环保角色意识性、环保志愿活动性和环保组织履职性。

5.2 效标预测模型

5.2.1 效标模型

5.2.1.1 品牌联想相关理论综述

（1）品牌联想的概念。

20世纪50年代才开始有学者对品牌联想展开研究，广告大师奥格威在这一时期通过引入"品牌联想"的概念提出了品牌形象。他指出，品牌联想是由保存在消费者头脑中与品牌相关的信息和品牌对于消费者来说具有的意义共同构成的。

Aaker（1991）认为，品牌联想是指任何与品牌记忆相联结的事物，是人们对品牌的想法、感受及期望等一连串的集合，可反映出品牌的人格或产品的认知。Keller（1998）定义品牌联想是在消费者记忆中与品牌相关联的信息节点。范秀成（2000）认为，品牌联想就是指顾客由品牌名称联想到的事物。雷莉等（2004）认为，品牌联想是长时记忆中任何与品牌相联系的概念节点，可从联想内容和联想特征两个方面来分析。联想内容包含与产品或品牌有关的属性、利益等，是产品质量评价或品牌评价的依据或线索；联想特征则指的是联想内容的数量、强度、有利性和独特性等。同时，他还认为品牌联想的作用集中体现在有助于消费者处理和提取信息，实现品牌的差别化，生成购买的原因，产生积极的态度和感知，为品牌延伸提供基础。特别是对于购买频率高的产品，品牌联想是十分重要的。一个品牌被储存在消费者的大脑记忆中，从而形成了一个品牌节点，当这个节点与其他非品牌信息节点之间形成了心理联结关系，那么这个其他节点中的信息就是这个品牌的一个联想。吴新辉等（2009）认为，品牌联想是基于消费者主观认知的，在大脑的记忆网络中与品牌结点直接或间接联结的信息结点。通俗地说，品牌联想就是消费者看到、听到或想到某一品牌时，会自然而然地想到另外的信息，这些信息可能是与品牌本身有关的信息（如品牌知觉、经验、评价、定位等），也可能是品牌以外的信息（如情景、个性、人物、时空等），这些信息均来自消费者日常生活中的各个层面。在人们的记忆系统中，品牌结点与信息结点通过直接或间接的链接方式形成联想网络，构成一个联想群，反映着独特的品牌形象。品牌联想是一种基于顾客的品牌资产，是品牌资产的重要组成部分，因此，建立强有力的品牌联想也是提升品牌资产的有效途径。

同时，吴新辉等（2009）结合其他学者的研究，认为品牌联想包含以下几个特性：

第一，网络性。学者们对品牌联想的心理本质持联结主义的认知观，用HAM 模型和 ANM 模型等理论模型对其心理本质和活动规律进行解释。他们认为，联想即记忆网络中与品牌直接或间接联结的信息结点，与品牌结点直接联结的结点称为初级联想，与初级联想联结的结点称为次级联想，依此类推，所有的联想共同构成一个品牌独特的联想网络。这种网络结构的特点是陈述性知识在大脑记忆系统中存贮所具有的共同特点，揭示品牌联想的网络结构是品牌联想测量的重要任务。

第二，聚类性。消费者记忆中的所有品牌联想构成了一个大的联想网络，有些联想由于共同参与某个认知过程，它们彼此间的联结更加的强烈，因此这些联想聚集成一个聚类。有些联想可能是许多聚类的成员，但有些则可能对应于一个具体的品牌相关的情境而只属于某个特殊聚类，一个聚类中的联想将在具体的情境中共同影响消费者的购买决策行为。

第三，双向性。按照联想网络的激活—扩散理论，当某个结点的刺激强度达到或在阈限水平之上时，则能激活另一个结点，这样即形成了一个结点到另一个结点的联想激活，且这种激活是双向的运动模式，包括体现品牌定位的"从品牌到属性"方向的联想和体现品牌优势的"从属性到品牌"方向的联想，具有双重性质或双向性质。

第四，内隐性。Supphellen（2000）在回顾前人研究文献的基础上认为，品牌联想在大脑中存在言语的、感觉的和情感的多种表征模式，而大量感觉的（2/3 以上的信息来自于视觉）和情感的印象都无法被有意注意，都是无意识信息。因此，大部分的品牌联想是无意识的，品牌联想具有内隐性特征，使很多品牌联想是难以测量的，这也导致了品牌联想测量中的低稳定性。

第五，隐喻性。由于大部分的品牌联想是以感觉和情感印象的形式被表征，而"隐喻"则是理解和贮存品牌形象的有效方法，而且它充分利用了现有知识，更少涉及认知能力的参与，因此，品牌联想倾向于以隐喻的形式被贮存（Supphellen，2000）。由此看来，隐喻性也是品牌联想的重要特征之一，且这一特征具有重要的测量意义，使研究人员可以通过联想的比拟物去间接认识和测量品牌联想。

　　第六，多维性。就现有研究来看，无论是理论假设还是实证研究，都表明品牌联想是多维的，但不同研究得出的品牌联想维度却不一样。

　　（2）品牌联想的维度。

　　国内外学者对品牌联想及基于顾客的品牌资产中的品牌联想进行了大量的研究，但是关于品牌联想的维度及结构尚没有统一的认识和标准。

　　Aaker（1991）将品牌联想概括为产品特性、国家或地区、竞争者、产品档次、生活方式和个性、名人和人物、使用者和顾客、用途、相对价格、顾客利益、无形性（抽象的特点、企业能力）等多个方面。

　　Keller（1993）将品牌联想分为属性联想、利益联想和态度联想三个维度。属性联想是对某种产品或服务的描述性特征联想，即顾客消费时所得到的产品或服务是什么。根据这些特征与产品或服务绩效的相关程度，属性联想可分为与产品相关的属性联想和与产品无关的属性联想。其中，与产品相关的属性联想是指产品的物理构成或服务的基本要求，这根据产品或服务的类别而有所差异；与产品无关的属性联想是产品或服务的外部表现，包括价格信息、包装或外观、用户形象和使用情境等。利益联想是顾客赋予产品或服务属性的个人价值，即顾客眼中的产品或服务可为他们做些什么。根据潜在动机可将利益联想细分为三个层次：功能利益、体验利益和象征利益。其中，功能利益是指产品或服务的固有特征，与马斯洛需求层次中的生理需求和安全需求有关。体验利益是顾客使用产品或服务的感觉，能满足顾客的体验需求，例如愉悦、多样性需求及认知刺激等。象征利益更多地强调产品或服务的外在优势，满足社会认同、自我实现等高层次需求，例如威望、排他性和时尚感等。通常，功能利益和体验利益和与产品相关的属性联想一致，象征利益和与产品无关的属性联想一致。态度联想是顾客对品牌的总体评价，是最高层次的品牌联想。品牌态度既和与产品相关的属性和功能利益、体验利益有关，又和与产品无关的属性和象征利益有关。将品牌态度视作品牌联想一部分的原因是品牌态度与品牌联想一样有强弱之分（Farquhar，1989）。但也有学者（Lynch，Mamorstein and Weigold，1988）指出，品牌态度与品牌联想是被顾客记忆分开存储和获取的。Keller在《战略品牌管理》（第三版）一书中也将品牌态度与品牌联想分离，认为两者是品牌价值链中的两个环节。

　　Keller（2009）将品牌形象联想分为四类：用户形象、使用情境、个性与价值、历史传统与体验。其中，用户形象是指使用该品牌的个人或组织，这类形象会在现实或潜在的用户中产生心理图景，这类联想包括性别、年龄、种族、收入等人口统计因素。使用情境联想是指人们能或应该在何种情况下购买或使用该品牌，这类联想与使用时间、地点与在何种活动中使用有关。品牌个性与价值也是重要的品牌联想，品牌个性是与品牌相关的一组个性特征，包括纯真、刺激、称职、教养和强壮五个方面。通常使用者和使用情境会影响品牌个性（Plummer，1985）。品牌历史或特定事件也容易产生品牌联想，对品牌历史、传统和体验的联想会产生更加具体的品牌用户形象。

Biel（1992）认为，品牌联想可归纳为功能性要素和软性要素两类：功能性要素包括技术、服务、用户年龄等，软性要素包括生活方式、个性、领导力等。而 Herr、Farquhar 和 Fazio（1993）在研究品牌延伸时将品牌联想归类为产品类别、使用情境、产品属性和顾客利益四个方面。

Krishnan（1996）通过实证研究证实了品牌联想的数量、效价（积极或消极）、独特性和来源（直接体验比间接体验更有效）构成了基于顾客品牌资产的基础。Low 和 Lamb（2000）从不同的品牌类别对品牌联想进行了实证研究，在将品牌联想概念化的过程中，他们验证了品牌联想三维度模型的可靠性，三维度模型包括品牌形象（功能和象征角度）、品牌态度（品牌总体评价）和感知质量，并提出品牌联想的结构会随顾客对品牌的熟悉程度而有所差异。从品牌功能（或品牌利益）的角度出发，Belén 等（2001）将品牌联想划分为四个维度，分别是品牌保证联想、个人识别联想、社会认同联想和地位象征联想。

在我国，对品牌联想的研究开始得相对较晚。范秀成（2000）将品牌联想分为两大类：与产品特性有关的联想和与产品特性无关的联想。前者包括产品功能、性能、质量、价格等。后者可进一步分为两个层次：一是与品牌本身的要素有关的联想，如品牌名称、标识或标志、人物、宣传、口号、包装和事件，这是初级联想；二是所谓次级联想，主要包括企业用户形象、使用场合、广告代言人、竞争者等。黄合水等（2002）在比较强、弱品牌的品牌联想时认为，品牌联想可以从两个角度进行分析，即联想内容和联想特征。联想内容包括与产品或品牌有关的属性、利益、形象代言人等；联想特征包括联想数量、词义联想、共同联想和独特联想等。汪秀英（2008）在研究品牌资产与品牌价值的动力源泉时列出了顾客品牌联想的四个要素，分别是与人口因素有关的要素、与文化和地域因素有关的要素、与产品功效和特色有关的要素以及与企业行为有关的要素。崔立根等（2010）对我国职业体育俱乐部的品牌联想因子进行了实证研究，研究得出俱乐部品牌标识、俱乐部历史、俱乐部竞争对抗、俱乐部团队属性、非球员的俱乐部职员、俱乐部荣誉、俱乐部球场共七个因子，它们能够影响球迷或引起消费者对职业体育俱乐部的品牌联想。

品牌联想的相关研究主要从语义记忆模型出发，对品牌联想网络的节点分群、节点概念关系、节点连线、网络结构进行了描述与形象表达。归纳国内外学者对品牌联想的相关研究，我们认为品牌联想主要涉及与品牌（个性、形象、口碑、态度、原产地等）有关的联想、与品牌相关企业的联想、与品牌产品有关的联想、与使用者群体特征有关的联想和与竞争者有关的联想五个方面。

5.2.1.2　品牌联想与品牌资产的关系

联结主义、人类联想记忆理论及适应性网络模型等理论（Anderson，1983；Keller，1993；Krishnan，1996）认为，人类的记忆是由一些结点和联结链组成的信息网络，结点代表了存贮的概念或信息，联结链代表了信息或概念间的联系及其强度。当网络中某个结点的刺激强度达到一定水平时，则能引发另一信息结点的激活，完成一次简单的记忆联想活动（吴新辉等，2009）。品牌以一个名称、术语、标记、符号、设计或是它们的组合（Kotler，2003）的形式，在大脑的记忆网络中形成一个品牌结点。然后，消费者通过与品牌直接或间接地接触及其消费经历，产生对组织、产品或服务相关的认知、情感体验、使用经历等认知信息，这些信息与记忆网络中的品牌结点直接或间接联结，形成了品牌联想（吴新辉等，2009）。总之，品牌联想是基于消费者主观认知的，在大脑记忆网络中与品牌结点直接或间接联结的信息结点。通俗地说，品牌联想就是消费者看到、听到或想到某一品牌时，会自然而然地想到另外的信息，这些信息可能是品牌本身的有关信息（如品牌知觉、经验、评价、定位等），也可能是品牌以外的信息（如情景、个性、人物、时空等），这些信息均来自消费者日常生活中的各个层面。品牌能够向消费者传递产品的相关信息，这些信息以结点的形式在消费者大脑中形成品牌联想群，并构成一个联想网络，是一种基于顾客的品牌资产（Keller，1993）。

品牌资产受到品牌联想所反映的品牌形象的驱动（Biel，1992）。Keller（1993）认为，品牌联想是一种基于顾客的品牌资产，它是由于顾客头脑中已有的品牌知识导致的顾客对品牌营销活动的差别化反应。范秀成（2000）则认为，品牌资产包括品牌忠诚、品牌认知、感知质量、品牌联想、其他专有资产五个方面，其中品牌联想代表了一个品牌名称的内在价值，是消费者购买决策和品牌忠诚的基础（Aaker，1991）。而且，高品牌资产的品牌比低品牌资产的品牌具有更多的独特联想（unique associations）（Krishnan，1996），核心品牌联想的数量越大，品牌资产越高（Chen，2001）。因此，品牌联想与品牌资产之间存在积极的关系。品牌联想是品牌资产的基础和重要组成部分，特别是独特的核心品牌联想，是决定品牌资产高低的关键因素，可转化为企业巨大的无形资产。

5.2.1.3 效标模型

基于上述理论背景，本书提出一个关于生态区域品牌资产的结构内涵与品牌联想之间因果关系的效标预测模型。如图5－2所示，本书预测生态区域品牌资产的构成维度——生态集群规范性、生态文化认同性和政府生态指导性对品牌联想产生积极影响。

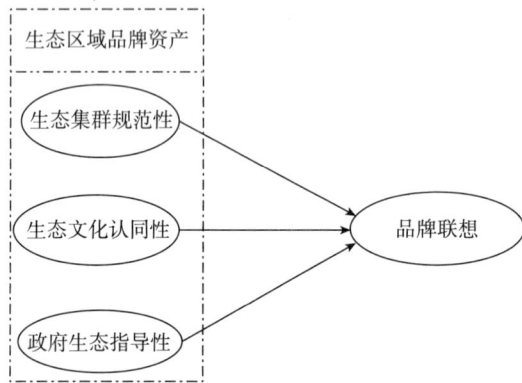

图5－2　生态区域品牌资产结构内涵与品牌联想关系模型

5.2.2 效标假设

基于以上提出的效标预测模型及品牌资产与品牌联想之间的理论关系，本书提出以下假设。

5.2.2.1 生态集群规范性对品牌联想的影响

生态集群规范性是指区域生态产业集群在生态资源的丰富性、产品的生态特性、生态产业的优势和规划科学性上的表现，也就是从产业群落的微观产品到宏观的产业规划上的生态优势性体现。产业集群优势主要体现在产品优势和企业品牌优势方面，是区域品牌形成的基础（王兆峰，2007）。喻卫斌（2004）认为，成本优势、产品优势和渠道优势能帮助地区创建区域品牌。黄秀娟和吴灿（2011）指出，成本优势、学习效应、竞争效应提升了企业自主创新能力，专业化分工提高了企业的效率，可帮助企业创建企业品牌从而创建区域品牌。生态产业群落的集群发展能够帮助建立区域品牌。而生态资源的合理利用，集群产业、产品的生态特性和集群规划的科学性都能够显著提高区域的优势，也就是促进区域品牌的发展。区域品牌的特性在消费者意识中形成特定记忆节点，当这个节点被激活，区域品牌的生态特性、绿色有机特性的正面联想便会呈现在消费者意识中。基于此，我们假设：

H1：生态集群规范性对品牌联想具有积极的影响。

5.2.2.2 政府生态指导性对品牌联想的影响

生态政治以政治权力为手段，改善和保护现有的生态环境，将生态环境问题提到政治的高度进行解决，使政治与生态环境的发展一体化，把政治与生态有机辩证地统一起来，最终促进全球政治与生态环境持续、健康发展（李咏梅，2013）。地方政府对生态保护与发展的重视是发展生态区域品牌的关键因素之一，也是区分一般区域品牌与生态区域品牌的重要标志之一。Chen（2001）认为，品牌联想包括产品联想和组织联想，组织联想由区域内组织的办事能力、社会义务构成。所以，地方政府处理生态环保与发展的事务的效率和专业性程度对品牌联想是有影响的。基于此，我们假设：

H2：生态区域品牌资产的政府生态指导性对品牌联想具有积极的影响。

5.2.2.3 生态文化认同性对品牌联想的影响

生态文化是生态区域品牌资产较为独特的一个构成要素。在生态特色鲜明的区域内，生态文化是凸显区域内人与自然、人与社会和谐相处的意识形态。袁登华和吴新辉（2009）认为，品牌联想是在大脑记忆中与品牌结点相关联的信息结点，信息结点可能是品牌本身的有关信息（如品牌定位），也可能是品牌以外的信息，这些信息均来自消费者日常生活中的各个层面，如生活习惯或价值观。当区域内的这类生态意识和价值观被高度认同时，将对外形成显著的正面区域文化特性，为消费者提供明确的判断信息，引起消费者的联想。所以，区域内部的生态文化认同性打造的区域文化特性将能够引起消费者的正面感知。基于此，我们假设：

H3：生态区域品牌资产的生态文化认同性对品牌联想具有积极的影响。

6　实证检验

　　本章在生态区域品牌资产维度模型的基础上开发了生态区域品牌资产内涵维度的量表，并对量表进行了实证检验。第一节为研究构念的测量，对相关研究构念进行了定义，并设计出了调查问卷。第二节为数据收集与人口统计学特征，利用设计好的问卷进行问卷调查，对回收的问卷进行人口统计学特征分析，根据研究需要选择恰当的数据分析方法。

6.1　构念的测量

6.1.1　量表开发

　　量表是用来测量构念的调查工具，它是按照一定的结构顺序来安排全部陈述或项目，以反映所测量的概念或态度程度的工具。量表主要可分为比较量表和非比较量表，其中比较量表能够对刺激物进行直接的比较，它的数据必须以相对的关系来解释，只有定序或等级顺序的性质。它可以反映出刺激物之间微小的差别，涉及较少的理论假设，主要包括配对比较量表、等级比较量表和常量比较量表。而在非比较量表中，调查对象采用他们认为合适的评分标准，不将被评价的物体与另一个物体或一些指定的标准进行比较，每次只对一个物体进行评价。它产生的数据通常被假定为定距的或定比的，主要包括 Likert 量表和语义差异量表。在营销研究中，非比较量表的使用最广泛。

　　由于 Likert 量表易构建、易执行、易理解的特点，它被广泛应用于心理学、经济学、管理学等学科领域中，常用于测量调查对象对研究构念的态度、特征或频度等。Likert 量表是由 Likert 于 1932 年开发的一种态度测量量表，需要调查对象指出他们对该题目所陈述的认同程度，或任何形式的主观或客观评价。Likert 量表的每个量表项目有 2 ~ 10 个应答等级，从"完全不同意"到"完全同意"。

Likert 量表通常使用 5 个应答等级，有的学者则参考他人的量表和自己的喜好自行设置量表的应答等级，如 3 级、7 级、9 级。然而，对于设置几级量表才最能反映出调查对象的真实想法，学术界尚未有结论。现有研究发现，当应答等级增加时，量表的准确性会得到改善并显示出更多信息；当应答等级设置过少时，量表的敏感性将降低，辨别调查对象特征的能力也将降低；当应答等级设置过多时，量表的改善并不明显，相反会延长调查时间，降低应答率，进而产生误差。

Jacob 等（1971）的研究证明，量表的应答等级数并不会影响其内部一致性、重测信度、即时效度和预测效度。Donald 等（1972）研究发现，当应答等级增加时，对调查对象态度的调查会因为等级的增加而变得更加准确，但是这种情况容易使调查对象在回答问题时产生疲劳，增加调查的无应答偏倚。因此，他们认为 5 ~ 7 应答等级适用于对个体态度和行为的调查，2 或 3 应答等级则适用于人群平均水平的调查。

李育辉等（2006）通过网络调查和电话访谈两种方式探究了消费者对产品的满意度。作者使用问项相同，应答等级分别为 5 级、6 级、7 级、10 级的四个量表对其结果、信度、效度等进行了系统的比较。研究结果显示，6 级量表的内部一致性最差，其次是 7 级、5 级，10 级量表的内部一致性最好。量表的应答等级越高，其辨别力越强，能够得到更准确的结果。因此，李育辉等认为，面对面调查或在线调查等能够看到问题选项的调查方式较适合采用 7 级或 10 级的测量量表；而电话访问等不能看到问题选项的调查方式则适合采用 5 级或 10 级的测量量表。

结合上述研究，可以发现量表的应答等级数对数据特征的影响较小。但是量表的准确性会随着应答等级数的增加得到改善，在 7 级以后，量表的改善并不明显。当应答等级数设置过多时，调查对象在回答问题时易产生疲劳，降低量表的准确性。因此，应答等级为 7 级相对更为理想。本章开发出了生态集群规范性、生态文化认同性、政府生态指导性和品牌联想四个研究构念的测量问项并对其进行了测量。每个研究构念都使用 Likert 7 点量表，从"完全不同意"到"完全同意"测量应答者的态度。

6.1.2 问卷编制

问卷调查法，即以问卷为工具来收集资料的调查方法，是当前最常用的社会调查方法之一（风笑天，1994）。问卷调查法的流行首先是因为能够节省时间、经费和人力；其次，问卷调查法获取的结果更容易量化，便于统计处理与分析；再次，问卷调查法对被调查者的干扰较小，较容易得到被试的配合，回收的数据准确性也更高；最后，问卷调查法可以进行大规模的调查。

6.1.2.1 问卷设计的原则

问卷的设计是否科学、合理将直接影响到问卷的回收率和资料的真实性、实用性和有效性，甚至还会影响整个调查的质量（李林梅，2000）。一份好的问卷设计应该遵循以下原则：

（1）合理性。即问卷必须紧扣调查主题。问卷要体现调查主题，根本上就是在问卷上要开发出准确表达调查主题的问项。这是问卷设计的前提条件。违背了这一前提，再精美的问卷都是无益的。问卷设计要根据调查主题，从实际出发设置问项，做到问项语句明确，重点突出，没有可有可无的问项。

（2）一般性。即问项的设置是否具有普遍意义。这是问卷设计的基本要求。如果问卷出现常识性的错误，不仅不利于调查成果的整理分析，而且会使调查对象轻视调查。

（3）逻辑性。即问卷设计的问项之间要具有逻辑性和整体感。独立的问项本身也不能出现逻辑上的谬误。问项的排列之间要具有一定的逻辑顺序，符合应答者的思维程序，一般是先易后难、先繁后简、先具体后抽象。

（4）明确性。即问卷设置的规范性。这一原则要求问卷的命题准确、提问清晰明确。问卷要使应答者一目了然，能够做出明确回答，并愿意如实回答。问卷中语气要亲切，符合应答者的理解能力和认识能力，避免使用专业术语。

（5）非诱导性。即问卷要设置在中性位置，不带有提示性或主观臆断性。要尊重调查对象的独立性与客观性（王重鸣，1990）。对敏感性问题要采取一定的技巧，使问项具有合理性和可答性，避免主观性和暗示性，以免应答失真。

（6）控制问卷长度。回答问卷的时间一般控制在 30 分钟以内。问卷中既不浪费一个问项，也不遗漏一个问项。

（7）便于整理分析。成功的问卷设计除了考虑到紧扣调查主题和方便收集外，还要考虑到问卷在调查后的整理和分析工作。这就要求调查问卷是能够累加和便于累加的，能够通过数据清楚、明了地说明所要调查的问项。只有这样，调查工作才能收到预期的效果。

6.1.2.2 问卷的格式结构

问卷设计不仅要强调语句和测量的重要性，还要注意问卷的格式结构。恰当的问卷格式可以激发应答者的参与意愿。一份完整的问卷主要由引言部分、甄别部分、主体部分和背景部分四部分组成。

（1）引言部分。主要包括问卷说明、填写说明等内容。①问卷说明。问卷说明的作用旨在引起应答者的兴趣和重视，消除应答者的顾虑，激发应答者的参与意识，以争取积极的合作。问卷说明包括称呼、问候、调查目的、应答者诚实作答的意义和重要性、保密性担保、感谢语、调查者身份等。②填写说明。在自填式问卷中要有详细的填写说明，让应答者知道如何填写问卷，如何将问卷返回到调查者手中。

（2）甄别部分。也称问卷的过滤部分，旨在先对应答者进行过滤，筛除掉非目标对象，然后有针对性地对目标应答者进行调查，使应答者更具代表性。

（3）主体部分。主体部分也是问卷的核心部分，它包括了所要调查的全部的问项，主要由问项和选项组成。问卷设计的过程其实就是将研究内容逐步具体化的过程。在一个综合性的问卷中，通常将问项归类分块排列，从而保证各类问项的相对独立，也使整个问卷更加条理清晰，整体感突出。

（4）应答者背景部分。应答者背景部分通常放在问卷的最后，主要是有关应答者的人口统计学特征资料。

6.1.2.3 问卷内容

一般来说，问卷的内容主要包括理论模型变量、辅助变量及人口统计学特征三类问项。首先，问卷必须要有与理论模型变量相对应的问项。在研究中，这些变量往往是心理变量。一个心理变量通常要用三个或三个以上问项来测量，它往往对应的是一组而不是单一的语义。用多个问题来测量这个变量，就是要从这些语义中选择合适的表达方式，使这些表达方式作为一个整体更好地反映不可直接测量的心理变量。其次，问卷内容中还应包括与辅助变量相关的问项。辅助变量并不是理论模型中的主角，但是由于一个理论模型往往只从一个角度出发，所选变量并不具备很好的充分性，这时，辅助变量就可以用来证明理论变量的重要性。第三类问项则与人口统计特征相关，如年龄、性别、受教育程度、职业等。这些变量在研究中往往并不占据主要位置，同时，这些变量大多比较客观。在问卷中设计这些变量往往是为了检验一个样本是否具有代表性。

本研究根据生态区域品牌资产的结构维度模型及其与品牌联想的关系设计出了调查问卷（如附录所示），问卷主要有以下几部分内容：问卷说明、生态集群规范性调查、政府生态指导性的调查、生态文化认同性的调查、品牌联想的调查、调查对象的基本信息等。

问卷中生态集群规范性的问项由调查生态资源优势性、生态产品优势性、生态产业优势性和生态产业规划性的 16 个问项组成，为了使调查结果更加精细，本书采用 Likert 7 点量表，从"完全不同意"到"完全同意"。

政府生态指导性的问项由调查生态目标一致性、地方领导专业性、生态资源动员性和利益群体协同性的 16 个问项组成，为了保证调查结果更加精细，本研究采用 Likert 7 点量表，从"完全不同意"到"完全同意"。

文化生态认同性的问项由调查生态价值观分享性、生态理论认知性、生态理念俗成性和角色任务定位性的 16 个问项组成，为了保证调查结果更加精细，本书采用 Likert 7 点量表，从"完全不同意"到"完全同意"。

问卷中共有 5 个问项对品牌联想进行测量，采用 Likert 7 点量表，从"完全不同意"到"完全同意"。

本章从制度与资源理论的视角，对生态区域品牌资产的结构维度及其对品牌联想的影响进行探究。根据研究主题，本章设计的问卷主要包括四方面的内容：一是问卷的填写说明，包括本项调查的背景、目的、相关概念的解释及填写要求等；二是生态区域品牌资产构成维度的测量，包括生态集群规范性、生态文化认同性和政府生态指导性的具体测项；三是品牌联想和品牌偏好的测项；四是问卷填写者的人口统计学特征，包括问卷填写者的性别、年龄、学历、职业、职务、收入等。

6.1.3　操作化与测量尺度

6.1.3.1　变量的操作性定义

本章中用到的相关构念有生态集群规范性、生态文化认同性、政府生态指导性和品牌联想，这些变量的操作性定义分别如下：

（1）生态集群规范性。生态集群规范性是指区域内生态产业群落的集聚形式和内容的科学规划而带来的优势，包括生态资源优势性（拥有各种丰富优质的自然资源）、生态产业优势性（集聚产业的循环性及生态性）、生态产品优势性（产品在生产及被使用过程中所表现的节约性、绿色有机性及科技性）和生态产业规划性（产业空间布局的科学性及产业链的完整性）。

（2）生态文化认同性。生态文化认同性指的是区域内成员对体现人与自然及社会和睦相处、和谐发展的意识形态和与之相适应的制度的理解及接受程度。文化生态性包括生态价值观分享性（区域内成员分享生态的理念、生态的价值观、生态的规范准则等）、生态理论认知性（生态理论的学习）、生态理念俗成性（环保习惯）和角色任务定位性（责任意识）。

（3）政府生态指导性。政府生态指导性是指特定区域政府对生态价值观的认识、对生态政策的制定及对各部门相应职责的科学管理等。政府生态指导性由生态目标一致性（区域发展与生态发展的统筹协调）、地方领导专业性（行政领导专业知识的掌握）、生态资源动员性（资源的发掘与动员）、利益群体协同性（区域内成员的生态发展利益协调）生成。

（4）品牌联想。品牌联想是指消费者通过品牌名称所联想到的所有事物的集合，包括消费者脑海中与品牌有关的信息及这些信息对消费者的意义（Aaker，1991）。Keller（1993）认为，品牌联想是顾客记忆中与品牌相关的信息节点。

6.1.3.2　变量的测量问项

在调查问卷中，本章对生态集群规范性、政府生态指导性、文化生态认同性和品牌联想四个研究构念的测量问项进行了详细的说明，如表6-1所示。

表6-1　研究概念的测量问项

变量	问项
生态集群规范性	该地区的自然资源丰富
	该地区的气候条件适宜
	该地区的资源利用注重节约性
	该地区的资源配置讲究科学性
	该地区的产业布局具有循环互补性
	该地区的产业对环境污染能够有效控制
	该地区的企业集聚具有合理的关联性
	该地区的产业设施比较完善
	该地区的产品具有有机性
	该地区的产品生产注重能耗节约性
	该地区的产品注重生态认证性
	该地区的产品注重绿色环保技术的采用
	该地区的产业空间布局具有合理性

续表

变量	问项
生态集群规范性	该地区的产业发展前景良好
	该地区的产业发展定位明确
	该地区的产业链较为完整
政府生态指导性	该地区的政府部门对生态发展的规划具有主动性
	该地区的政府部门对环境保护非常重视
	该地区的政府部门能够主动承担环保责任
	该地区的政府部门对生态发展态度积极
	该地区的政府部门对生态发展规划讲求科学性
	该地区的政府部门对生态制度的建立讲求科学性
	该地区的政府部门能够自觉履行生态发展职责
	该地区的政府部门对生态保护讲求效率性
	该地区的政府部门能够积极调动生态发展的各方力量
	该地区的政府部门能够积极发掘当地的生态资源
	该地区的政府部门能够对生态发展进行资源投入
	该地区的政府部门能够积极宣传生态发展理念
	该地区的政府部门及利益相关组织对生态发展的理念具有相似性
	该地区的政府部门及利益相关组织能够在生态发展上进行合作
	该地区的政府部门及利益相关组织能够共享生态发展技术
	该地区的政府部门及利益相关组织能够积极参与生态发展交流
生态文化认同性	该地区，人们追求生态发展的理念是共同的
	该地区，人们的生态价值观一致
	该地区，人们会自觉地宣传生态发展理念
	该地区，人们一般都会遵守生态发展的规范准则
	该地区，人们一般都会有意识地学习生态发展的知识
	该地区，人们对生态发展的认识相对更加深刻些
	该地区，人们对生态文明一般都具有辨别能力
	该地区，人们一般都会有意识地为创建生态文明努力
	该地区，人们的节能意识普遍更强
	该地区，人们普遍具有环保的习惯性
	该地区，人们的环境绿化意识比较强
	该地区，人们普遍都有节俭的意识

变量	问项
生态文化认同性	该地区，人们的环保责任意识比较强
	该地区，人们的环保角色意识比较强
	该地区，有关环保的志愿活动比较多
	该地区，相关环保组织的履职意识比较强
品牌联想	该地区出产的产品具有生态性，其品质相对更为优越
	该地区出产的产品一般都比较有机环保
	该地区的自然环境比较好
	该地区的社会建设发展与自然环境比较协调
	该地区的地方政府比较重视生态环保

6.2 数据收集与人口统计学特征

6.2.1 数据收集

生态区域品牌体现着一个地区的生态文明水平和市场联想。为此，本章把一般社会公众作为普适总体，通过实地和在线发放问卷的方式，在鄱阳湖生态经济示范区（江西）、黄河三角洲高效生态经济区（山东）和甘肃循环经济发展示范区（甘肃）这三个中国第一批生态经济示范区的政府部门、企事业单位和社会场所随机抽取了 1450 名被试进行问卷调查。回收问卷 1160 份，除去未填写具备生态知识和案例体验的问卷及未完成的问卷共 110 份，最终有 1050 份问卷在数据分析中被采用，有效回收率为 72.4%。

6.2.2 人口统计学特征

被调查样本的基本信息如表 6-2 所示，可以看出：性别比例比较适中；年龄主要集中在 18~40 岁；学历集中在专科、本科和硕士研究生；被调查者主要是政府、事业单位、企业等相关部门的工作人员；被调查者的职务多为中高层管理者；被调查者的月总收入主要集中在 2500~6000 元，占 75% 左右，说明调查对象具有一定的购买能力。

表6-2　人口统计学特征

类别		人数 (n = 1050)	百分比 (%)	类别		人数 (n = 1050)	百分比 (%)
性别	男	504	48.0	职业	在读学生	85	8.1
	女	546	52.0		政府公务员	243	23.1
年龄	18～25岁	220	20.9		事业单位职员	259	24.7
	26～30岁	295	28.1		企业员工	225	21.4
	31～40岁	264	25.1		服务业员工	125	11.9
	41～45岁	135	12.9		个体业主	64	6.1
	45岁以上	106	10.1		其他	49	4.7
学历	高中毕业	47	4.5	职务	处级（副高）及以上	182	17.3
	大专毕业	207	19.7		科级（副高以下）	268	25.5
	本科（含在读）	365	34.8		高层管理者	117	11.2
	硕士（含在读）	278	26.5		中层管理者	270	25.7
	博士（含在读）	153	14.5		普通人员	213	20.3
月总收入	1000元以下	37	3.5	地区分布	江西 南昌	337	32.1
	1000～2500元	102	9.7		九江	213	20.3
	2500～3000元	228	21.7		山东 济南	142	13.5
	3000～4000元	287	27.4		东营	118	11.2
	4000～6000元	270	25.7		甘肃 兰州	134	12.8
	6000元以上	126	12.0		金昌	106	10.1

7   结果分析

本章利用生态区域品牌资产结构内涵量表相关的数据对本书提出的研究模型与假设进行验证，并对结果进行分析讨论。第一节为测量评价，对内生变量和外生变量测量数据的信度和效度进行分析。第二节为概念化模型检验，整体测量模型评价，通过对生态区域品牌资产整体测量模型的检验评价各维度的收敛效度、判别效度及概念信度。第三节为效标模型与假设检验，以品牌联想为效标变量，对开发出的生态区域品牌资产维度和量表的预测能力做进一步的考察，以检验生态区域品牌资产的法理效度（见图 7-1）。

图 7-1   本章研究技术路线

7.1   测量评价

7.1.1   测量评价方法

7.1.1.1   数据分析方法选择

数据分析是用适当的统计分析方法对收集来的大量数据进行分析，提取有用信息并形成结论的过程。在管理学研究中，数理统计技术是使用频率较高的数据分析方法。在数据分析中，数理统计技术的应用主要为达到描述和推断的目的。其中，描述统计旨在通过对众多观测数据的分析，找出一种简明的数学表达方式。推断统计则以统计结果为依据，目的是证明或推翻某个命题。

结合本书研究的特点，本章将采用描述性统计分析、推论性统计分析和结构方程模型等方法进行数据的分析，以检验假设。本章将先通过 SPSS20.0 软件进行人口统计分析、信度分析及相关关系分析，再利用 SPSS20.0 和 AMOS20.0 软件对模型拟合度和研究假设进行检验。在操作过程中，第一步是将通过问卷调查回收的原始数据输入 SPSS 软件并对数据进行编码；接下来对录入的数据进行核对，检查数据的一致性，删除无效值和缺失值，最后得到研究所需的数据库。本章需要用到的统计方法主要有以下几种。

7.1.1.2 描述性统计分析

描述性统计分析是指对一组数据的各种特征进行分析，以便于描述测量样本及其所代表总体的各种特征。描述性统计分析的项目很多，常见的有平均数、标准差、中位数、频数分布等。单个观测数据很难表现出数据的含义，描述性统计分析则将大量数据融为一体，从而产生新的认识。描述性统计分析分为单变量、双变量和多变量三类。其中，单变量描述统计主要反映出变量属性值的集中趋势、离散趋势及其分布。本书中的人口学变量都属于单变量描述统计。双变量描述统计主要对两个变量的关系进行分析，主要有定类、定序、定距、定比四种类型。多变量描述性统计是统计方法的一种，包含了许多的方法，是单变量延伸出来的多变量分析，是统计资料中有多个变量同时存在时的统计分析。描述两者或两者以上关系最常用的分析方法是相关分析和回归分析。

（1）相关分析。

相关分析即分析客观现象之间存在的相互依存关系，旨在描述观测数据之间是否具有统计学上的关联性，以及变量之间共同变化的紧密程度（即相关系数）。当一个或几个相互联系的变量取一定的数值时，与之相对应的另一变量的值也按某种规律在一定范围内相应变化，这就是相关关系。这种关系包括两个观测数据之间的单一关系，也包括多个观测数据之间的多重关系。明确了变量之间的相关关系和相关系数，就可以根据回归方程进行 X 变量到 Y 变量的估算与描述（即回归分析）。因此，相关关系是一种完整的统计研究方法，它贯穿于提出假设和数据分析的始终。相关关系唯一不研究的数据关系就是数据协同变化的内在依据（即因果关系）。

相关关系主要有数学和逻辑两大类。其中，数学变量相关关系可以从以下四个方面划分。

第一，按程度分类：①完全相关，即一个变量的变化是由另一个变量的变化所唯一确定，即函数关系。②不完全相关，即两个变量之间的关系介于不相关和完全相关之间。③不相关，即两个变量的变化彼此相互独立，没有关系。

第二，按方向分类：①正相关，即两个变量的变化趋势相同，在散点图上显示为各点散布的位置从左下角到右上角的区域。一个变量的值由小变到大时，另一个变量的值也由小变到大。②负相关，即两个变量的变化趋势相反，在散点图上显示为各点散布的位置从左上角到右下角的区域。一个变量的值由小变到大时，另一个变量的值由大变到小。

第三，按形式分类：①线性相关，即一个变量变动时，另一个变量也相应地发生均等的变动。②非线性相关，即当一个变量变动时，另一个变量也相应地发生不均等的变动。

第四，按变量数目分类：①单相关，即反映一个自变量同一个因变量的相关关系。②复相关，即反映两个及两个以上的自变量同一个因变量的相关关系。③偏相关，即当研究因变量与两个或多个自变量的相关关系时，把其余的自变量看成不变，只研究因变量与其中一个自变量之间的相关关系。

逻辑中的相关关系是对变量的相关关系与因果关系进行性质界定：①相关关系不等同于因果关系。因果关系必定是相关关系，而相关关系也不一定是因果关系。②相关关系可以同时存在于两者以上之间，其中每一个自变量的改变可能影响对应的唯一函数。而因果关系只存在于两者之间，其一为因，另一为果。③相关关系可以提供可能性并用于推测因果关系，但不能证明。

（2）回归分析。

回归分析是根据自变量 X 和因变量 Y 的相依关系建立回归方程模型进行预测的方法，适用于预测性分析与建模、研究因变量和自变量之间的关系、时间序列模型及发现变量之间的因果关系。按照涉及变量的多少，回归分析可分为一元回归分析和多元回归分析；按照因变量的多少，可分为简单回归分析和多重回归分析；按照自变量和因变量之间的关系类型，可分为线性回归分析和非线性回归分析。如果在回归分析中只包括一个自变量和一个因变量，且两者的关系可用一条直线表示，这种回归分析称为一元线性回归分析。如果回归分析中包括两个或两个以上的自变量，且自变量之间存在线性相关，则称为多元线性回归分析。

回归分析的主要原理及研究问题是：①确定 Y 与 X 之间的定量关系表达式，

并运用最小二乘法估计未知参数；②对求得的回归方程的可信度进行检验；③判断自变量 X 对因变量 Y 有无影响；④利用所求的回归方程进行预测和控制。

（3）因子分析。

因子分析是指从研究指标相关矩阵内部的依赖关系出发，把一些信息重叠、具有错综复杂关系的变量归结为少数几个不相关的综合因子的一种多元统计分析方法（何晓群，1998）。这种方法由 Spearman（1910）、Pearson（1920）等在 20 世纪初提出，主要是用来描述隐藏在一组测量中但又无法直接测量到的隐性变量。其基本思想是：根据相关性大小对变量进行分组，使同组内的变量之间相关性较高，不同组的变量不相关或相关性较低，每组变量代表一个基本结构，即公共因子。因子分析的方法有十多种，如重心法、影像分析法、最大似然解、最小平方法、阿尔法抽因法等。这些方法本质上都属于近似方法，是以相关系数矩阵为基础的。在社会学研究中，因子分析常采用以主成分分析为基础的反覆法。因子分析的方法主要分为两大类，即探索性因子分析和验证性因子分析。

1）探索性因子分析。探索性因子分析不事先假定因子与测项间的关系，而是通过测项数据的相关性计算来确定因子归属。其主要目的是找出影响观测变量的因子个数，以及各个因子和各个观测变量之间的相关程度，以揭示一套相对比较大的变量的内在结构。在探索性因子分析当中，一般将测项间的相关系数绝对抑制值设置为 0.5，相关系数大于或等于 0.5 的测项捆绑归属于一个因子，因而因子之间的相关系数则极低。探索性因子分析的常用方法是主成分分析和公因子分析方法。

探索性因子分析是一项用来找出多元观测变量的本质结构，并进行降维处理的技术。这种方法能够将具有错综复杂关系的变量综合为少数几个核心因子。一般来说，探索性因子分析的步骤包括：辨认、收集观测变量；获得协方差矩阵；验证将用于分析的协方差矩阵（显著性水平、Bartlett 球形测验、KMO 测度等）；选择提取因子法（主成分分析法、主因子分析法）；发现因素；确定提取因子的个数；解释提取的因子。探索性因子分析将运用到以下分析方法：

一是 KMO 测度。KMO 统计量是用于比较变量间简单相关系数和偏相关系数的指标，主要用于多元统计的因子分析。KMO 统计量取值在 0 和 1 之间。当所有变量间的简单相关系数平方和远远大于偏相关系数平方和时，KMO 值接近于 1。KMO 值越接近于 1，意味着变量间的相关性越强，原有变量越适合做因子分析；当所有变量间的简单相关系数平方和接近于 0 时，KMO 值接近于 0。KMO 值越接近于 0，意味着变量间的相关性越弱，原有变量越不适合做因子分析。

Kaiser（1970）给出的常用 KMO 度量标准为：0.9 以上表示非常适合；0.8 表示适合；0.7 表示一般；0.6 表示不太适合；0.5 以下表示极不适合。

二是 Bartlett 球形检验。Bartlett 球形检验是一种检验各个变量之间相关性程度的检验方法。一般在做因子分析之前都要进行 Bartlett 球形检验，用于判断变量是否适合做因子分析。Bartlett 球形检验的统计量是根据相关系数矩阵的行列式得到的。如果该值较大，且其对应的相伴概率值小于用户心中的显著性水平，那么应该拒绝零假设，认为相关系数不可能是单位阵，即原始变量之间存在相关性，适合做因子分析，相反则不适合做因子分析。一般来说，当 KMO 检验系数 > 0.5，Bartlett 球体检验的 χ^2 统计值的显著性概率 P 值 < 0.05 时，问卷数据才有结构效度，才能进行因子分析。

三是主成分因子分析。主成分因子分析是利用降维的思想，在损失很少信息的前提下把多个指标转化为几个综合指标的多元统计方法。这些综合指标通常被称为主成分，主成分相比原始变量而言，具有更多的优越性，即在研究许多复杂问题时不至于丢失太多信息，从而使我们更容易抓住事物的主要矛盾，提高分析效率。主成分因子分析的基本思路即在设计指标体系时尽可能多地选择指标，然后用一种方将这些指标的特点综合成少数几个新的指标，这几个新指标既能够尽可能多地反映原来指标的信息，彼此间差异又显著。为了更清楚地展现主成分因子与测项之间的关系，需要进行因子旋转。常用的旋转方法是 Varimax 旋转。旋转之后，测项与对应的主成分因子的相关度高（> 0.5）则被认为是可以接受的。如果测项与一个不对应的主成分因子的相关度过高（> 0.5），则是不可接受的，这样的测项可能需要修改或淘汰。用主成分分析法得到因子，并用因子旋转分析测项与因子关系的过程即为探索性因子分析过程。

2）验证性因子分析。验证性因子分析则事先根据理论模型假定了因子与测项之间的关系，指定了哪些测项对应于哪个因子，但尚未知晓测项之间的相关性，因而要通过事后数据进行验证确认。其主要目的是检验事前制定的因子模型的拟合能力，以检验观测变量的因子个数和因子载荷是否与预先建立的理论预期一致。验证性因子分析一般采用最大似然估计法求解，往往与结构方程的方法连用。

验证性因子分析克服了探索性因子分析假设条件约束太强的缺陷，其假设主要包括：公共因子之间可以相关，也可以无关；观测变量可以只受一个或几个公共因子的影响，而不必受所有公共因子的影响；特殊因子之间可以相关，还可以出现不存在误差因素的观测变量；公共因子与特殊因子之间相互独立。验证性因子分析允许研究者将观察变量依据理论或先前假设构成测量模式，然后评价此因子结构和该理论界定的样本资料间符合的程度，因此主要应用于验证量表的维度或者说因子结构、验证因子的阶层关系及评估量表的信度和效度。

验证性因子分析主要有以下六个步骤：①定义因子模型，包括选择因子个数和定义因子载荷，因子载荷可以事先定为 0 或其他自由变化的常数，或者在一定的约束条件下变化的数。②收集观测值，根据研究目的收集观测值。③获得相关系数矩阵，根据原始资料数据获得变量协方差阵。④拟合模型，选择一种方法（如极大似然估计、渐进分布自由估计等）来估计自由变化的因子载荷。⑤评价模型，当因子模型能够拟合数据时，因子载荷的选择要使模型暗含的相关矩阵与实际观测矩阵之间的差异最小。⑥修正模型，如果模型拟合效果不佳，应根据理论分析修正或重新限定约束关系，对模型进行修正，以得到最优模型。

在进行模型的评价时，AMOS 软件提供了多种判定模型拟合优度的统计量指标，并在模型上直接给出拟合统计量，显示统计量结果。常用的统计指标有卡方拟合指数（χ^2）、自由度（DF）、比较拟合指数（CFI）、拟合优度指数（GFI）和估计误差均方根（RMSEA）等。

卡方检验统计量（χ^2）是用于检验拟合优度的最常用的指标，主要用于比较两个及两个以上样本率（构成比）及两个分类变量的关联性分析。其根本思想在于比较理论频数和实际频数的吻合程度或拟合优度。其统计量值的大小取决于实际观测值与理论推断值之间的偏离程度。在最大似然估计 ML、一般最小二乘法 GLS 和广义加权最小二乘法 ADF 下，卡方值 χ^2 等于样本量减 1 乘以拟合函数的最小值。与传统的 χ^2 检验相反，结构方程模型希望得到的是不显著的 χ^2。χ^2 越小，表示观测数据与模型拟合得越好。它的检验与传统的统计研究相反，偏差越大，卡方值则越大，对应的是差的拟合；偏差越小，卡方值就越小，越趋于拟合，即小的值对应于好的拟合。若量值完全相等，卡方值就为 0，表明理论值完全符合。但是，卡方检验统计量与样本量的大小密切相关。样本量越大，卡方值也越大，拒绝一个模型的概率就会随着样本量的增加而增加。为了减少样本量对拟合检验的影响，一般不直接用 χ^2 作为评价模型的指标，而用 χ^2/df 进行拟合优度检验。χ^2/df 值越接近于 0，观测数据与模型拟合得越好。$\chi^2/\mathrm{df} < 3$，表示模型较好；$\chi^2/\mathrm{df} < 5$，表示观测数据与模型基本拟合，模型可以接受；$\chi^2/\mathrm{df} > 5$，表示观测数据与模型拟合得不好，模型不好；$\chi^2/\mathrm{df} > 10$，表示观测数据与模型不能拟合，模型很差。但由于 χ^2 与样本量密切相关，当样本较大时，χ^2/df 也会受到影响，因而增加采用 RMSEA 等综合性拟合指标对观测数据与构想模型的支持情况进行评价。

在统计学中，自由度指的是计算某一统计量时，取值不受限制的变量个数。通常 df = n − k。其中，n 为样本量，k 为被限制的条件数或变量个数，或计算某一统计量时用到其他独立统计量的个数。首先，在估计总体的平均数时，由于样本中的 n 个数都是相互独立的，从其中抽出任何一个数都不影响其他数据，所以其自由度为 n。在估计总体的方差时，使用的是离差平方和。只要 n − 1 个数的离差平方和确定，方差也就确定了，因为在均值确定后，如果知道了其中 n − 1 个数的值，第 n 个数的值也就确定了。这里，均值就相当于一个限制条件，由于加了这个限制条件，估计总体方差的自由度为 n − 1。其次，统计模型的自由度等于可自由取值的自变量的个数。如在回归方程中，如果共有 p 个参数需要估计，则其中包括了 p − 1 个自变量（与截距对应的自变量是常量 1），因此该回归方程的自由度为 p − 1。

P 值就是当原假设为真时所得到的样本观察结果或更极端结果出现的概率。如果 P 值很小，说明原假设情况发生的概率很小，而如果出现了，根据小概率原理，我们就有理由拒绝原假设，P 值越小，我们拒绝原假设的理由越充分。总之，P 值越小，表明结果越显著。但是检验的结果究竟是"显著的""中度显著的"还是"高度显著的"需要我们自己根据 P 值的大小和实际问题来解决。如果 P < 0.01，说明是较强的判定结果，拒绝假定的参数取值。如果 0.01 < P < 0.05，说明是较弱的判定结果，拒绝假定的参数取值。如果 P > 0.05，说明结果更倾向于接受假定的参数取值。

拟合优度（GFI）是指回归直线对观测值的拟合程度，主要运用判定系数和回归标准差检验模型对样本观测值的拟合程度。拟合优度检验企图构造一个不含单位、可以相互进行比较，而且能直观判断拟合优劣的指标。拟合优度越大，自变量对因变量的解释程度越高，自变量引起的变动占总变动的百分比越高，观察点在回归直线附近也越密集。度量拟合优度的统计量是判定系数 R^2，其取值范围为 0 ~ 1。R^2 的值越接近于 1，说明回归直线对观测值的拟合程度越好。反之，R^2 的值越接近于 0，说明回归直线对观测值的拟合程度越差。当解释变量为多元时，要使用修正的拟合优度（AGFI）以解决变量元素增加对拟合优度的影响。修正的拟合优度指数利用模型中参数估计的总数与模型估计的独立参数——自由度来修正，估计的参数相对于数据点越小，AGFI 越接近于 GFI。GFI 和 AGFI 达到 0.9 及以上被认为模型拟合优度较高。

均方根残差（RMR）和近似误差均方根（RMSEA）指数是通过测量预测相

关和实际观察相关的残差均值的平方根来衡量模型的拟合程度。它们都是评价模型是否拟合的指数。RMR 指数通过测量预测相关和实际观察相关的平均残差，衡量模型的拟合程度。RMR 越接近 0 表示拟合优度越好；相反，离 0 越远则表示拟合优度越差；如果 RMR 等于 0，表明模型完美拟合。RMSEA 是评价模型不拟合的指数，如果接近于 0 表示拟合良好；相反，离 0 越远表示拟合越差。一般认为，RMSEA =0，表示模型完全拟合；RMSEA <0.05，表示模型接近拟合；$0.05 \leqslant RMSEA \leqslant 0.08$，表示模型拟合合理；$0.08 < RMSEA < 0.10$，表示模型拟合一般；$RMSEA \geqslant 0.10$，表示模型拟合较差。

规范拟合指数（NFI）是通过独立模型与假设模型之间卡方值的缩小比例来评价假设模型与独立模型在拟合上的改善程度。独立模型是指假设所有变量之间没有相关关系，即模型中所有的路径系数和外生变量之间都固定为 0，只估计方差。但是，由于 NFI 与卡方指数一样，容易受到样本量的影响，为弥补其缺陷，则应该采用增量拟合指数（IFI）来衡量模型拟合优度。NFI 和 IFI 的值在 0~1，越接近于 0 表示拟合越差；越接近于 1 表示拟合越好。一般认为，NFI、$IFI \geqslant 0.9$ 时，模型拟合性较好。

比较拟合指数（CFI）在对假设模型和独立模型比较时取得，其值在 0~1，越接近于 0 表示拟合越差；越接近于 1 表示拟合越好。一般认为，$CFI \geqslant 0.9$ 时，模型拟合性较好。

因子分析主要是为了数据的简化。在研究中，为了更全面地对构念进行描述，学者经常会针对同一构念设计出很多个不同但彼此相关的指标。其中，部分指标可能对构念无太大意义。通过因子分析可以精简指标的数目，从而使少数有概念化意义且彼此独立性大的因子去解释整个实际问题，达到以最少的指标、最经济的数据反映构念的目的。在本书中，探索性因子分析主要在两个地方被使用：一个是对生态区域品牌资产维度项目的筛选。实际操作中，需要将不能满足得分要求的测项进行删除，并继续对生态区域品牌资产的构成维度进行探索；另一个则是对品牌联想的相关测项进行信度、效度分析，以检验生态区域品牌资产结构维度量表的有效性。

7.1.1.3 推断性统计分析

推断性统计分析研究的是如何根据样本数据去推断总体数量特征。它是在对样本数据进行描述的基础上，对统计总体的未知数量特征做出以概率形式表述的推断。其任务是在一段有限的时间内，通过对一个随机过程的观察来对总体数量的特征进行推断。推断性统计的分析主要围绕着变量间关联的存在性、趋向和形式、强度及统计显著性四方面展开。描述性统计研究的是如何简缩数据并对这些数据进行描述，推断性统计研究的则是如何在随机抽样的基础上推断总体数量的特征。

根据母体条件的差异，推断性统计可分为有参数统计和无参数统计。其中，有参数统计是指用样本指标（统计量）估计总体指标（参数）、用样本均数估计总体均数及用样本率估计总体率的方法。其他所有应用于非常态分配母体的统计推论方法都称为无参数统计。有参数统计比无参数统计发展得早，其代表性的分析方法有点估计、区间估计、假设检验等。其中，假设检验的逻辑程序是先对总体参数做出假设，然后利用样本统计量去检验它是否跟假设一致。

参数检验需要在总体的分布类型已知、变量测量用定距或定比尺度、抽样的随机性（即总体的各个成员都有同等的被选择的机会）、所比较的两组样本的总体变异状况（即标准差）相同等条件被满足的情况下才能进行。本书还用到了 T 检验这一参数检验的方法。T 检验是用 T 分布理论来推论差异发生的概率，从而比较两个平均数的差异是否显著的方法。

7.1.1.4 结构方程模型

结构方程模型是一种融合了因素分析和路径分析的多元统计技术，是探明具有因果关系的变量间通过怎样的路径给予影响的方法，其目的是通过显变量的测量推断潜变量，并对假设模型的正确性进行检验。结构方程模型分析整合了因子分析和路径分析两种方法。在分析过程中不仅可以检验显变量、潜变量、误差变量之间的相互关系，还可以检验自变量对因变量的直接效应、间接效应和总效应。结构方程模型可分为测量方程和结构方程两部分：测量方程描述潜变量与指标之间的关系，结构方程则反映潜变量之间的关系（Anderson and Gerbing, 1988；周涛和鲁耀斌，2006）。

结构方程模型被广泛地应用于社会科学及行为科学领域的研究中。Bollen 和 Long（1993）认为，结构方程模型大受欢迎的关键来自于它们本身的普及性。结构方程模型是经济计量、社会计量和心理计量发展过程中的合成物。在经济计量中，结构方程模型可允许同时考虑许多内生变量的方程式。不像大多数的经济计量方法，结构方程模型也允许外生变量与内生变量的测量存在误差或残差项。如在心理计量和相关的社会计量中被发展出来的因子分析，结构方程模型允许多数潜变量指标存在，并且可评估其信度与效度。

同时，结构方程模型还具有以下优势：首先，它可以立体、多层次地展现驱动力分析。这种多层次的因果关系更加符合真实的人类思维形式，而这是传统回归分析无法做到的。其次，结构方程模型分析可以将无法直接测量的属性纳入分析。这样就可以将数据分析的范围加大，尤其适合一些比较抽象的归纳性的属性。最后，结构方程模型分析可以将各属性之间的因果关系量化，使它们能在同一个层面进行对比，同时也可以使用同一个模型对各细分市场或各竞争对手进行比较。

7.1.1.5 测量尺度评价

在测量尺度的评价过程中，本书首先要对测量量表的信度和效度进行评价，以检验所收集资料的适当性，进而保证后续检验的规范化，从而对研究模型和假设进行科学的验证。本书中，由于生态区域品牌资产结构维度的测量问项来自于扎根研究，对调查问卷测项的信度及效度进行分析很有必要。品牌联想、品牌偏好的测量问项来源于已有的文献，由于来源文献的研究对象和本书有所不同，因此也有必要对这些测项进行信度和效度的分析。图 7-2 是本书对测量问项进行评价的操作过程，整个分析过程可分为三部分：第一部分对构念因子的测项信度进行检验，并在此基础上通过探索性因子分析对测项构成因子所解析的内容进行分析。第二部分通过验证性因子分析对生态区域品牌资产构成因子的单一维度性进行检验，进而对多问项尺度测量研究构念的准确性进行评价。第三部分则通过

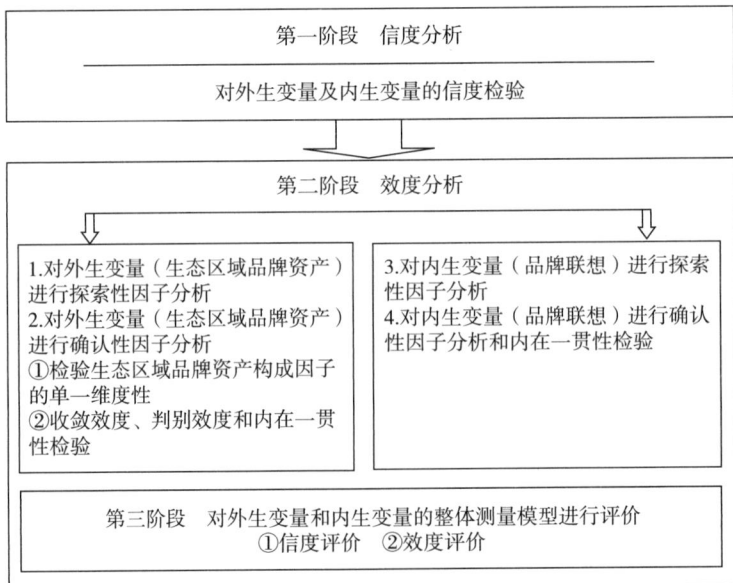

图 7-2　评价测量问项的操作过程

对尺度收敛效度和判别效度的检验，评价和分析生态区域品牌资产的整体测量模型。

7.1.2 测量评价结果

7.1.2.1 测量信度评价

信度测验的是结果的一致性、稳定性及可靠性，一般以内部一致性来表示该测验信度的高低。信度系数越高表示该测验的结果越一致、稳定与可靠。对于调查问卷中描述相同指标的问题，只有当答案相同或相近时，其度量才是可靠的。信度是效度的前提条件。在研究中，可以根据问题相应的 Cronbach's α 值来确定每个指标的信度。Cronbach's α 系数是一个统计量，是指量表所有可能的项目划分方法得到的折半信度系数的平均值，是最常用的信度测量方法。它最先被美国教育学家 LeeCronbach 在 1951 年命名。本书模型和假设中的变量都必须首先进行信度分析。

Cronbach's α 系数是目前判断量表可靠性最常用的信度系数，一般认为总量表的信度系数在 0.80 以上为最好，在 0.60 和 0.80 之间也是可以接受的范围（Bryman and Cramer，1997）。本书使用 SPSS20.0 对生态资源优势性（0.89）、生态产业优势性（0.78）、生态产品优势性（0.72）、生态产业规划性（0.88）、生态价值观分享性（0.81）、生态理论认知性（0.81）、生态理念俗成性（0.80）、角色任务定位性（0.850）、生态目标一致性（0.78）、地方领导专业性（0.87）、生态资源动员性（0.85）、利益群体协同性（0.80）研究概念进行信任度分析，结果如表 7-1 所示，除生态产业优势性 1 个测项（IDEC4）在 0.5 基准以上出现交叉装载被删除外，其他的都表现出良好的收敛效度和判别效度（Carmines and Richard，1979）。其中各研究概念的 Cronbach's α 系数都在 0.72 和 0.89 之间，表明各研究概念的测量问项具有良好的内在一致性，其信度得到确认。本书使用 Varimax 回转主成分因子分析对 12 个生态区域品牌资产的结构内涵构成因子的单一维度进行检验。结果显示，Kaiser - Meyer - Olkin 测定值为 0.90，大于 0.5 的标准，说明抽取的样本充分。Barlett's 球形检验（p = 0.000，< 0.05）显示各变量间的相关关系矩阵具有统计学意义，说明因子分析模型是恰当的。

7.1.2.2 测量效度评价

变量的可靠性通过信度分析进行评价，变量的准确性则通过效度分析进行评价。效度是指测量的概念或属性是否被准确地测量，反映测量系统性错误发生的程度。

表7-1　生态区域品牌资产评估指标主成分因子分析结果

评估维度	评估指标	指标测项	负荷（EFA）	Cronbach's α
生态集群规范性	生态资源优势性	自然资源丰富性	0.78	0.89
		气候条件适宜性	0.82	
		资源利用节约性	0.81	
		资源配置科学性	0.82	
	生态产业优势性	产业循环互补性	0.80	0.78
		地区环境污染性	0.75	
		关联企业集聚性	0.72	
	生态产品优势性	生态产品有机性	0.68	0.72
		生产能耗节约性	0.75	
		生态产品认证性	0.78	
		绿色技术采用性	0.72	
	生态产业规划性	空间布局合理性	0.82	0.88
		产业发展前景性	0.69	
		发展定位明确性	0.80	
		产业链完整性	0.84	
生态文化认同性	生态价值观分享性	生态理念共同性	0.85	0.81
		生态价值观一致性	0.73	
		生态理念宣传自觉性	0.74	
		生态规范准则遵守性	0.74	
	生态理论认知性	生态学习意识性	0.68	0.81
		生态认识深刻性	0.80	
		生态文明辨别性	0.78	
		生态文明意识性	0.75	
	生态理念俗成性	节能意识性	0.71	0.80
		环保习惯性	0.76	
		环境绿化意识性	0.76	
		节俭意识性	0.75	
	角色任务定位性	环保责任意识性	0.70	0.76
		环保角色意识性	0.75	
		环保志愿活动性	0.76	
		环保组织履职性	0.74	

续表

评估维度	评估指标	指标测项	负荷（EFA）	Cronbach's α
政府生态指导性	生态目标一致性	生态规划主动性	0.74	0.78
		环境保护重视性	0.77	
		环保责任主动性	0.72	
		生态发展积极性	0.72	
	地方领导专业性	生态规划科学性	0.83	0.87
		生态制度科学性	0.78	
		生态履职自觉性	0.80	
		生态保护效率性	0.78	
	生态资源动员性	生态发展调动性	0.68	0.85
		生态资源发掘性	0.80	
		生态发展投入性	0.81	
		生态理念宣传性	0.76	
	利益群体协同性	生态理念相似性	0.70	0.80
		生态发展合作性	0.74	
		生态技术共享性	0.78	
		生态交流参与性	0.69	

注：抑制绝对值 <0.50；总方差解释 74.68%。

效度表示一项研究的真实性和准确性程度，它与研究的目标密切相关，一项研究所得结果必须符合其目标才是有效的，因而效度也就是达到目标的程度。效度是相对的，仅针对特定目标而言，因此只有程度上的差别。效度可分为内容效度、效标效度和建构效度三种。内容效度是一个主观评价指标，是指测验题目对有关内容或行为范围取样的适当性。一个测验要具备较好的内容效度必须满足两个条件：一是要确定好内容范围，并使测验的全部项目均在此范围内；二是测验项目应是已界定的内容范围的代表性样本。效标效度用于考察测量工具的内容是否具有预测或估计能力，由于效标效度需要有实际证据，所以又叫实证效度。建构效度指一个测量实际测到所需测量理论结构和特质的程度，或者说是指测量能够说明测量的理论结构和特质的程度。它主要通过收敛效度和判别效度来体现。

收敛效度是指运用不同测量方法测定同一特征时测量结果的相似程度，即不同测量方式应在相同特征的测定中聚合在一起。对三个量表即三个测量模型进行收敛效度检验时，第一步考察每一个潜变量的标准化因子载荷系数，载荷值应 > 0.5，这意味着问项与其潜变量之间的共同方差大于问项与误差方差之间的共同方差，都是显著的；第二步考察 AVE 值，AVE 值应 >0.5，这意味着每一个因子所提取的可解释 50% 以上的方差（Fornell and Larcker，1981）。

判别效度是指应用不同方法测量不同构念时，所观测到的数值之间应该能够加以区分，即不同构念的测项彼此的相关度低。在一项测验中，如果在统计上可以证明那些理应与研究构念不存在相关性的指标确实同建构没有相关性，那么这项测验便具有判别效度。对于各维度间是否存在足够的判别效度，通常采用比较各维度间完全标准化相关系数与所涉及各维度自身 AVE 的平方根值大小的方法，当前者小于后者，表明各维度间存在足够的判别效度，反之则判别效度不够（Fornell and Larcker，1981）。

内部一致性是用来测量同一个概念的多个计量指标的一致性程度的指标。内部一致性主要反映的是测验内部题目之间的信度关系，即采取同样的方法对同一对象重复进行测量时，其所得结果相一致的程度，旨在检验测量尺度内部测项之间的信度关系，考察测量的各个测项是否测量了相同的内容或特质，即测量的准确可靠性程度。内部一致性系数越高表示测量的结果越一致、稳定和可靠，故测量的信度越高；反之测量信度则低。内部一致性信度又分为分半信度和同质性信度。内部一致性可以从两个方面进行评价，即 Cronbach's α 系数分析和综合信度 ρ_c 系数分析。社会科学研究中最常用的内部一致性检验方法为 Cronbach's α 系数分析法。

任何一个系统（或模型）中都存在许多变量，其中自变量和因变量统称为内生变量，而作为给定条件存在的变量则称为外生变量。外生变量又称政策性变量、自变量，意指不受自变量影响，而受外部条件支配的变量。外生变量一般是确定性变量，或者是具有临界概率分布的随机变量，其参数不是模型系统研究的元素。外生变量影响系统，但本身不受系统的影响。外生变量一般是经济变量、条件变量、政策变量、虚变量。一般情况下，外生变量与随机项不相关。在路径图中，只有指向其他变量的箭头、没有箭头指向它的变量均为外生变量。内生变量是指由外生变量和其他变量解释的变量。外生变量是由模型以外的因素所决定的已知变量，它是模型据以建立的外部条件。内生变量可以在模型内部得到说明，外生变量本身不能在模型内部得到说明。

为评价多问项尺度测量研究概念的准确性，本书采用判别效度、收敛效度和内在一贯性检验对外生变量（生态区域品牌资产的结构内涵）和内生变量（品牌联想和品牌偏好）的测量结果进行评价。

因子分析是一种从变量群中提取共性因子的统计技术，其基本思想是要寻找公共因子，以达到降维的目的。因子分析的主要步骤为：对数据样本进行标准化处理；计算样本的相关矩阵 R；求相关矩阵 R 的特征根和特征向量；根据系统要求的累积贡献率确定主因子的个数；计算因子载荷矩阵 A；确定因子模型；根据上述计算结果对系统进行分析。因子分析的研究方式主要包括探索性因子分析和验证性因子分析。Anderson 和 Gerbing（1988）认为，在理论研究中，要先运用探索性因子分析初步建立模型，并在此基础上进行验证性因子分析以检验研究假设。因子分析中，缺少其中任何一个研究步骤其分析都是不全面的。

（1）探索性因子分析。本书使用 SPSS20.0 软件进行探索性因子分析。使用 Varimax 回转主成分因子分析（EFA）的结果显示，KMO 测定值为 0.90（>0.5），说明抽取样本是充分的。Bartlett's 球形检验值（p = 0.00，<0.05）显示，各测项相关关系矩阵具有统计学意义，因此因子分析模型是恰当有意义的。

（2）验证性因子分析。本书使用 AMOS20.0 实施验证性因子分析（CFA），检验生态区域品牌资产三个维度的收敛效度，并通过整体测量模型检验其判别效度。其中，一阶（first‑order）验证性因子分析结果，除生态产业规划性 1 测项（IDPL2）、生态理论认知性 1 测项（TELE1）和生态资源动员性 1 测项（REMO1）在修正系数 10 基准出现交叉装载被删除外，其余测项表现出明确的单一维度性和良好的模型拟合优度。二阶（second‑order）验证性因子分析结果，除角色任务定位性 1 测项（ROPO4）在修正系数 10 水准出现交叉装载被删除外，其余测项装载值从 0.60（PREC1）到 0.86（IDPL4），均大于 Hair 等（1995）的 0.4 推荐值（样本和置信水准分别在 200 和 95% 以上），收敛效度表现良好。整体测量模型检验结果显示，所有剩余测项在修正系数 10 基准显示良好的单一维度性和模型拟合优度（见表 7‑2）。各评估维度的概念信度和平均变异抽取值（AVE）都分别高于 Hair（1995）建议的 0.7 和 0.5 基准值。各评估指标 AVE 的平方根均大于任意两个维度因子相关系数，生态区域品牌资产评估指标维度的判别效度得到确认（见表 7‑3）。量表最终被提纯为 43 测项（表 7‑2），测量尺度的 Cronbach's α 系数均高于 Nunnally（1978）推荐的基准值，具有较高信度。

（3）模型拟合优度检验。在对生态区域品牌资产结构维度模型进行了一阶和二阶分析之后，为进一步评价测量模型的拟合优度，还需对整体模型进行评价

表7-2 生态区域品牌资产评估指标体系整体测量模型评价结果及最终量表

评估维度	评估指标	指标测项	负荷（CFA）*	Cronbach's α	AVE
生态集群规范性	生态资源优势性	自然资源丰富性	0.76	0.89	0.68
		气候条件适宜性	0.72		
		资源利用节约性	0.74		
		资源配置科学性	0.78		
	生态产业优势性	产业循环互补性	0.68	0.78	0.66
		地区环境污染性	0.73		
		关联企业集聚性	0.70		
	生态产品优势性	生态产品有机性	0.60	0.72	0.60
		生产能耗节约性	0.70		
		生态产品认证性	0.62		
		绿色技术采用性	0.61		
	生态产业规划性	空间布局合理性	0.78	0.89	0.75
		发展定位明确性	0.74		
		产业链完整性	0.86		
生态文化认同性	生态价值观分享性	生态理念共同性	0.76	0.81	0.65
		生态价值观一致性	0.70		
		生态理念宣传自觉性	0.66		
		生态规范准则遵守性	0.73		
	生态理论认知性	生态认识深刻性	0.80	0.79	0.67
		生态文明辨别性	0.73		
		生态文明意识性	0.72		
	生态理念俗成性	节能意识性	0.68	0.80	0.72
		环保习惯性	0.73		
		环境绿化意识性	0.71		
		节俭意识性	0.72		
	角色任务定位性	环保责任意识性	0.69	0.75	0.65
		环保角色意识性	0.67		
		环保志愿活动性	0.76		
政府生态指导性	生态目标一致性	生态规划主动性	0.70	0.78	0.62
		环境保护重视性	0.73		
		环保责任主动性	0.71		
		生态发展积极性	0.68		

续表

评估维度	评估指标	指标测项	负荷（CFA）*	Cronbach's α	AVE
政府生态指导性	地方领导专业性	生态规划科学性	0.81	0.87	0.72
		生态制度科学性	0.79		
		生态履职自觉性	0.78		
		生态保护效率性	0.80		
	生态资源动员性	生态资源发掘性	0.78	0.83	0.67
		生态发展投入性	0.80		
		生态理念宣传性	0.76		
	利益群体协同性	生态理念相似性	0.76	0.80	0.70
		生态发展合作性	0.73		
		生态技术共享性	0.71		
		生态交流参与性	0.63		
模型拟合度	χ^2（855 d. f.）= 1125.73，p = 0.000，GFI = 0.91，AGFI = 0.90，RMR = 0.06，NFI = 0.90，TEL = 0.97，CFI = 0.98，RMSEA = 0.03				

注：所有因子负荷显著水准为 * p < 0.005。

表 7 – 3　生态区域品牌资产的整体测量模型评价结果

评估指标	相关关系矩阵											
	1	2	3	4	5	6	7	8	9	10	11	12
生态资源优势性	1											
生态产业优势性	0.35	1										
生态产品优势性	0.30	0.38	1									
生态产业规划性	0.32	0.45	0.28	1								
生态目标一致性	0.12	0.15	0.18	0.21	1							
地方领导专业性	0.26	0.23	0.26	0.21	0.35	1						
生态资源动员性	0.18	0.21	0.24	0.20	0.43	0.38	1					
利益群体协同性	0.18	0.17	0.16	0.21	0.38	0.40	0.41	1				
生态价值观分享性	0.11	0.23	0.25	0.22	0.25	0.31	0.23	0.35	1			
生态理论认知性	0.16	0.28	0.26	0.19	0.21	0.18	0.17	0.24	0.31	1		
生态理念俗成性	0.21	0.30	0.29	0.17	0.12	0.27	0.16	0.18	0.23	0.35	1	
角色任务定位性	0.13	0.23	0.19	0.12	0.08	0.11	0.16	0.23	0.26	0.36	0.32	1
均值	17.5	15.8	16.2	16.5	16.6	16.5	16.3	17.0	16.8	15.2	16.1	15.6

续表

评估指标	相关关系矩阵											
	1	2	3	4	5	6	7	8	9	10	11	12
标准差	2.7	2.6	2.4	3.2	3.2	2.9	2.8	2.6	2.9	2.7	2.8	3.0
概念信度	0.88	0.85	0.78	0.89	0.88	0.90	0.86	0.87	0.88	0.86	0.90	0.86
Cronbach's α	0.89	0.78	0.72	0.89	0.78	0.87	0.82	0.80	0.81	0.79	0.80	0.75
AVE	0.68	0.66	0.60	0.75	0.62	0.72	0.67	0.70	0.65	0.67	0.72	0.65
模型拟合度	χ^2 (855d. f.) = 1125.73, p = 0.000, GFI = 0.91, AGFI = 0.90, RMR = 0.06, NFI = 0.90, TLI = 0.97, CFI = 0.98, RMSEA = 0.03											

以检验各构念之间的相关性，从而提高其信度和效度。研究中，通常使用 Cronbach's α 系数来检验整体测量模型的信度。Cronbach's α 系数通常与探索性因子分析（EFA）组合使用。然而，Cronbach's α 系数有一定的局限性。Campbell（1993）认为，Cronbach's α 系数高并不意味着测量具有稳定性，也不足以表示测项的单一维度性。同时，测项数目多少、测项间相关、被试特质变异大小及测项难度同质性等因素会影响 Cronbach's α 系数的大小。Cronbach's α 系数不能估计单一测项的信度，也不允许测项从属于两个或两个以上的因子及测项间的测量误差具有相关关系。结构方程模型则可以准确地表达测量的单一维度性和各测项的信度，弥补了 Cronbach's α 系数检验的缺陷。在结构方程模型的分析中，可以通过对平均提取方差值和构念信度的检验来测量信度。使用 Cronbach's α 系数时要求构念对各测项的影响相等，然而这一假设并不现实，构念效度则允许误差之间相关且不相等，从而能够有效地避免这一点。与 Cronbach's α 系数相比，构念效度更加精确。结构方程模型一般通过构念信度和平均方差提取量来评价测量信度（Bagozzi and Yi，1988）。

构念信度（CR）旨在评价一个构念所属的各个测项之间的内在一致性，即一组测项分享构念的程度。构念信度反映了每个潜变量中所有题目是否一致性地解释该潜变量，信度高表明测项间有高度互为关联存在。Hair 等（1995）认为，CR 值高于 0.70 时表示该潜变量具有较好的构念信度。

平均方差提取值（AVE）主要反映了测项的总变异量中有多少是来自于研究构念的变异量，其他的变异量则是由测量误差所导致的。平均方差提取值是统计学中检验研究构念内部一致性的统计量，它反映了每个潜变量所解释的变异量中有多少来自于该潜变量中的所有题目。平均方差提取值越大，来自于测量的误差就越少，即因子对观察数据的变异解释越大。Bagozzi 和 Yi（1988）认为，若平均方差抽取值大于 0.5，则表明构念信度和收敛效度理想。不同构念的判别效度则通过 AVE 的平方根均大于任何两个构念因子相关系数来确认（Fornell and Larcker，1981）。

7.2 概念化模型检验

为检验本书提出的生态区域品牌资产结构内涵概念化模型的妥当性，并为后续研究模型检验提供条件，本书使用 AMOS20.0 对该模型进行了结构方程分析。实证检验结果如图 7-3 所示，生态区域品牌资产的结构内涵是一个由三维度 12 因子构成的多维度位阶结构。三维度包括生态集群规范性、政府生态指导性和生态文化认同性。其中，生态集群规范性由生态资源优势性、生态产业优势性、生态产品优势性和生态产业规划性四个因子构成；政府生态指导性由生态目标一致性、地方领导专业性、生态资源动员性和利益群体协调性四个因子构成；生态文

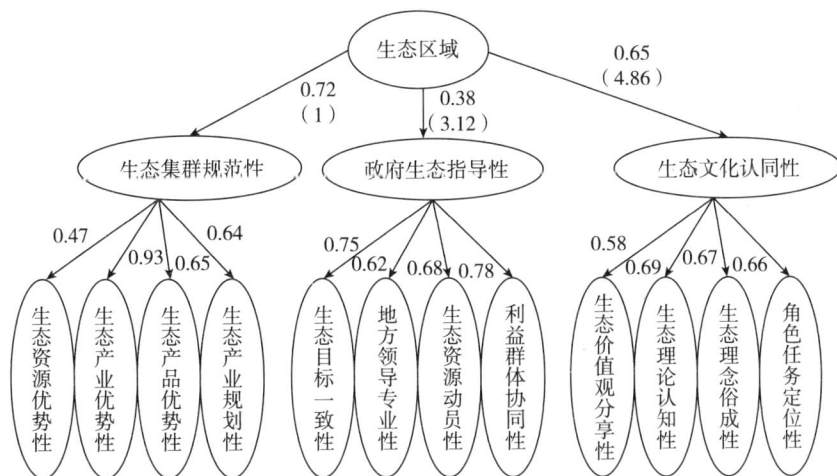

图 7-3 生态区域品牌资产维度模型推定结果

注：χ^2（855d. f.）= 1125.73，p = 0.000，GFI = 0.91，AGFI = 0.90，RMR = 0.60，NFI = 0.90，TLI = 0.97，CFI = 0.98，RMSEA = 0.03。

化认同性由生态价值观分享性、生态理论认知性、生态理念俗成性和角色任务定位性四个因子构成。且各评价指标均优于 Arbuckle 和 Wothe（2000）推荐的基准，显示良好的模型拟合度，说明将生态区域品牌资产界定为包括生态集群规范性、政府生态指导性和生态文化认同性三维度的内涵结构在统计学上具有合理性。

其中，在生态集群规划性方面，生态资源优势性、生态产业优势性、生态产品优势性和生态产业规划性对生态集群规范性的影响分别为 0.47、0.93、0.65 和 0.64。可见，生态产业优势性对生态集群规范性的影响力最大，其次为生态产品优势性、生态产业规划性和生态资源优势性。由此可以说明，生态产业和产品是生态区域品牌资产的重要支撑，产业和产品能够直接产生构成区域生态特色的元素，使消费者感知进而产生正面的生态联想，形成品牌资产。

在政府生态指导性方面，生态目标一致性、地方领导专业性、生态资源动员性和利益群体协调性对政府生态性的影响分别为 0.75、0.62、0.68 和 0.78。可见，利益群体协调性的影响效用最大，其他依次为生态目标一致性、生态资源动员性和地方领导专业性。区域内企业的内部关系治理对区域品牌资产构建至关重要，集群产业内部的利益协调能够促使区域内相关企业共同致力于生态品牌资产的增加，降低"公共用地"的负面效应。

生态文化认同性方面，生态价值观分享性、生态理论认知性、生态理念俗成性和角色任务定位性对生态文化认同的影响分别为 0.58、0.69、0.67 和 0.66。其中，生态理论认知性的影响效用最大，其他依次为生态理念俗成性、角色人物定位性和生态价值观分享性。生态理论是生态文化形成的基础，生态理论的学习认知能够使区域内成员掌握生态文化的核心，对核心的认识促进对区域生态文化的认同。

7.3 效标模型与假设检验

7.3.1 效标模型检验结果

为对生态区域品牌资产维度和提纯后量表的预测能力做进一步的考察，本书把生态区域品牌资产的生态集群规范性、政府生态指导性和生态文化认同性作为自变量，对品牌联想（$\alpha = 0.82$，$CR = 0.85$，$AVE = 0.59$）构建关系模型。

选择品牌联想作为校标变量是因为品牌联想作为消费者对品牌信息的记忆唤起，已被现有文献确认为品牌资产的外在结果属性。品牌联想是在消费者记忆中与品牌相关联的信息节点（Keller，1998），它是一种基于顾客的品牌资产，是品牌资产的重要组成部分，建立强有力的品牌联想也是提升品牌资产的有效途径（吴新辉等，2009）。

结果如图 7-4 所示，生态区域品牌资产是三个过程属性指标维度（生态集群规范性、政府生态指导性、生态文化认同性），生态区域品牌资产评估指标和量表对市场的品牌联想具有显著的预测性，其区分效度和法理效度得到确认。

7.3.2 效标预测假设检验

H1：生态集群规范性对品牌联想的影响。

生态集群规范性对品牌联想有积极的影响（$T = 2.31$），影响系数为 0.18（见图 7-4）。H1 得到了验证。生态产业群落的集群发展能够帮助建立区域品牌。而生态资源的合理利用，集群产业、产品的生态特性和集群规划的科学性都能够显著提高区域的优势，即促进区域品牌的发展。生态特色鲜明的地区出产的产品，其独特的属性很容易让消费者在第一次接触后就产生回忆。所以，具有生态特色的产品能够促进消费者对该品牌形成记忆，当记忆节点被触发，区域品牌的生态特性、绿色有机特性的正面联想便会呈现在消费者意识中。

H2：政府生态指导性对品牌联想的影响。

政府生态指导性对品牌联想有积极的影响（$T = 1.97$），影响系数为 0.12（见图 7-4）。H2 得到了验证。政府以行政权力为手段，通过专业领导，设立生态与区域发展一致的目标，动员生态资源和协调群里的利益使区域内成员能够共同致力于区域的生态特色的建设，使区域生态属性被强化进而被消费者感知，以形成区域生态知名度和良好的形象联想。

H3：生态文化认同性对品牌联想的影响。

生态文化认同性对品牌联想有积极的影响（$T = 5.36$），影响系数为 0.38（见图 7-4）。H3 得到了验证。生态文化认同是生态区域品牌资产较为独特的一个构成要素。生态文化认同塑造区域的共同生态价值观，对内指导区域成员的行为方式，对外形成显著的正面区域文化特性，被区域外消费者感知并形成正向的品牌联想。

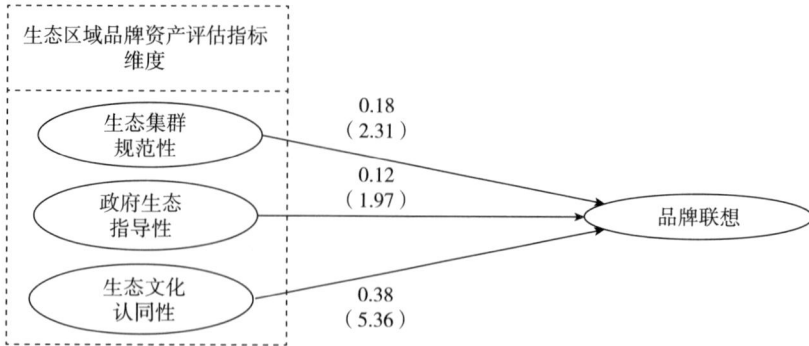

图7-4 生态区域品牌资产评估指标预测效度检验结果

注：χ^2（875 d. f.）=1024.35，p=0.000，GFI=0.90，AGFI=0.90，RMR=0.06，TLI=0.97，CFI=0.97，RMSEA=0.04。

8　研究结论与管理启示

本章对本书的研究结果进行了总结。同时，本章还对本书的理论贡献进行了讨论，并提出了区域构建生态品牌资产的管理学启示。第一节为研究结论，对本书的结论进行了总结性的陈述。第二节为理论贡献，对本书给品牌研究领域带来的贡献进行了探讨。第三节为管理启示，根据研究结果提出了打造生态区域品牌和构建生态区域品牌资产的总体思路和具体对策，以及维护已建立的生态区域品牌资产成果的策略。第四节为研究局限与未来研究方向。

8.1　研究结论

经济全球化的挑战和绿色消费意识的增强使生态特色日益成为区域经济发展的强势品牌资产。然而，理论界对生态区域品牌资产的构成属性及如何测量、评估与管理生态区域品牌资产尚没有清楚、深刻的认识。本书以资源与制度理论为基础，以鄱阳湖生态经济区、黄河三角洲高效生态区和甘肃循环经济发展示范区等中国第一批生态经济战略功能区为调研对象，通过实地访谈与实证检验的方法对生态区域品牌资产的构成及评价体系进行了发掘构建，取得了富有价值的结论。

8.1.1　生态区域品牌资产的维度结构

本书基于扎根理论的研究方法开发出生态区域品牌资产的结构内涵及其量表，并通过校标变量——品牌联想实证检验了研究结果的正确性。

（1）基于品牌资产的管理视角，生态区域品牌资产由区域生态集群规范性、政府生态指导性和生态文化认同性三个过程属性指标维度构成。其中，生态集群规范性包括生态资源优势性、生态产业优势性、生态产品优势性、生态产业规划性四个观测指标；政府生态指导性由生态目标一致性、地方领导专业性、生态资源动员性和利益群体协同性四个观测指标构成；生态文化认同性由生态价值观分享性、生态理论认知性、生态理念俗成性和角色任务定位性四个观测指标组成。这三个维度能够全面反映某一地区的生态品牌资产情况，并进而对市场中消费者对生态品牌的联想进行预测。

（2）本书开发的三个过程属性指标维度对生态区域品牌资产的相对贡献权重由大到小依次为生态集群规范性、生态文化认同性和政府生态指导性。其中，生态集群规范性的相对贡献度最高，生态文化认同性次之，政府生态指导性相对最弱。导致这种贡献高低的原因可能是，生态资源、产业和产品的集群规范性是生态区域品牌资产的集中体现，是市场评估资产时最直接的接触目标，能够最直接反映资产状况，也是绿色消费的根本需求。生态文化的相对重要性则与 Unruh 和 Ettenson（2010）呼吁生态品牌不是贴上标签"漂绿"，而是要与生态文化内涵传承的观点一致。有文化的沉淀才能使资产的累积更为稳定，才能保证生态品牌资产的持续增长。而政府生态指导性的贡献更多地体现在内化管理效能上，并通过生态集群规范性和生态文化认同性外化。在对品牌联想的预测性高低上，这三个过程属性由高到低排序为生态文化认同性、生态集群规范性和政府生态指导性。品牌联想是公认的品牌资产外化指标，因此可看出生态区域品牌资产外化市场联想的效能主要体现在区域内对生态文化的认同和生态集群的规范性上。政府对生态区域品牌的指导主要是通过区域内生态文化认同性和生态集群规范性的内化管理而外化市场联想。因此，在生态区域品牌资产的构建中，尤其应该注重生态集群规范性和生态文化认同性的培育，在评估体系中也应该适当调整指标的权重。

（3）生态区域品牌资产是一个抽象而丰富的概念，本书开发的生态区域品牌资产的测量量表可以为评估和管理生态区域品牌资产提供有效的工具和策略性建议。本书已经证明生态区域品牌资产由生态集群规范性、生态文化认同性和政府生态指导性三维度构成，而每个维度下又各有四个不同观测点。

第一，对生态集群规范性的评估可通过生态资源优势性、生态产业优势性、生态产品优势性和生态产业规划性四个观测属性反映。生态资源优势性的具体评价指标为自然资源丰富性、气候条件适宜性、资源利用节约性和资源配置科学性。因此，在需要测量生态区域品牌资产中的生态资源优势性时，应该关注区域内的各种优势资源和资源的利用、配置状况。生态产业优势性的具体评价指标为产业循坏互补性、地区环境污染性和关联企业集聚性。区域内生态集群产业的优势互补和产业的集群规模及对环境的影响是生态产业优势性资产的评估点。生态产品优势性的具体评价指标包括生态产品优势性、生态能耗节约性、生态产品认证性和绿色技术采用性。生态产品是生态区域品牌发展的基本动力单元，也是生态区域品牌资产增长动力的基本单元，对生态产品的有机性、能耗性和绿色技术使用及生态产品认证性的评估可以反映生态产品优势性价值。对生态产业规划性的评价指标包括空间布局合理性、发展定位明确性和产业链完整性。生态产业的集聚需要有合理的空间布局和长远的发展定位及完整的产业链才能发挥最大的集聚效应，生态产业规划性带来的生态品牌资产也就在这几方面体现。

第二，对生态文化认同性的评估可通过评价生态价值观分享性、生态理论认知性、生态理念俗成性和角色任务定位性四个观测属性实现。生态价值观分享性的具体评价指标包括生态理念共同性、生态价值观一致性、生态理念宣传自觉性和生态规范准则遵守性。区域内各单位是否有共同的生态理念和价值观影响到各单位共同保护生态的意愿，自觉宣传发动更多区域内单位参与生态维护的行动影响遵守生态保护规则的群体规模，自然能够影响区域生态品牌中最重要的生态资产。生态理论认知性的具体评价指标包括生态认识深刻性、生态文明辨别性和生态文明意识性。对生态文明有足够的认识，清楚辨别什么是有利生态文明和保持维护生态文明的意识是做出正确有效保护生态资产行动的前提。生态理念俗成性的具体评价指标为节能意识性、环保习惯性、环境绿化意识性和节俭意识性。将对生态友好的各种意识植入到区域集体意识中，使生态保护成为习惯和约定俗成，生态资产的维护意识也自然被提升。角色人物定位性的具体评价指标则为环保责任意识、环保角色意识、环保志愿活动性。区域内活动单位将自己的社会角色定位为生态环境保护的责任人，就有动力主动去维护生态资产。

第三，对政府生态指导性的评估可通过评价生态目标一致性、地方领导专业性、生态资源动员性和利益群体协同性四个观测属性实现。生态目标一致性的具体评价指标为生态规划主动性、环保重视程度、环保责任主动性和生态发展积极性。政府参与是生态区域品牌发展的一大引擎，政府以主动的姿态对生态保护和区域发展进行宏观规划能够使生态区域品牌发展不失方向和动力，保持生态特色，逐渐累积品牌资产。地方领导专业性的具体评价指标为生态规划科学性、生态制度科学性、生态履职自觉性和生态保护效率性。既然政府参与是生态区域品牌资产累积的重要引擎，那么政府机构决策领导人对生态区域品牌发展的科学认知和把握就非常重要，科学的认知加自觉有效的行动才最终促成生态区域品牌资产的构建。生态资源动员性的具体测评指标包括生态资源发掘性、生态发展投入性和生态理念宣传性。生态区域品牌是公共品牌，没有足够的动员就不能激起区域内每个实体的品牌资产构建参与动力。利益群体协调性的具体测评指标包括生态理念相似性、生态发展合作性、生态技术共享性和生态交流参与性。区域内实体众多，对生态区域品牌资产的贡献方式和能力也各不一致，政府的有效调节能够使这些方式和能力实现最有效配置，使资产增长最大化。

8.1.2 生态区域品牌资产维度预测性

本书对所开发的生态区域品牌资产的三个过程属性与品牌联想之间的因果关系进行了实证检验。结果证明，本书开发的生态区域品牌资产的过程属性（生态集群规范性、政府生态指导性和生态文化认同性）对品牌联想表现出不同的正向影响力。

8.1.2.1 品牌联想的概念属性

对于品牌联想的概念，学者们普遍持联结主义观点，用人类联想记忆理论（Human Associative Memory，HAM）和适应性网络规模理论（Adaptive Network Models，ANM）等理论对其心理本质和活动规律进行解释（Anderson，1983；Keller，1993；Krishnan，1996；Janiszewski and vanOsselaer，2000；vanOsselaer and Janiszewski，2001）。通过对这些理论的分析可知，人类的记忆是由一些结点（Node）和联结链（Connecting Link）组成的信息网络，每个节点都储存着一些概念或信息，联结链代表了信息或概念间的联系及强度。网络中某一信息节点的激活，也就是联想出现，需要上个节点的刺激强度达到一定的水平。所以，当品牌以"一个名称、术语、标记、符号或设计，或是它们的组合"（Kotler，2003）等形式被消费者感知时，这些品牌信息就会在大脑记忆网络中形成一个信息结点，在消费者通过与品牌直接或间接地接触及其消费经历，产生对组织、产品或服务相关的认知、情感体验、使用经历等认知信息，这些信息与记忆网络中的品牌结点直接或间接联结，形成了品牌联想（吴新辉和袁登华，2009）。品牌联想即基于消费者主观认知和"对消费者有意义的，在记忆中与品牌结点联结的信息结点"（Keller，1993），它可以是"记忆中与一个品牌相联系的任何事物"（Aaker，1991；Nzuki，n. d. ）。

消费者的品牌偏好以生态区域品牌资产和品牌联想为前提。其中，生态区域品牌资产的构成维度对品牌联想有着积极的预测性，品牌联想对品牌偏好也具有积极的预测性。在消费者的购买过程中，生态区域品牌资产的构成维度作为认知变量能够通过品牌联想间接地预测消费者品牌偏好的产生。消费者对品牌的偏好取决于该生态区域品牌资产的状况，同时还取决于消费者通过该品牌的资产现状形成的品牌联想。

8.1.2.2   品牌联想与生态区域品牌资产的关系

Biel 早在 1992 年就阐述过品牌资产与品牌联想的关系，他认为"品牌资产受由品牌联想所反映的品牌形象的驱动"。Keller（1993）进而指出，品牌联想是一种"基于顾客的品牌资产"，指"由于顾客头脑中已有的品牌知识导致的顾客对品牌营销活动的差别化反应"。范秀成（2000）则认为，品牌资产包括品牌忠诚、品牌认知、感知质量、品牌联想、其他专有资产五个方面，其中品牌联想指"代表了一个品牌名称的内在价值，是消费者购买决策和品牌忠诚的基础"（Nzuki，n. d.）。而且，品牌资产高的品牌比品牌资产低的品牌具有更多的独特联想（Unique Associations）（Krishnan，1996），核心品牌联想的数量越大，品牌资产越高（Chen，2001）。从这些已有研究可知，品牌联想是品牌资产的外在属性，品牌联想的质量能够显著影响品牌资产的高低。这也就意味着，消费者对区域品牌的联想是生态区域品牌资产的外在属性，能够显著代表生态区域品牌资产高低。

因此，为检验本书所开发的生态区域品牌资产过程属性及其量表的预测能力，本阶段将生态集群规范性、政府生态指导性和生态文化认同性三个过程属性指标维度作为自变量，对品牌联想（$\alpha = 0.82$，$CR = 0.85$，$AVE = 0.59$）构建因果关系模型，并使用揭纯后的量表进行预测能力检验。结果证实，生态区域品牌资产的三个过程属性指标维度（生态集群规范性、政府生态指导性和生态文化认同性）对品牌联想表现出不同的正向影响力。这说明，本书构建的生态区域品牌资产过程属性和评估量表能够显著预测品牌联想，即生态区域品牌资产的三个过程属性的确能够反映一个地区的生态品牌资产规模，而生态区域品牌资产测量量表也能正确测定生态区域品牌资产。这证实了消费者对生态区域品牌的联想能在一定程度上代表生态区域品牌资产的大小。

8.2　理论贡献

本书科学地探究了生态区域品牌资产的内涵结构，丰富并发展了生态品牌理论，具有一定的理论创新性。同时，本书开发出的生态区域品牌资产概念化模型能够帮助区域加深对生态区域品牌的认识，深刻理解生态区域品牌的内涵，从而更加有效地构建生态区域品牌资产。

8.2.1　对生态区域品牌资产维度结构的认识

生态区域品牌的塑造能够为区域发展注入强大动力，而生态区域品牌资产是动力的来源。已有研究对品牌资产有了很多认识，但大多是从品牌资产构建的结果属性，即财务角度和消费者感知角度出发进行研究，对于品牌资产的构建过程却没有很深入的研究，尤其是对于生态区域品牌资产的过程属性，还未见深刻见解，也缺乏系统有效的测量工具。

本书基于扎根理论的研究方法发掘出生态区域品牌资产的结构内涵，研究结果显示，生态区域品牌资产是一个由生态集群规范性、政府生态指导性和生态文化认知性三维度 12 因子构成的多维度位阶结构。这一结论弥补了现有研究多从外在结果属性进行品牌资产评估而缺乏为品牌资产管理者决策提供启示的不足，推进了区域品牌资产管理理论的发展。同时，本书探究了生态区域品牌资产的内涵结构，开发了生态区域品牌资产评估体系和测量量表，丰富并发展了生态区域品牌理论，为区域树立生态品牌、构建生态品牌资产提供了操作工具，具有一定的基础性意义。

8.2.2　对生态区域品牌资产维度预测性的认识

本书还对生态区域品牌资产构成维度对品牌联想的预测性作用进行了研究。研究探明了生态区域品牌资产过程属性对生态区域品牌联想的正向影响作用，证实了消费者对区域品牌的联想是生态区域品牌资产的外在属性，能够显著代表生态区域品牌资产高低，同时也证明了本书开发的生态区域品牌资产维度的科学性。

以往研究认为，区域在塑造生态品牌、构建生态品牌资产的过程中，需要注重产品的宣传、在线销售等，但本书证实，要想成功构建生态区域品牌，则应该从产品、环境、政府等方面的生态性塑造入手，赋予区域品牌生态特色，最终让消费者对该品牌形成品牌偏好。区域只有赋予品牌生态特性，才能让消费者对品牌产生绿色、健康、环保的联想，才能在竞争中保持优势并留住顾客。本书开发的生态区域品牌资产概念化模型能够加深区域对生态品牌的认知，帮助区域更有效地打造生态品牌，满足消费者的绿色消费需求，让消费者对品牌产生偏好，最终使品牌在市场中获得竞争优势。

8.3　管理启示

自然生态没有替代品，用之不觉，毁之难复。在人类发展史上特别是 20 世纪的工业化进程中，生态资源遭受了巨大的破坏，整个地球的生态环境岌岌可危。因而在 21 世纪，生态资源已是稀缺资源，掌握稀缺资源才能掌握竞争优势。作为一种重要的区域发展资源，对其加以利用能够让区域获得特殊属性，而这种特殊属性在同质化生产严重的时代，能够帮助区域获得消费者青睐。同时，生态性在消费者头脑中本身就是高品质、高效用的代名词。尤其是在这个充满化合物的消费市场中，因化合物会带给人体可能的副作用，使消费者很自然地认为自然生产的不经人为加工的是最完美的，并深信不疑。生态特性的加入能够使区域产品信任被加强，获得更多的消费者购买。且这种生态特征因自然地理的独特性及形成时间的超长性，难以被其他竞争区域复制，竞争力能够得到保证。

2017 年，中国质量认证中心发布了首个区域品牌价值评价百强榜，说明通过区域品牌化创造财富价值已是国家意识。榜单显示，160 个区域品牌的总价值达 1.54 万亿元，较 2015 年 1.06 万亿元上升了 46%。① 通过品牌化，可将区域生态资源转化为品牌资产，创造更大的经济价值，即生态区域品牌资产的构建能够为区域经济创造更大价值。大米之乡五常、陶瓷之都景德镇、世界影城好莱坞、香水世界法国等区域品牌取得良好经济效应无不是因为消费者信任、良好口碑和正面品牌联想等品牌资产的作用。生态区域品牌资产同时满足品牌化资产与生态性的特色资产，能够为区域发展创造更大经济效益。

---

① http：//bj.jjj.qq.com/a/20170405/033880.htm。

本书通过扎根理论的研究方法得出生态区域品牌资产的结构内涵，并实证检验了生态区域品牌资产的结构维度及其预测效度。研究得到的结论对于打造生态区域品牌、构建和管理生态品牌资产、发展区域经济有着重要的实践指导意义。

8.3.1 培育生态区域品牌资产的总体思路

生态区域品牌资产是一个在竞争市场中形成生态区域品牌识别的长期培育过程，其有效增值需要通过量化考核与追踪评估来引导和管理。从管理决策的视角看，对生态区域品牌资产的评估需要由内而外地综合评价，这种评估立足于品牌资产构建的全过程，而不应是简单地通过消费者的市场反应来衡量。具体而言，对一个地区的生态品牌资产进行培育与评估，可以从区域内的生态集群规范性、政府生态指导性和生态文化认同性三个维度进行综合评估与管理。

8.3.1.1 以生态集群规范性为核心，构建生态区域品牌资产的物质基础

通过研究发现，生态区域品牌资产的三大维度中，生态集群规范性对品牌资产的贡献最大，体现了市场的根本需求，对品牌资产和品牌联想具有重要作用，应该作为生态区域品牌资产培育和评估的重要内容。需要以节约资源、保护生态为手段，以绿色、低碳、循环发展为途径，围绕区域内生态资源优势的发掘、生态产业优势的培育、生态产品优势的打造和生态产业合理的规划进行培育和管理，进而构建区域品牌资产的物质基础。

（1）生态资源优势性指的是特定区域内地理位置、气候条件、自然资源蕴藏等方面所具有的生态优势。区域在构建生态品牌资产的过程中应该注重发挥区域内的资源优势，合理利用好区域内的资源，使区域内的生态品牌具有环境生态特性，区域生态品牌在市场的竞争中才能取得优势。具体而言，区域的生态资源优势来源于丰富的自然资源、适宜的气候条件、对资源的节约利用和合理配置。丰富的自然资源和适宜的气候条件是人为无法改变的，对于想要构建生态区域品牌资产的区域来说，只能依照本区域所有的资源种类来开发相应的品牌资产，不可照抄其他已建立品牌的做法，生搬硬套。而对于已有资源的利用，通过技术革新或者产业革新，实现资源的最大化利用是非常重要的。实现资源的节约既能减少资源开采带来的生态破坏，又能减少使用过程中带来的污染排放。同时，实现资源的科学配置也是必不可少的，最具特色的生态产业应该得到最优的资源，使某些生态品牌资产率先建立，形成品牌效应以带动整个区域的生态品牌发展。

（2）生态产业优势指的是特定区域内的产业依靠基于自然生态系统和完整生命周期所形成的物流和能量合理转化与高效代谢的网络型、进化型和复合型特

性。生态产业优势来源于产业循环互补性、产业低碳性、产业集群性和产业规划性。

生态产业优势需要产业间的循环互补来构建。产业循环性指的是产业按照自然生态系统中物质循环和能量流动规律运行的构建模式。它以资源的高效、循环利用为目标，以减量化、再利用、资源化为原则，以物质闭路循环和能量梯次使用为特征。区域在进行产业化发展的过程中，应该大力发展循环经济，打造循环产业，使产业更具生态特性。

生态产业优势的打造需要控制地区的环境污染。在产业发展层面，控制污染很大程度上在于实现产业低碳生产。产业低碳生产指的是在生产资料的生产过程中，以可持续发展理念为基础，通过技术创新、制度创新、产业转型、新能源开发等手段，减少煤炭、石油等高碳能源消耗和温室气体排放，达到产业发展与生态环境保护"双赢"的生产形式。生态资产与污染是一对永远的敌人，是一种此消彼长的关系。生态区域品牌资产管理者应该始终看到这一点，以无污染为本，建设生态区域品牌资产。

生态产业优势还需要集群效应进行放大。集群效应产生于大量相关生态企业的集聚。相关企业指的是有交互关联性的企业、专业化供应商、服务供应商、金融机构、相关产业的厂商及其他相关机构，它们组成的产业群体集聚在特定区域内，形成竞争与合作关系。区域内形成一定产业优势后，相关企业的集群会形成规模效应，将这种生态优势放大。

（3）产品是支撑生态区域品牌资产的最基本单位，生态区域品牌资产的构建需要着重开发产品的生态特性。在区域内，生态品牌资产的生态产品优势可以通过塑造产品的有机性、产品的生产能耗节约性、生态产品的认证性及产品的绿色技术使用性来获得。

生态产品的优势在于产品的有机性。根据我国《有机产品》国家标准（GB/T 19630－2011）的规定，有机产品是指生产、加工、销售过程符合该标准的供人类消费、动物食用的产品。要想打造生态区域品牌资产，企业在进行产品的生产、加工及销售的过程中就应该按照相关规定，生产出具有有机属性的产品。

生态产品的优势在于产品的生产能耗节约。生产产品是一个耗费资源的过程，在这个过程中节省生产资料的耗费能够缓解全球的资源过度开发问题，尤其是化石能源等不可再生资源的过度开采。资源过度开采将给自然环境和后代生存带来巨大的威胁，生态产品实现生产能耗的节约能够增强生态特性。

生态产品的优势在于生态产品的认证性。产品认证性指的是产品获得国家认可的有机、绿色、无公害认证机构对其产品、服务、管理体系符合相关标准、技术规范及强制性要求的合格评定。在构建生态区域品牌资产过程中，生产具有生态特性的产品应该建立完善的产品认证体系，加强生态产品的认证管理，赋予产品生态特性，增加区域品牌的竞争力。

生态产品的优势同时还在于产品的绿色技术运用。绿色技术是指能减少污染、降低消耗和改善生态的技术体系。绿色技术是由相关知识、能力和物质手段构成的动态系统。绿色技术性属于产品生态特性的一个比较重要的属性。绿色技术的使用不仅能够减少能耗，还能提高产品的质量，提升产品的高科技属性。

（4）生态区域品牌资产的前提是产业集聚，对生态产业集聚的规划能够为品牌资产的构建提供优良的基础条件。生态产业规划体现在空间布局、发展定位和产业链的完整性上。科学的空间布局能够让有共性的产业共享基础设施，减少生产成本；或者让互补的企业实现邻近布局，提高合作效率，为资产构建提供便利。生态区域品牌资产构建是一个持续时间长、涉及范围大的工程，需要对区域品牌有明确的发展定位才能吸引同质企业参与进来，扩大集群产业规模，提升区域品牌资产。同时，明确区域品牌本身的定位还能够使区域内部原有企业有明确的发展目标，共同致力于同一生态区域品牌特色的打造。产业链是一个包含价值链、企业链、供需链和空间链四个维度的概念。完整的产业链意味着区域内某产业的价值链、企业链、供需链和空间链都齐备，完备的产业链为区域内的生态价值互换提供便利，而这种生态价值互换就是企业创造新的生态价值的过程。企业群之间这种价值互换的活动越频繁，整个区域的生态品牌资产就会越丰厚。

8.3.1.2　以生态文化认同为魂，构建生态区域品牌资产的文化基础

生态文化认同指的是特定区域内实体对人与自然、人与社会和睦相处、和谐发展的生态理念和与之相适应的制度和组织特性的认同性。根据本书的研究结果，文化认同性对生态区域品牌资产的贡献仅次于生态集群规范性，对生态文化的认同能够使生态区域品牌资产的构建过程更为稳定，能够保证资产实现不断增长。因此，区域在培育和评估生态品牌资产的过程中，还要注重文化生态特性的打造。要积极倡导绿色生态和勤俭节约的消费观，通过对区域内相关组织的生态价值观分享、生态理论认知、生态理念俗成性和生态角色定位等来评估和管理，构建生态区域品牌资产的文化基础，使其有效外化为生态区域品牌联想，提升生态区域品牌化绩效。

（1）生态文化优势来源于生态价值观的分享。区域内实体不断分享生态价值观有利于形成共享的生态价值观，而共享的生态价值观指的是特定区域内公众

具有长期形成的生态理念、价值观、生活习惯和行为规范等特性。共享价值观是区域内的核心文化，是建立真诚的合作关系的基础。有了共享的价值观，在构建生态品牌价值这一目标上才有统一的指导思想和共同的利益驱动。因此，在构建生态品牌资产的过程中，区域内应该长期宣传有关生态的理念、价值观、生活习惯和行为规范等。区域内的各实体也应该以生态的理念约束自己，养成良好的生态行为和习惯。

（2）生态文化优势来源于对生态理论的认知程度。生态理论认知指的是特定区域内所有实体通过一系列学习活动获取生态理论知识的程度。区域在构建生态品牌资产的过程中，从组织到个人应该掌握生态理论的相关知识。组织和个人应该养成学习的习惯，认真学习生态理论的相关知识，并将这些知识运用到工作和生活中。只有深度认知生态理论，才能有高质量的构建生态特性品牌资产的行动。

（3）生态文化优势来源于生态理念的俗成性。生态理念俗成性指的是特定区域内所有实体对生态理念的追求和保护经过长期的社会实践而形成生态习惯俗成的程度。区域内要想使生态品牌资产具有理念俗成性这一特点，区域内的成员要形成共同的生态理念，遵从它、完善它，以俗成的理念指导生态品牌的打造，这样才能更有效地促进区域经济的发展。

（4）生态文化优势还来源于生态角色任务的定位。角色任务定位指的是在特定区域社会系统环境中，一个人或一个群体对生态保护具有自己的角色分工，拥有一定身份和责任定位的特性。生态区域品牌资产的构建需要区域内的全员参与，但不是无序地参与。通过引导区域内各实体明确本身在生态保护上扮演的角色和责任，有利于区域内各方从各层面发力，共同致力于生态特性资产的构建。

8.3.1.3 以政府生态指导性为壳，构建生态区域品牌资产的发展蓝图

政府的生态指导性是指特定区域政府对生态价值观的认识、对生态政策的引导及对各部门相应职责的科学管理等。在本书研究结果中，政府生态指导性是三个维度中对品牌资产贡献相对最小的，但绝不意味着在构建生态区域品牌资产中不重要。政府利用政治权利，能够规划生态区域品牌资产的发展框架，保障品牌资产的发展不偏离方向，同时还能够引导区域内成员共同作用于品牌资产建设，并保护已建立的品牌资产不受内外部组织的损害。

区域内各级政府的生态指导性是生态区域品牌资产培育的关键环节。在生态区域品牌资产培育过程中，需要当地政府树立本地区一致性的生态目标，提高地方政府领导的专业性，合理配置生态资源，以及协调相关利益群体，构建出生态

区域品牌资产的伟大蓝图。

（1）政府的生态性指导对品牌资产的贡献首先体现在生态目标的一致性。生态目标一致性指的是特定区域内政府在生态保护和发展上统一认识、目标一致的特性。区域在构建生态品牌资产的过程中，个人到组织、个人到政府的统一目标能够规范区域内成员的行为，保证区域资源能投入到品牌资产构建中去。

（2）政府的生态性指导对品牌资产的贡献其次体现在地方领导的专业性。地方领导专业性指的是特定区域内地方政府专业化的领导力，包括职能制度化所带来的高效率的特性。作为区域内的"领导"，政府在塑造生态品牌的过程中应该具备专业化的领导力。政府应该认真熟悉生态品牌建设的所有环节和涉及的重点、难点，科学地制定相关政策并将其落实到基层，各部门分工合作，提高办事效率，使区域的生态品牌建设顺利进行。

（3）政府的生态性指导对品牌资产的贡献再次体现在对生态资源的动员性。生态资源动员性指的是特定区域内政府对生态资源的合理配置，充分发掘地方生态特色优势的特性。生态资源是构建生态区域品牌资产的重要资本，而往往只有政府才有能力在区域内调配生态资源。政府不是资产的构建者，而是资产构建中的服务者，将各层面所需要的资源调配到位就是一种服务。企业间因为利益冲突往往不能够实现有效的生态资源配置，而作为第三方的政府可以有效利用自己的行政权力或公信力实现对资源的科学配置。

（4）政府的生态性指导对品牌资产的贡献最后体现在利益群体的协同性。利益群体协同性指的是特定区域政府在构建生态区域品牌资产时能够协调好利益相关群体的关系，使各利益群体能够协同构建生态区域品牌资产的特性。生态区域品牌资产是公共资产，当公共资产利益与个体利益相冲突时，若政府不进行利益协调，个体会更倾向于保护自身利益而伤害区域品牌利益。

8.3.1.4 始终坚持生态环境保护是不变宗旨

尽管本研究中所开发的生态区域品牌资产维度模型没有单独的环境生态性维度，但其对于生态区域品牌资产的构建不言而喻。环境生态性指的是特定区域内自然环境资源的优势性和绿色发展性。环境生态性由资源节约性、环境友好性、发展可持续性生成。

（1）环境的生态性体现在资源的节约性。资源节约性指的是在整个经济社会活动中，减少资源的消耗，并使人尽其才、物尽其用、地尽其利的特性。在建设资源节约型社会的大背景下，区域也要建设资源节约型的生态品牌。资源的有限性要求在进行经济建设过程中要有节约意识，开发区域内的资源时要节约资源，这样才能塑造真正的生态品牌。

（2）环境的生态性体现在环境的友好性。环境友好性指的是特定区域的生产和消费活动与自然生态系统和谐共生的特性。生态区域品牌必须要体现出环境的生态性这一特点，而环境生态性也不能缺少资源节约这一特性。因此，在区域的建设中，树立生态品牌要以保护环境为原则，在不破坏环境的前提下发展区域经济。

（3）环境的生态性体现在发展的可持续性。发展的可持续性指的是在合理开发和利用自然资源的同时，保护和加强环境系统本身的生产与更新能力的特性。在区域经济的发展过程中，不能削弱子孙后代发展所需要的资源来谋求当代经济的前进。环境的可持续发展还意味着要维护、合理使用资源。在构建生态区域品牌资产的过程中，要使品牌具有生态特性就必须要走环境可持续发展的道路。

8.3.2 构建生态区域品牌资产的具体对策

生态区域品牌资产是 21 世纪最大的财富，而财富的创造过程无疑是困难的。根据本书的生态区域品牌资产构成维度及测量模型，我们提供一些具体对策以帮助区域品牌资产管理者更好地构建和管理品牌资产。

8.3.2.1 品牌资产发展方向定位策略

回顾国内外已建立的生态区域品牌资产，我们发现生态区域品牌资产的构建过程是有方向性的，不同的构建方向能够形成不同的品牌资产，往往也能决定生态区域品牌资产构建的成败。这种发展方向的生成，一是自然形成，因为区域特有的自然优势会吸引感兴趣的资本进行投资，将这些优势化为资本回报的力量。这种资本投资逐渐形成势力之后，其他进入资本为了更快实现繁殖，就会不断复制原有资本发展方式，逐渐就成了一种方向。在这个过程中，有时会伴有政府的引导，这就是第二种生成方式。作为地域主管，政府有责任也有能力对生态区域品牌资产的发展方向做引领服务。政府拥有区域内生态资源配置权及行政权，通过这两种权利的使用将资源分配到目标方向领域，诱导企业参与到领域建设中，甚至动用行政权力迫使相关企业不得不迁移到领域中。越来越多的企业参与该领域建设，规模效应形成，也就生成了某种发展方向。比如《鄱阳湖生态经济区规划》就是政府主导出台的关于鄱阳湖生态经济发展的一些重要指导意见，其中很重要的一部分就是关于鄱阳湖生态经济区的发展定位，也就是生态区域品牌资产来源方向的定位。

对于生态区域品牌资产管理者而言，在制定资产的发展方向时应注意以下几点：

一是因地制宜、科学定位。在决定区域的生态品牌资产定位之前，利用实地调研、勘探、数据统计、资料分析等专业方法充分评估本区域的生态资源存有状况及特性。对于本区域适合构建的生态区域品牌资产类型，不能想当然、赶潮流。生态区域品牌资产与一般性品牌资产最大的不同在于其生态性，而生态性的最大属性是自然属性，强调尊重自然界的规律或原貌。生态区域品牌资产在构建初期应该参考前期调研分析数据，根据本区域原有生态自然地貌特色及森林、矿产、作物等自然资源来确定品牌资产的发展方向。比如，鄱阳湖生态经济发展区根据自身的淡水湖资源，构建基于湖泊生态圈的品牌资产，发展生态湖泊旅游业、生态湖泊养殖及生态农产品等。

二是行使管理者的资源配置权和行政权，引导企业与其他组织或个体参与到目标品牌资产的建设中去。区域是一个复杂的系统，其中多由逐利组织组成，例如商业企业。区域内可供追逐的利益多种多样，如缺乏引导，逐利者可能参与到伤害目标品牌资产的建设活动中去。管理者可以通过规划功能分区并配套相应基础设施、生态资源，给予资源使用优惠等资源配置权吸引相关企业或组织参与到目标生态区域品牌资产的建设活动中。生态资源是区域内企业或组织赖以生存和发展的基础，管理者对生态资源的指向性优惠能够显著降低他们的经营成本和风险，吸引企业或组织配合管理者的规划，共同致力于同一目标生态区域品牌资产建设。管理者也可以运用行政权力制定区域内行业准入机制，禁止与目标生态区域品牌资产不相关的企业进入以消耗资源。当然，出台区域内企业管理办法，要求区域内企业发展与目标生态区域品牌资产建设方向一致，防止个体企业伤害集体的品牌资产利益也是必需的。同时，管理者也应该进行与目标生态区域品牌资产一致的文化理念宣传，运用文化手段培养区域内所有成员的生态意识，使目标生态区域品牌资产建设成为全区的共同努力方向。

根据专业知识，科学制定生态区域品牌资产发展方向，吸引区域内所有成员参与到这个方向的实践活动中来，并自觉维护集体品牌资产利益，才能最终形成一个稳定的、持续的品牌资产增长方向。

8.3.2.2 生态产品发展策略

产品是生态区域品牌资产的可视化部分，也是直接与消费者接触的部分，能被直接感知和转化为生态集群规范优势，进而成为资产。根据本书的研究成果，我们认为在发展生态产品和服务上，区域生态品牌资产管理者需要注意以下几点：

一是吸引投资，发展区域内有机、绿色产品。有机性是一种国际通称，来自于英文 Organic 的直译。这里所说的"有机"不是化学上的概念，而是指采取一种有机的耕作或加工方式。中华人民共和国国家标准 GB/T19630 – 2005《有机产品》中定义：有机产品是生产、加工、销售过程符合本部分的供人类消费、动物食用的产品。"本部分"范围指：农作物、食用菌、野生植物、畜禽、水产、蜜蜂等各种生物。而绿色性是指产品生产过程及产品本身节能、节水、低污染、低毒、可再生、可回收的特性。绿色和有机性都是生态性产品的属性，产品通过有机和绿色属性来打造生态性感知，使消费者在接触到区域内品牌所生产的产品时联想到生态性这一特征，帮助构建生态品牌价值。品牌资产管理者通过各种政策招商引资来吸引有兴趣的企业入驻，建立厂房生产具有有机性、绿色性的生态产品。产品的推广能够使更大范围内的消费者接触到本区域的生态特性品牌，增强对地区品牌生态特性的感知，进而构建起生态区域品牌资产。

二是注重绿色技术的运用。绿色技术是指能减少污染、降低消耗和改善生态的技术体系。绿色技术不是只指一个单项技术，而是一个技术群，包括能源技术、材料技术、生物技术、污染治理技术、资源回收技术、环境监测技术和从源头、过程加以控制的清洁生产技术等。信息产业革命时代，没有高新技术的支持，所有行业都很难实现持续发展，也就无法实现品牌资产的增长。绿色高科技意味着高技术含量、高效率、高质量和难模仿。生态产品被注入高新绿色科技，能够大大提高生产效率和产品、服务质量，带来正向的口碑，生成品牌资产。同时，难模仿性也保障产品在较长时间内能够保持领域内的独特性地位，以享受这种独特性地位带来的品牌资产的持续增长。对于科技创新和运用，并不只是企业或组织内部的事情。站在生态区域品牌资产的构建角度考虑，品牌资产管理者也应该参与其中。管理者可以提供技术、资金帮助区域内组织实现高新绿色科技的运用。管理者不能将技术和资金直接转化为品牌资产，而借助区域内组织的转化能力可以做到这一点。管理者也可以组织区域内多方组织进行技术共创，以管理者信誉为担保，提高组织间的互信和参与热情，最终实现技术共享。区域内越多企业能够使用高新绿色技术进行产品的生产，被感知的区域高新生态科技性越强，也就促进了生态区域品牌资产的构建。

三是帮助区域内产品获得生态认证。我国现行有很多关于生态产品品牌的认证体系，比如有机产品认证、绿色产品认证、无公害产品认证、节能产品认证等。这些第三方机构所出具的认证证明能够帮助消费者理解区域产品的生态特性并产生信赖感，对区域产品未来的行为做出正面预期。比如，相信此品牌的确是经过有机制作生产并对自身有利，一旦发生质量问题，也相信商家能够有补偿措施，因此可以放心购买。区域可与认证颁发机构达成合作机制，简化认证资格获得程序，或者为区域内企业提供认证申请材料，帮助企业尽早获得生态认证。

8.3.2.3　区域生态文化构建策略

在一定的品牌资产形成之后，除了继续壮大品牌资产，还需要采取策略巩固已有资产。文化是含全部知识、信仰、艺术、道德、法律、风俗等被社会成员接受和习惯的复合体。文化赋予区域品牌更加独特和突出的优势，可以改变区域现代产品和服务品牌的生产模式，以此打造区域独特的、不可复制的和不可替代的卖点，甚至是绝无仅有的卖点，在消费者的认知编码过程中传递了区域的社会价值和意义。这种品牌的不可替代地位的确立，使消费者对品牌极为依赖，产生的持续使用行为也会增强消费者的信赖，甚至在品牌资产被伤害时，消费者会通过口碑宣传等方式主动参与到品牌资产保护中去。根据本书研究结论，我们提供以下几点区域生态文化建设管理启示：

一是进行生态文化理论教育。生态文化理论不是区域内生产生活的必要学习资料，因此需要通过主动教育来实现区域生态文化的普及。区域管理者可通过广告宣传、科学讲座、学校教育、职能培训等方式对区域内成员进行生态文化理论教育，帮助他们理解生态文化并认识其重要性。区域内成员通过教育获得对生态理论的认知并吸收、外化为生态保护行为以巩固建立的区域生态特色。

二是打造生态价值观分享平台，促进生态价值观分享。区域品牌管理者可通过建立网络虚拟平台或者组建交流社区等方式，为区域内成员分享生态价值理念提供平台。生态价值观是以保护生态特色为核心的价值观，这种价值观影响区域生产生活的方方面面。而区域的生态品牌资产也不能单独依靠政府或者小部分成员来建立和维护，必须发动区域内所有成员共同参与。所以区域品牌管理者可以通过奖励参与、政府提倡等措施激励区域内成员积极主动地分享生态理论。成员与成员之间的生态价值分享可以大大提高生态价值的传播速度，同时，成员之间的信任感也更利于生态价值观被接受。甚至在一些成员不愿意接受生态价值时，会迫于社交压力而不得不接受其他人所共同认同的生态价值观。生态价值观的分享性越高，越容易形成稳定的社会约定俗成的理念。约定俗成的社会生态价值观一旦形成，就能构建为极为稳定和强大的社会生态特色优势，使其他区域品牌难以模仿，稳固生态区域品牌资产。

三是明确区域内成员在生态文化特色构建中的角色定位。区域内成员包括政府、企业、个人及其他组织等，每个成员在区域内所扮演的角色不一样，需要承担的区域品牌资产构建的任务也不一样。角色定位能够帮助成员明确自己在品牌资产建设中的作用，同时也能使成员产生参与区域建设的自豪感，以更积极主动的态度投入到品牌资产的建设中。一般而言，政府是区域的管理者，其所拥有的权力和角色性质能够起到统筹全局、制度制定、引导参与、监督等作用。企业是区域产品的生产者，是区域品牌资产的直接构成。企业最重要的任务是生产高质量的生态有机产品，通过标准化选材、生产、检验环节确保产品的生态有机性，以获得消费者对区域内产品的信赖。对于个人而言，树立生态保护理念，进行生态价值宣传和维护区域品牌形象、声誉，主动传播区域品牌的正面口碑是主要任务。成员任务的分派不能也无法采取强制手段，而是需要通过文化氛围的创造、理念培育来引导。生态文化中本就包括各种角色内涵，比如崇尚绿色生态文化的地球保护组织，它们对于保护地球的角色任务就十分清楚，且完全主动地进行绿色环保的地球保护活动。通过各种生态文化宣传教育活动来构建区域内的生态文化价值体系，使区域内成员在文化中认识到自己的角色任务是什么，进而主动参与到生态特色优势的建设中去。

8.3.2.4 区域品牌资产共建策略

区域生态品牌资产构建涉及区域内众多成员，成员性质、利益点各不一样，自然状态下无法统一协调地在品牌资产构建过程中发挥最大的效益。比如，企业的逐利本质和公益组织的非逐利本质在品牌资产共建中就会很容易发生矛盾，导致无法合作。而政府的公信力和政治权利可以有效调节利益矛盾和布局整个品牌资产构建工程的进程，使全员参与区域品牌资产的共建。而对于如何策动所有成员的参与，我们认为应该做到以下几点：

一是组建生态区域品牌资产建设专家团队。生态区域品牌资产构建与区域经济建设一样，是一个巨大工程，涉及极宽领域的专业知识。政府要在其中发挥积极作用，地方领导或者品牌资产建设负责人就必须学习生态规划、品牌建设、消费者行为等多方面的专业知识，同时还要以聘请、高校合作等方式组建专家顾问团，帮助处理品牌资产构建过程中的问题。这样可以避免决策失误导致的政策制定失败，减少区域品牌资产建设的试错成本。科学、专业的管理也能让区域品牌资产其他参与者信任政府，听从政府的协调，增强政府公信力。

二是制定与生态保护目标一致的政策。政府是区域的管理者，在制定各种政策时，将生态发展目标纳入决策体系，促成区域与生态的协调发展。生态区域品牌资产与区域是紧密联系的，区域发展如果与生态发展目标背道而驰，将损害品牌资产。比如，区域为了实现快速经济增长目标而大力引入重工业、化工业，这将使消费者联想到区域的生态环境破坏严重，从而丧失对区域生态特性的感知。区域发展与生态目标一致政策的制定需要注意以下几点：

一是促进区域内部对生态保护目标的认同。区域品牌是公共品牌，品牌资产的构建也是区域内各方共同参与的工作。但区域内成员因为社会身份及特性不一，对资产构建的理解也不一样，因此会在区域生态发展目标上产生不一致意见。而分散的区域目标会导致成员行为的不一致，无法形成生态文化理念的社会化，有时甚至会产生矛盾的行为结果，阻碍生态区域品牌资产的构建。政府应当在专业人员参与下制定生态区域品牌资产的发展目标，并对内推广。区域内部的统一目标最终会外化为区域特性被外部消费者感知，形成品牌资产。

二是持续实行已制定策略。这种持续一致能够让消费者对区域品牌产生的联想深刻化、独特化，不易与其他品牌混淆，进而形成稳定的品牌资产。这也要求政府主导设立的区域目标在长时间内都不脱离社会需要，以保证区域生态品牌发展方向的正确性。

三是建立生态资源开发管理机构。生态资源是区域构建生态品牌资产的基石，而资源总是有限的，需要管理机构将有效的资源进行科学调配，以发挥最大效能。管理机构的职能应当是实现生态资源的合理开发、调配和保护。生态资源一般都是公共资源，如果没有可行的制度进行开发限制，很有可能出现过度开发现象，导致区域生态资源浪费或过早枯竭。生态资源管理机构应该通过立法、审核开发等措施控制资源开发活动，时刻监控区域内资源状况。同时，区域内资源分布也可能不均衡，为了使区域内发展各取所需，管理机构应该充当调配者角色，帮助资源实现流动。

四是鼓励民间各种形式的生态品牌资产建设参与。政府可以通过设立生态技术发明奖项、生态文明价值传播奖项或者设立生态特色发展基金等方式促进区域内成员加入到品牌资产的建设中来。民间力量的加入可以形成特别的社会文化力量和技术创新氛围，使区域生态文化更为浓厚，生态技术研发更高效。

8.3.3 维护生态区域品牌资产成果的策略

任何品牌资产都是脆弱的，时时刻刻都面对着竞争品牌的崛起和假冒产品的威胁。而对于生态区域品牌资产而言，不仅需要应对外来威胁对品牌资产的攻击，还需要抵御来自内部的"公地悲剧"。生态区域品牌资产的建立需要经历很长的时间及花费巨额资源，任何的资产损失都会造成成本和收益流失，威胁区域经济发展。因此，在生态区域品牌资产的构建过程中，维护已建立的资产成果是非常有必要的。根据本书研究成果，我们将从外部和内部两个方面提出一些关于维护生态区域品牌资产的策略。

8.3.3.1　抵御外部威胁的策略

品牌资产的外部威胁主要来源于品牌名称被冒用。其他区域产品可能会冒用本区域品牌名称进行销售，而如果该区域产品品质与效用使消费者不满意，就会对品牌名称产生负面评价，并形成负面口碑。应对外来威胁，法律是对生态区域品牌资产保护的最有力武器。

一是及时申请技术专利及商标注册。专利技术是区域品牌发展的重要资源，是区域竞争力的重要保证，申请专利保护能够有效保护核心竞争力不被模仿。专利分三种：外观专利、实用新型专利、发明专利。其中，外观专利和实用新型专利保护期限都是十年，发明专利保护期限是二十年，都从授权日开始起算。专利保护是一次性的，即到期无法延保。在保护期限内专利技术归属权属于申请人所有，专利保护期限到期后，技术将归为国有。需要注意的是，专利申请成功后的每年都要缴纳专利年费，如果专利年费没在规定时间内缴纳，就可能导致专利失效，专利失效后还有一个可恢复期，恢复期内如果也没有申请恢复，专利就会彻底失效，一旦失效专利权也就没有了。

商标注册是指商标使用人将其使用的商标依照法律规定的条件和程序，向国家商标主管机关（国家工商总局商标局）提出注册申请，经依法审查，准予注册登记的法律程序。商标注册是商标得到法律保护的法定前提，是确定商标专用权的法律依据。商标通过确保商标注册人享有用以标明商品或服务，或者许可他人使用以获取报酬的专用权，而使商标注册人受到保护。需要注意的是，在进行商标注册的时候，最好能够将与本商标名称及图形、读音相似或形似的商标一并注册，以防竞争对手利用这一点混淆消费者视听。

二是协调成立区域品牌维权组织。区域品牌管理者可以协调区域内各成员甚至其他品牌，以成立基金会、合作组织等形式团结区域内外合法品牌力量，共同应对来自品牌外部的不法侵害。区域品牌没有单独的实体，无法直接监控到市场中的各种活动，一旦被侵权也很难及时获取信息。与区域内个体品牌联合，能够利用他们对市场信息的获取能力，及时对侵权事件进行反映。将侵权事件遏制在初始状态能够最大限度地保障生态区域品牌资产。

8.3.3.2　防治内部威胁的策略

生态区域品牌资产具有公共性，任何区域内成员都能够无成本利用品牌资产获利，而当个人利益与公共利益冲突时，很有可能发生"公地悲剧"而使区域品牌资产受损。比如，区域内食品生产企业为了节省生产成本，很有可能采用非生态原材料进行生产销售，最终被曝光而使整个区域的生态食品生态属性遭受消费者的不信任。相对于外来威胁，区域内部威胁因为成员的集中性，相对更可控，更能够被预防。通过资源和制度控制，能够在区域品牌资产发展过程中防治来自区域内部的威胁。

一是建立商标授权使用机制。区域品牌在经过申请注册之后，区域内企业也将需要被选择而不是可无差别利用。首先，区域管理者应当对品牌使用权申请者设立门槛标准，符合一定资质者才可以使用区域品牌商标进行营销宣传。在源头上先排除一部分不具备生产标准生态产品能力的企业，以防止他们恶意"搭便车"，通过区域品牌商标来推销不合格产品。对于品牌授权使用者，应建立一整套包括区域品牌商标使用者权利和义务的制度，设立奖惩标准。重点强调区域品牌商标可使用的经营范围、产品及使用者需要承担的维护区域品牌形象的义务。

二是控制生态资源的使用权。生态资源是生态区域品牌的核心，无论是自然资源还是人文资源，都应该被区域品牌管理者所控制。对资源的控制首先表现为设定生态资源使用者资质，具备高效科学的资源利用能力的企业才能够得到使用权。而遵循价高者得的市场交易机制可能会让生态资源被企业粗放使用，这种使用方式不仅浪费珍稀资源，还会破坏生态区域节约、高效的品牌形象。因此，还需要禁止资源使用者随意转让区域生态资源使用权，资源的市场交易需向管理机构申请，管理机构核验转让方的资质后，方能进行市场交易。

三是打造生态区域品牌资产保护舆论监督平台。舆论监督涉众广，监督范围大，效力强。监督平台的打造能够为区域内成员参与品牌资产保护提供便利，激发积极性，形成全民文化意识。比如，建立专门的区域品牌新浪微博，及时更新本区域品牌的发展信息及生态保护信息，同时接受成员对生态资源利用的监督，并及时更新问题处理过程。舆论监督平台的运行应该有专人维护，保持活跃性以更好地与区域内成员联系，使他们能够感受到作为监督人的价值而持续性参与到品牌资产的保护中去。

8.4　研究局限与未来研究方向

8.4.1　研究局限

本书以文献研究为基础，以中国第一批生态经济区为研究对象，从资源与制度的视角将生态区域品牌资产概念化为生态集群规范性、政府生态指导性和生态文化认同性三维度的位阶结构，并以品牌联想为效标变量对生态区域品牌资产构成维度的预测性进行了实证检验，取得了较为丰富的研究成果。然而，本书研究也存在一些不足。

首先，本书开发出的生态区域品牌资产内涵结构模型是以资源与制度为视角、以中国第一批生态经济区为对象得到的。模型的有效性虽然得到江西、山东和甘肃等地国家生态经济区建设的样本数据支持，但其普适性还有待更广泛的实证检验。

其次，本书的样本数据来源以工作岗位上的一般人员为主，他们可能对生态区域品牌资产的认识不够全面准确，被试对生态区域品牌资产的认知性可能会影响到本书结论的准确性。

最后，本书构念测量的测项多为扎根开发的测项，这些测项的信度和效度在本书中得到了检验，然而本书中还是有测项被删除，这造成了数据信息的丢失，可能会在一定程度上影响本书成果的提升。

8.4.2　未来研究方向

在未来的研究中，跨地区、多样本对本书开发的生态区域品牌资产维度模型进行检验和完善将是未来值得研究的方向。未来的研究中，可以选择其他典型的生态经济区为对象进行研究，并进一步完善本模型；也可以以某个具体的区域为对象，探讨在该区域内应该如何发挥区域的生态优势，采取哪些措施来打造生态品牌，提升区域竞争力。

参考文献

[1] Aaker D. A. Measuring Brand Equity Across Products and Markets [J]. California Management Review, 1996, 38 (3): 103.

[2] Aaker D. A. Managing Brand Equity: Capitalizing on the Value of a Brand Name [M]. New York: The Free Press, 1991.

[3] Aaker D. A. Building Strong Brands [M]. New York: The Free Press, 1996.

[4] Alamro A., Rowley J. Brand Strategies of Jordaniantele Communications Service Providers [J]. Journal of Brand Management, 2011, 18 (4 – 5): 329 – 348.

[5] Allen G. Place Branding: New Tools for Economic Development [J]. Design Management Review, 2007, 18 (2): 60 – 681.

[6] Anderson J. C., Gerbing D. W. Structural Equation Modeling in Practice: Are View and Recommended Two – Stepapproach [J]. Psychological Bulletin, 1988, 103 (3): 4 – 11.

[7] Anderson J. R. The Architecture of Cognition [M]. San Francisco: Harvard University Press, 1983.

[8] Andersson M. Region Branding: The Case of the Baltic Sea Region [J]. Place Branding and Public Diplomacy, 2007, 3 (2): 120 – 130.

[9] Arbuckle J. L., Wothke W. Amos 4.0. User's Guide [M]. Chicago, IL: Small Waters Corp., 2000.

[10] Bagozzi R. P., Yi Y. On the Evaluation of Structural Equation Models [J]. Journal of the Academy of Marketing Science, 1988, 16 (1): 74 – 94.

[11] Baldauf A., Cravens K. S., Diamantopoulos A., et al. The Impact of

Product – Country Image and Marketing Efforts on Retailer – Perceived Brand Equity: Anempirical Analysis [J]. Journal of Retailing, 2009, 85 (4): 437 – 452.

[12] Beléndel Río A., Vazquez R., Iglesias V. The Effects of Brand as Sociations on Consumer Response [J]. Journal of Consumer Marketing, 2001, 18 (5): 410 – 425.

[13] Biel A. L. How Brand Image Drives Brand Equity [J]. Journal of Advertising Research, 1992, 32 (6): 6 – 12.

[14] Bollen K. A., Long J. S. Testing Structural Equation Models [M]. Sage, 1993.

[15] Broniarczyk S. M., Alba J. W. The Importance of the Brand in Brand Extension [J]. Journal of Marketing Research, 1994, 31 (2): 214 – 228.

[16] Bryman A., Cramer D. Quantitative Data Analysis with SPSS for Windows [M]. London: Routledge, 1997.

[17] Campbell K. T. Establishing Internal Consistency Reliability of Measurement Data of a New Instrument, the Information Preference Questionnaire [J]. Assistant Principals, 1993, 9 (1): 143 – 150.

[18] Chang C. H., Chen Y. S. Managing Green Brand Equity: the Perspective of Perceived Risk Theory [J]. Quality & Quantity, 2014, 48 (3): 1753 – 1768.

[19] Chen Y. S., Chang C. H. Enhance Green Purchase intentions: The Roles of Green Perceived Value, Green Perceived Risk, and Green Trust [J]. Management Decision, 2012, 50 (3): 502 – 520.

[20] Chen Y. S. The Drivers of Green Brand Equity: Green Brand Image, Green Satisfaction, and Green Trust [J]. Journal of Business Ethics, 2010, 93 (2): 307 – 319.

[21] Churchill G. A. Paradigm for Developing Better Measures of Marketing Constructs [J]. Journal of Marketing Research, 1979, 16 (1): 64 – 73.

[22] Cobb – Walgren C. J., Ruble C. A., Donthu N. Brand Equity, Brand Preference, and Purchase Intent [J]. Journal of Advertising, 1995, 24 (3): 25 – 40.

[23] Corbin J. M., Strauss A. Grounded Theory Research: Procedures, Canons, and Evaluative Criteria [J]. Qualitative Sociology, 1990, 13 (1): 3 – 21.

[24] Crites S. L., Fabrigar L. R., Petty R. E. Measuring the Affective and Cognitive Properties of Attitudes: Conceptual and Methodological Issues [J]. Personality and Social Psychology Bulletin, 1994, 20 (6): 619 – 634.

[25] Czellar S. , Palazzo G. The Impact of Perceived Corporate Brand Values on Brand Preference: An Exploratory Empirical Study [M]. Institute Universitairede Management International (IUMI), Ecoledes H E C, Universitéde Lausanne, 2004.

[26] Davis D. L. , Vitell S. J. The Ethical Problems, Conflicts and Beliefs of Small Business Information Personnel [J]. The Journal of Computer Information Systems, 1992, 22 (4): 53 – 57.

[27] Deephouse D. L. Do Esisomorphism Legitimate? [J]. Academy of Management Journal, 1996, 39 (4): 1024 – 1039.

[28] Deleage J. P. , Hemery D. From Ecological History to World Ecology [M]. The Silent Count Dowm. Springer Berlin Heidelberg, 1990: 21 – 36.

[29] Di Maggio P. Can Culture Survive the Market Place? [J]. Journal of Arts Management and Law, 1983, 13 (1): 61 – 87.

[30] Dimitri C. , Greene C. Recent Growth Patterns in the US Organic Foods Market [J]. Agriculture Information Bulletin, 2000 (9): 777.

[31] Donald Lyman L. A Multivariate Extension of Tukey's One Degree of Freedom for Non – Additivity [J]. Journal of the American Statistical Association, 1972, 67 (339): 674 – 675.

[32] Elsen T. V. , Stobbelaar D. J. , Mansvelt J. D. V. Species Diver Sityasa Task for Organic Agriculture in Europe [J]. Agriculture Ecosystems & Environment, 2000, 77 (1 – 2): 101 – 109.

[33] Engel J. F. , Blackwell R. D. Brand Loyalty and Rrepeat Purchase Behaviour [J]. Chicago: Consumer Behaviour, The Dryden Press, 1982.

[34] Farquhar P. H. Managing Brand Equity [J]. Marketing Research, 1989, 1 (3): 256.

[35] Fetscherin M. How to Brand Nations, Cities and Destinations: A Planning Book for Place Branding [J]. International Marketing Review, 2010, 27 (4): 480 – 483.

[36] Fornell C. , Larcker D. F. Evaluating Structural Equation Models with Unobservable Variables and Measure Menterror [J]. Journal of Marketing Research, 1981, 18 (1): 39 – 50.

[37] Glaser B. G. , Strauss A. L. The Discovery of Grounded Theory: Strategies for Qualitative Research [M]. Chicago: Aldine Transaction, 1967.

［38］ Glaser B. G. Emergence vs Forcing: Basics of Grounded Theory Analysis ［M］. Sociology Press, 1992.

［39］ Grant J. Green Marketing ［J］. Strategic Direction, 2008, 24 (6): 25 –27.

［40］ Grimm P. E. A Components' Impact on Brand Preference ［J］. Journal of Business Research, 2005, 58 (4): 508 –517.

［41］ Hair J. F. , Jr. Anderson R. E. , Tatham R. L. , Black W. C. Multivariate Data Analysis with Readings 4th Edition ［M］. Prentice – Hall, 1995.

［42］ Hartmann P. , Ibanez V. A. , Sainz F. J. F. Green Branding Effects on Attitude: Functional versus Emotional Positioning Strategies ［J］. Marketing Intelligence & Planning, 2005 , 23 (1): 9 –29.

［43］ Hartmann P. , V. A. Ibáñez, F. J. F. Sainz. Green Branding Effects on Attitude: Functional versus Emotional Positioning Strategies ［J］. Marketing Intelligence & Planning, 2005, 23 (1): 9 –29.

［44］ Herr P. M. , Farquhar P. H. , Fazio R. H. , et al. Using Dominance Measures to Evaluate Brand Extensions ［M］. Marketing Science Institute, 1993.

［45］ Hirsch M. Family Frames: Photography, Narrative, and Postmemory ［M］. Harvard University Press, 1997.

［46］ Hoffman J. D. , Miller R. L. Kinetic of Cry Stallization from the Melt and Chain Folding in Polyethylene Fraction Srevisited: Theory and Experiment ［J］. Polymer, 1997, 38 (13): 3151 –3212.

［47］ Hoyer W. D. , Brown S. P. Effects of Brand Awareness on Choice for A Common, Repeat – Purchase Product ［J］ Journal of Consumer Research, 1990, 17 (2): 141 –148.

［48］ Hunt C. S. , Aldrich H. E. Why Even Rodney Danger Field Has a Homepage: Legitimizing the World Wide Webasa Medium for Commercial Endeavors ［C］. Annual Meeting of the Academy of Management, Cincinnati, OH. 1996.

［49］ Hunt S. D. , Morgan R. M. The Comparative Advantage Theory of Competition ［J］. The Journal of Marketing, 1995, 59 (2): 1 –15.

［50］ Ip Y. K. The Market Ability of Eco – Productsin China's Affluent Cities: A Case Study Related to the Use of Insecticide ［J］. Management of Environmental Quality: An International Journal, 2003, 14 (5): 577 –589.

［51］ Jacob N. L. The Measurement of Systematic Risk for Securities and Portfolios: Some Empirical Results [J]. Journal of Financial and Quantitative Analysis, 1971, 6 (2): 815 – 833.

[52] Kang S., Hur W. M. Investigating the Antecedents of Green Brand Equity: Asustainable Development Perspective [J]. Corporate Social Responsibility and Environmental Management, 2012, 19 (5): 306 – 316.

[53] Kaplan M. D., O. Yurt B. Guneri, K. Kurtulus. Branding Place: Applying Brand Personality Conceptto Cities [J]. European Journal of Marketing, 2010, 44 (9/10): 1286 – 1304.

[54] Kardes F. R., Cronley M. L., Kim J. Construal – level Effects on Preference Stability, Preference – Behavior Correspondence, and the Suppression of Competing Brands [J]. Journal of Consumer Psychology, 2006, 16 (2): 135 – 144.

[55] Kavaratzis M. Place Branding: A Review of Trendsand Conceptual Models [J]. Marketing Review, 2005, 5 (4): 329 – 342.

[56] Keller K. L. Building Strong Brands in a Modern Marketing Communications Environment [J]. Journal of Marketing Communications, 2009, 15 (2 – 3): 139 – 155.

[57] Keller K. L. Conceptualizing, Measuring, and Managing Customer – based Brand Equity [J]. The Journal of Marketing, 1993, 57 (1): 1 – 22.

[58] Keller K. L. Strategic Brand Management [M]. Upper Saddle River, NJ: Prentice Hall, 1998.

[59] Kim W. E., Thinavan Periyayya V. The Beauty of Green Branding: Way to the Future [J]. Global Journal of Management and Business Research, 2013, 13 (5): 9.

[60] Kotler P., Haider D. H., Rein I. Marketing Places: Attracting Investment [M]. Industry, and Tourism to Cities, States, and Nations, The Free Press, New York, 1993.

[61] Kotler P., Jatusripitak S., Maesincee S. The Marketing of Nations: Astrategic Approach to Building National Wealth [M]. Simon & Schuster, 1997.

[62] Kotler P. Marketing Insightato Z [M]. ESENSI, 2003.

[63] Kotler P., D. Gertner. Country as Brand, Product, and Beyond: A Place Marketing and Brand Management Perspective [J]. Journal of Brand Management, 2002, 9 (4/5): 249 – 261.

[64] Krishnan H. S. Characteristics of Memory Associations: A consumer - based Brand Equity Perspective [J]. International Journal of Research in Marketing, 1996, 13 (4): 389 - 405.

[65] Lakshmanan T. R., Bolton R. Regional Energy and Environmental Analysis [J]. Handbook of Regional & Urban Economics, 1987, 1 (3): 469 - 474.

[66] Lassar W., Mittal B., Sharma A. Measuring Customer - based Brand Equity [J]. Journal of Consumer Marketing, 1995, 12 (4): 11 - 19.

[67] Likert R. A Technique for the Measurement of Attitudes [J]. Archives of Psychology, 1932, 22 (140): 1 - 55.

[68] Lindert P. H., Williamson J. G. Globalization and Inequality: A Long History [J]. Global Inequality, 2001, 24 (3): 1 - 8.

[69] Lodge Creenagh. How Has Place Branding Developed During the Year That Place Branding has been in Publication? [J]. Place Branding, 2005, 2 (1): 6 - 17.

[70] Low G. S., Lamb Jr C. W. The Measurement and Dimensionality of Brand Associations [J]. Journal of Product & Brand Management, 2000, 9 (6): 350 - 370.

[71] Lynch J. G., Weigold M. F. Choices from Sets Including Remembered Brands: Use of Recalled Attributes and Prior Overall Evaluations [J]. Journal of Consumer Research, 1988, 15 (2): 169 - 184.

[72] Mcguire F. A. Leisureco - Participant Preferences of the Elderly: Age - Homogeneity versus Age - Heterogeneity [J]. Leisure Sciences, 1985, 7 (1): 115 - 124.

[73] Meyer J. W., Rowan B. Institutionalized Organizations: Formal Structure as Myth and Ceremony [J]. American journal of Sociology, 1977, 83 (2): 340 - 363.

[74] Meyer J. W., Scott W. R. Centralization and the Legitimacy Problems of Local Government [J]. Organizational Environments: Ritual and Rationality, 1983 (199): 215.

[75] Mostafa M. M. A hierarchical analysis of the Green Consciousness of the Egyptian Consumer [J]. Psychology & Marketing, 2007, 24 (5): 445 - 473.

[76] Murillo - Zamorano L. R. The Role of Energy in Productivity Growth: A Controversial Issue? [J]. The Energy Journal, 2005 (2): 69 - 88.

[77] Niedrich R. W., Swain S. D. The Influence of Pioneer Status and Expe-

rience Order on Consumer Brand Preference: Amediated – Effects Model [J]. Journal of the Academ of Marketing Science, 2003, 31 (4): 468 – 480.

[78] North D. C. Institutions, Institutional Change and Economic Performance [M]. Cambridge University Press, 1990.

[79] Noshua W. Not Just Compliance or Resistance: Performance Feedback and Strategic Responses to Institutional Pressure [C]. Academy of Management Proceedings, 2009 (16774).

[80] Nunnally J. Psychometric Methods [M]. New York: McGraw, 1978.

[81] Nworah U. Nigeriaasa Brand [J]. Brand Channel, 2005 (3): 21 – 55.

[82] O' Cass A., Lim K. The Influence of Brand Associations on Brand Preference and Purchase Intention: An Asian Perspective on Brand Associations [J]. Journal of International Consumer Marketing, 2002, 14 (2 – 3): 41 – 71.

[83] Oliver C. Sustainable Competitive Advantage: Combing Institutional and Resource – based Views [J]. Strategic Management Journal, 1997, 18 (9): 697 – 713.

[84] Olson E. L., Mathias Thjømøe H. The Effects of Peripheral Exposure to Information on Brand Preference [J]. European Journal of Marketing, 2003, 37 (1/2): 243 – 255.

[85] O' Reilly C. A., Chatman J. Organizational Commitment and Psychological Attachment: The Effects of Compliance, Identification, and Internalization on Prosocial Behavior [J]. Journal of Applied Psychology, 1986, 71 (3): 492 – 499.

[86] Parker B., S. Segev, J. Pinto. What It Means to Go Green: Consumer Perceptions of Green Brands and Dimensions of "Greenness" [C]. American Academy of Advertising Conference Proceedings, 2010.

[87] Pearson K. The Fundamental Problem of Practical Statistics [J]. Biometrika, 1920, 13 (1): 1 – 16.

[88] Pederse Soren Buh. Place Branding: Giving the Region of Qresunda Competitive Edge [J]. Journal of Urban Technology, 2004 (4): 77 – 95.

[89] Peter J. P., Olson J. C. Understanding Consumer Behaviour [M]. Irwin Professional Publishing, 1996.

[90] Plummer J. T. Brand Personality: Astrategic Concept for Multinational Advertising [C]. Marketing Educators' Conference. NY: Young & Rubicam, 1985: 1 – 31.

[91] Porter M. E. Clusters and the New Economics of Competition [J] . Harvard Business Review, 1998, 76 (6): 77 – 90.

[92] Porter M. E. The Competitive Advantage of Notions [J] . Harvard Business Review, 1990, 68 (2): 73 – 93.

[93] Porter M. The Economic Performance of Regions [J] . Regional Studies, 2003, 37 (6 – 7): 549 – 578.

[94] Rahbar E. , N. A. Wahid. Investigation of Green Marketing Tools' Effection Consumers' Purchase Behavior [J] . Business Strategy Series, 2011, 12 (2): 73 – 83.

[95] Rainisto S. Place Marketing and Branding [M] . LAP Lambert Academic Publishing, 2010.

[96] Rios F. J. M. , Martinez T. L. , Moreno F. F. , et al. Improving Attitudes toward Brands with Environmental Associations: An Experimental Approach [J] . Journal of Consumer Marketing, 2006, 23 (1): 26 – 33.

[97] Rios F. J. M. , Martinez T. L. , Moreno F. F. Improving Attitudes Toward Brands with Environmental Associations: An Experimental Approach [J] . Journal of Consumer Marketing, 2006, 23 (1): 26 – 33.

[98] Rodrik D. Where Did All the Growth Go? External Shocks, Social Conflict, and Growth Collapses [J] . Journal of Economic Growth, 1999, 4 (4): 385 – 412.

[99] Romer D. Advanced Macroeconomics [M] . Second edition, Shanghai University of Finance & Economics Press, The McGraw – Hill Companies, 2001: 37 – 41.

[100] Rothschild N. H. , I. Alon, M. Fetscherin. The Importance of Historical Tang Dynastyf or Place Branding the Contemporary City Xi'an [J] . Journal of Management History, 2012, 18 (1): 96 – 104.

[101] Scott W. R. The Adolescence of Institutional Theory [J] . Administrative Science Quarterly, 1987, 32 (4): 493 – 511.

[102] Scott Richard W. The Institutional Construction of Organizations [M] . Sage Publciations, 1995.

[103] Scott W. R. Institutions and Organizations: Ideasand Interests [M] . Thousand Oaks, CA: Sage Publications, 2008.

[104] Simon C. J. , Sullivan M. W. The Measurement and Determinants of Brand Equity: A Financial Approach [J] . Marketing Science, 1993, 12 (1): 28 – 52.

［105］Spearman C. Correlation Calculated from Faulty Data ［J］. British Journal of Psychology, 1910, 3 (3): 271 – 295.

［106］Strauss A. L. Qualitative Analysis for Social Scientists ［M］. Cambridge University Press, 1987.

［107］Strauss Anselm, Juliet Corbin. Basics of Qualitative Research: Grounded Theory Procedures and Techniques ［M］. Beverly Hills, CA: Sage Publications, 1990.

［108］Suchman M. C. Managing Legitimacy: Strategic and Institutional Approaches ［J］. Academy of Management Review, 1995, 20 (3): 571 – 610.

［109］Supphellen M. Understanding Core Brand Equity: Guidelines for Indepth Elicitation of Brand Associations ［J］. International Journal of Market Research, 2000, 42 (3): 319 – 338.

［110］Theo J. A., Rolelandt, Pim D. H. Cluster Analys Isand Cluster Based Policy in OECD Countries: Various Approaches, Early Results and Policy Implications. Draft Synthesis Reporton Phase1 ［J］. Utrecht: OECD, 1998 (3): 127 – 153.

［111］Tost L. P. An Integrative Model of Legitimacy Judgments ［J］. Academy of Management Review, 2011, 36 (4): 686 – 710.

［112］Tyler T. R. Why People Obey the Law ［M］. Princeton University Press, 2006.

［113］Unruh G., R. Ettenson. Growing Green: Three Smart Paths to Developing Sustainable Products ［J］. Harvard Business Review, 2010, 88 (6): 155 – 163.

［114］Valette – Florence P., Guizani H., Merunka D. The Impact of Brand Personality and Sales Promotions on Brand Equity ［J］. Journal of Business Research, 2011, 64 (1): 24 – 28.

［115］Veblen T., Mills C. W. The Theory of the Leisure Class: An Economic Study of Institutions ［M］. New American Library, 1958.

［116］Yang S., Allenby G. M., Fennel G. Modeling Variation in Brand Preference: The Roles of Objective Environment and Motivating Conditions ［J］. Marketing Science, 2002, 21 (1): 14 – 31.

［117］Yoo B., Donthu N., Lee S. An Examination of Selected Marketing Mix Elements and Brand Equity ［J］. Journal of the Academy of Marketing Science, 2000, 28 (2): 195 – 211.

［118］安永会，张福存，姚秀菊. 黄河三角洲水土盐形成演化与分布特征

［J］．地球与环境，2006，34（3）：65 - 70.

［119］鲍健强．绿色科技的特点和理性思考［J］．软科学，2002，16（4）：6 - 9.

［120］蔡学军，张新华，谢静．黄河三角洲湿地生态环境质量现状及保护对策［J］．海洋环境科学，2006，25（2）：88 - 91.

［121］曾贤刚，虞慧怡，谢芳．生态产品的概念、分类及其市场化供给机制［J］．中国人口·资源与环境，2014，24（7）：12 - 17.

［122］陈昌曙．关于发展"绿色科技"的思考［J］．东北大学学报（社会科学版），1999，1（1）：45 - 47.

［123］陈大夫．环境与资源经济学［M］．北京：经济科学出版社，2001.

［124］陈红艳．科学发展观下对"资源优势"的重新审视［J］．特区经济，2007（2）：134 - 135.

［125］陈建，王世岩，毛战坡．1976 - 2008 年黄河三角洲湿地变化的遥感监测［J］．地理科学进展，2011，30（5）：585 - 592.

［126］陈建新，姜海．试论城市品牌［J］．宁波大学学报（人文版），2004，17（2）：77 - 81.

［127］陈向明．扎根理论的思路和方法［J］．教育研究与实验，1999（4）：58 - 63.

［128］陈晓萍，徐淑英，樊景立．组织与管理研究的实证方法［M］．北京：北京大学出版社，2008.

［129］陈泽．从共享价值观到成员心理契约［D］．东北财经大学硕士学位论文，2012.

［130］谌飞龙，程月明，周泽宇．产业集群条件下区域品牌的发展演变——以混沌理论为视角［J］．江西社会科学，2013（10）：223 - 227.

［131］池仁勇，刘娟芳，张宓之等．创新要素集聚与区域创新绩效研究——基于浙江中小企业的实证分析［J］．浙江工业大学学报（社会科学版），2014，13（2）：153 - 158.

［132］崔立根，张惠．基于因子分析的我国职业体育俱乐部品牌联想因素研究［J］．天津体育学院学报，2010，25（4）：355 - 359.

［133］邓先瑞．试论文化生态及其研究意义［J］．华中师范大学学报（人文社会科学版），2003，42（1）：93 - 97.

［134］段爱玲．甘肃省水污染防治状况与治理对策［J］．中国水利，2014

（21）：25 – 27.

[135] 范秀成. 基于顾客的品牌权益测评：品牌联想结构分析法［J］. 南开管理评论，2000，3（6）：9 – 13.

[136] 方时姣. 西方生态经济学理论的新发展［J］. 国外社会科学，2009（3）：12 – 18.

[137] 风笑天. 方法论背景中的问卷调查法［J］. 社会学研究，1994（3）：13 – 18.

[138] 付允，马永欢，刘怡君等. 低碳经济的发展模式研究［J］. 中国人口·资源与环境，2008，18（3）：14 – 19.

[139] 高式英，姚家万，欧阳友权等. 基于产业集群的政府引导型区域产业构建研究［J］. 经济地理，2015，35（4）：108 – 113.

[140] 葛宏雷，郑祥春. 开化县打响生态品牌加快农村经济转型发展［J］. 新农村，2012（11）：6 – 7.

[141] 谷源洋，郝忠胜. 区域经济一体化的理性选择——建立自由贸易区及其相关理论问题［J］. 财经问题研究，2004（2）：39 – 44.

[142] 顾为东. 中国雾霾特殊形成机理研究［J］. 宏观经济研究，2014（6）：3 – 7.

[143] 郭守前. 产业生态化创新的理论与实践［J］. 生态经济（中文版），2002（4）：34 – 37.

[144] 郭占恒. 中国拥有知名品牌的战略意义和政策取向［J］. 商业经济与管理，2007（3）：9 – 15.

[145] 何国长. 甘肃苹果产业品牌建设问题研究［J］. 甘肃科技纵横，2010，39（4）：61 – 64.

[146] 何晓群. 现代统计分析方法与应用［M］. 北京：中国人民大学出版社，1998.

[147] 贺庆棠. 气候变化与发展低碳经济［C］. 中国林业学术论坛·第6辑，2009.

[148] 胡大立，谌飞龙，吴群. 区域品牌机理与构建分析［J］. 产经评论，2005（4）：29 – 32.

[149] 黄合水，彭聃龄. 强、弱品牌的品牌联想比较［J］. 心理科学，2002，25（5）：605 – 606.

[150] 黄喜忠，杨建梅. 集群治理的一般性研究［J］. 科技管理研究，

2006，26（10）：51－54.

[151] 黄勇，邱婷等. 产业集群视角下的区域品牌 [J]. 特区经济，2007，225（10）：297－298.

[152] 黄志斌，王晓华. 产业生态化的经济学分析与对策探讨 [J]. 华东经济管理，2000，14（3）：7－8.

[153] 江小涓. 理解科技全球化——资源重组、优势集成和自主创新能力的提升 [J]. 管理世界，2004（6）：4－13.

[154] 蒋廉雄，朱辉煌，卢泰宏. 区域竞争的新战略：基于协同的区域品牌资产构建 [J]. 中国软科学，2005（11）：107－116.

[155] 郎秀华，王春华. 对婺源县生态品牌产业的初浅探析 [J]. 农林经济管理学报，2006，5（3）：117－118.

[156] 雷莉，樊春雷，王詠等. 反应时技术在品牌联想测查中的应用 [J]. 心理学报，2004，36（5）：608－613.

[157] 李大垒，仲伟周. 产业集群品牌发展模式转换的实证研究 [J]. 商业经济与管理，2008（8）：53－60.

[158] 李德水. 关于 GDP 的几点思考 [J]. 经济研究，2004（4）：26－28.

[159] 李劲夫. 打造生态品牌做活"水"字文章——洞庭湖区域经济发展的生态模式研究 [C]. 2010 洞庭湖发展论坛文集，2010.

[160] 里克·莱兹伯斯等. 品牌管理 [M]. 北京：机械工业出版社，2004.

[161] 李林梅. 试论市场调查中问卷设计的几个基本原则 [J]. 统计与信息论坛，2000（2）：45－47.

[162] 李鸣. 绿色科技：生态文明建设的技术支撑 [J]. 前沿，2010（19）：155－158.

[163] 李新权. 基于产业集群的区域品牌相关问题分析 [M]. 北京：机械工业出版社，2005.

[164] 李永刚. 企业品牌、区域产业品牌与地方产业集群发展 [J]. 财经论丛（浙江财经大学学报），2005（1）：22－27.

[165] 李咏梅. 生态政治：理解民生问题的新视角 [J]. 南京邮电大学学报（社会科学版），2013，15（3）：100－103.

[166] 李育辉，谭北平，王芸等. 不同等级数利克特量表的比较研究——以满意度研究为例 [J]. 数据分析，2006（1）.

［167］李政海，王海梅，刘书润等．黄河三角洲生物多样性分析［J］．生态环境学报，2006，15（3）：577－582．

［168］厉无畏，王慧敏．产业发展的趋势研判与理性思考［J］．中国工业经济，2002（4）：5－11．

［169］廖才茂．论生态文明的基本特征［J］．当代财经，2004（9）：10－14．

［170］林辉平．湿地区域生态系统服务价值评估——以黄河三角洲为例［D］．北京大学硕士学位论文，2001．

［171］林南．社会资本理论与研究简介［J］．社会科学论丛，2007，1（1）：1－32．

［172］刘芳，王慧芳，张利国．鄱阳湖生态经济区生态农业的现状、困境及发展思路［J］．江西农业学报，2014（9）：140－142．

［173］刘国华，蓝荟，郭晓灵．我国消费者品牌偏好的影响因素研究［J］．市场营销导刊，2006（3）：34－36．

［174］刘建堂．鄱阳湖生态经济区农业发展现状分析与政策建议［J］．农林经济管理学报，2011，10（4）：80－85．

［175］刘京希．生态政治论［J］．学习与探索，1995（3）：83－88．

［176］刘静玲．人口、资源与环境［M］．北京：化学工业出版社，2001．

［177］刘强，李平．大范围严重雾霾现象的成因分析与对策建议［J］．中国社会科学院研究生院学报，2014（5）：63－68．

［178］刘晓洁，沈镭．资源节约型社会综合评价指标体系研究［J］．自然资源学报，2006，21（3）：382－391．

［179］陆国庆．区位品牌：农产品品牌经营的新思路［J］．中国农村经济，2002（5）：59－62．

［180］陆钟祥．论世界区域经济一体化及我国的对策［J］．江汉论坛，1996（8）：59－62．

［181］罗高峰．农产品品牌整合中的政府角色研究——以浙江省景宁惠明茶为例［J］．农业经济问题，2010，31（4）：75－79．

［182］罗浩．自然资源与经济增长：资源瓶颈及其解决途径［J］．经济研究，2007（6）：142－153．

［183］吕涛，聂锐．区位品牌的形成与维护［J］．当代经济管理，2005，27（3）：111－113．

［184］马涛．湿地生态环境耗水规律及水资源利用效用评价［D］．大连理

工大学博士学位论文，2012.

［185］马向阳，刘肖，焦杰等．区域品牌建设新策略——区域品牌伞下的企业品牌联合［J］．软科学，2014，28（1）：26－30.

［186］马向阳，辛荣．政府视角下以区域联想为核心的区域品牌伞构建研究［J］．科技进步与对策，2013（15）：46－51.

［187］马骁，肖阳．基于产业集群类型的区域产业品牌发展研究［J］．价值工程，2008，27（3）：19－22.

［188］马迎贤．资源优势理论与完全竞争理论的比较研究［J］．外国经济与管理，1997（10）：3－6.

［189］欧阳洁．基于顾客品牌权益价值的三维度概念模型基本评价框架［J］．商业研究，2003（12）：10－12.

［190］饶晓艳．区域文化品牌建设中的政府作用［D］．厦门大学硕士学位论文，2013.

［191］邵泽春．生态经济发展法律保障机制的创新［J］．理论月刊，2011（1）：35－38.

［192］盛亚军，张沈清．基于集群视角的区域名牌形成影响因素探究——集群产业优势测量量表的开发及检验［J］．管理评论，2009，21（3）：73－80.

［193］石荣丽，刘迅．企业集群升级中的区域品牌塑造分析［J］．企业经济，2011（5）：40－43.

［194］帅婕．特色农产品品牌研究［D］．西北师范大学硕士学位论文，2013.

［195］宋旭光．资源约束与中国经济发展［J］．财经问题研究，2004（11）：16－20.

［196］苏悦娟．地理标志产业集群核心竞争力分析研究——以广西六堡茶为例［J］．广西社会科学，2013（3）：60－65.

［197］孙丽辉，毕楠，李阳等．国外区域品牌化理论研究进展探析［J］．外国经济与管理，2009，31（2）：40－49.

［198］孙丽辉．区域品牌形成中的地方政府作用研究——基于温州鞋业集群品牌的个案分析［J］．当代经济研究，2009，161（1）：44－49.

［199］孙明芳，王红扬．产业规划的理论困境及其突破［J］．河南科学，2006，24（1）：149－152.

［200］孙曰瑶，刘华军．选择与选择成本——品牌降低选择成本的机制分析

[J]．财经论丛（浙江财经大学学报），2008（1）：89－95.

[201] 孙志高，牟晓杰，陈小兵等．黄河三角洲湿地保护与恢复的现状、问题与建议［J］．湿地科学，2011，9（2）：107－115.

[202] 汪秀英．品牌资产与品牌价值的动力源泉——基于消费者视角的分析［J］．中国流通经济，2008，22（8）：63－65.

[203] 王鹤．经济全球化和地区一体化［J］．世界经济，1999（3）：21－24.

[204] 王缉慈，童昕．简论我国地方企业集群的研究意义［J］．经济地理，2001，21（5）：550－553.

[205] 王建明．资源节约意识对资源节约行为的影响——中国文化背景下一个交互效应和调节效应模型［J］．管理世界，2013（8）：77－90.

[206] 王礼茂，郎一环．中国资源安全研究的进展及问题［J］．地理科学进展，2002，21（4）：333－340.

[207] 王璐，高鹏．扎根理论及其在管理学研究中的应用问题探讨［J］．外国经济与管理，2010，382（12）：10－18.

[208] 王文君．黄河三角洲高效生态经济区环境安全预警研究［D］．山东大学硕士学位论文，2012.

[209] 王永丽，于君宝，董洪芳等．黄河三角洲滨海湿地的景观格局空间演变分析［J］．地理科学，2012，32（6）：717－724.

[210] 王忠文．建立产品认证制度提高技术装备质量与自主创新能力［J］．现代城市轨道交通，2010（2）：1－5.

[211] 王重鸣．心理学研究方法［M］．北京：人民教育出版社，1990.

[212] 卫海英，王贵明．品牌资产构成的关键因素及其类型探讨［J］．预测，2003，22（3）：39－42.

[213] 魏守华．集群竞争力的动力机制以及实证分析［J］．中国工业经济，2002（10）：27－34.

[214] 魏学文．黄河三角洲文化产业发展对策研究［J］．山东社会科学，2012（8）：137－139.

[215] 吴立广．区域经济一体化浪潮及对国际直接投资的影响［J］．世界经济，1994（1）：31－37.

[216] 吴新辉，袁登华．消费者品牌联想的建立与测量［J］．心理科学进展，2009，17（2）：451－459.

[217] 吴扬，王振波，徐建刚．我国产业规划的研究进展与展望［J］．现

代城市研究，2008，23（1）：6－13.

［218］熊爱华．基于产业集群理论的区域品牌培植模式比较研究［D］．天津大学博士学位论文，2007.

［219］熊爱华．区域品牌与产业集群互动关系中的磁场效应分析［J］．管理世界，2008（8）：176－177.

［220］徐国祯．正确认识"生态"含义追求最佳生态关系［J］．林业经济，2003（7）：11－13.

［221］徐明，盛亚军．产业集群区域品牌培育研究［J］．经济纵横，2015（5）：102－105.

［222］徐鹏，赵军．产业集群的区域品牌资产增值研究［J］．中国科技论坛，2007（8）：40－43.

［223］徐玉萍．环鄱阳湖生态经济区区域品牌防御体系构建［J］．商场现代化，2009（10）：240.

［224］许基南．原产地形象、企业品牌与营销策略［J］．当代财经，2004（4）：60－63.

［225］许宪春．GDP：作用与局限［J］．求是，2010（9）：24－26.

［226］薛桂芝．地方政府在创建农产品区域品牌中的重要作用［J］．安徽农业科学，2012，40（23）：11876－11878.

［227］杨建梅，黄喜忠，张胜涛．区域品牌的生成机理与路径研究［J］．科技进步与对策，2005（12）：22－24.

［228］杨庭硕．生态人类学导论［M］．北京：民族出版社，2007.

［229］姚春玲，王红姝，李秀梅．基丁农业产业集群的农产品区域品牌竞争力提升研究［J］．改革与战略，2014（1）：68－71.

［230］姚向军．集群的力量［M］．北京：中华工商联合出版社，2006.

［231］姚作为．企业集群与品牌聚合［J］．生产力研究，2004（9）：131－134.

［232］于刃刚，戴宏伟．生产要素流动与区域经济一体化的形成及启示［J］．世界经济，1999（6）：48－51.

［233］于新匣．对我国GDP及其若干统计问题的思考［J］．统计与决策，2009（4）：17－20.

［234］余达锦，胡振鹏．鄱阳湖生态经济区生态产业发展研究［J］．长江流域资源与环境，2010，19（3）：231－236.

[235] 余得生，徐玉萍. 环鄱阳湖生态经济区区域品牌营销与发展研究 [J]. 求实，2009（8）：67 – 69.

[236] 俞万源，邱国锋，曾志军等. 基于文化生态的客家文化旅游开发研究 [J]. 经济地理，2012，32（7）：172 – 176.

[237] 张洪春，胡凯. 论思想政治教育生态观 [J]. 河北学刊，2009，29（2）：165 – 167.

[238] 张洪春. "资源动员"理论及其对思想政治教育的启示 [J]. 黑河学刊，2012（5）：49 – 50.

[239] 张辉. 产业集群竞争力的内在经济机理 [J]. 中国软科学，2003（1）：70 – 74.

[240] 张建华，王述洋，李滨等. 绿色产品的概念、基本特征及绿色设计理论体系 [J]. 东北林业大学学报，2000，28（4）：84 – 86.

[241] 张可成. 略论农产品品牌建设中的政府行为 [J]. 理论学刊，2009（9）：87 – 90.

[242] 张锐. 我国认证行业发展环境及趋势 [J]. 中国技术监督，2010（12）：50 – 51.

[243] 张胜涛，杨建梅，邓恢华. 集群与品牌整合策略的实证研究——狮岭皮具产业 [J]. 南方经济，2005（7）：54 – 56.

[244] 张晓龙，李培英，刘月良等. 黄河三角洲湿地研究进展 [J]. 海洋科学，2007，31（7）：81 – 85.

[245] 赵广华. 基于产业集群品牌提升的中介组织服务创新 [J]. 经济纵横，2008（12）：107 – 109.

[246] 赵军. 区域品牌识别的内涵与结构研究 [J]. 区域经济评论，2008（3）：28 – 29.

[247] 赵康，陈加丰. 制度理论：多样性、对话和未来的挑战——制度理论国际最新研究动态介绍 [J]. 经济研究，2001（7）：28 – 34.

[248] 赵卫宏. 构建鄱阳湖生态品牌资产：基于制度理论视角 [J]. 江西社会科学，2011（3）：78 – 82.

[249] 赵卫宏，孙茹. 制度环境、企业间关系治理与区域品牌化绩效——基于中国第一批生态经济示范区的实证研究 [J]. 宏观经济研究，2017（10）：127 – 136，191.

[250] 赵卫宏，张宇东. 区域品牌化的企业参与行为研究——基于文化认知

的视角［J］. 当代财经，2017（4）：67－78.

［251］赵卫宏，熊小明，苏晨汀. 生态区域品牌的维度及构建策略研究：资源与制度视角［J］. 宏观经济研究，2016（1）：32－46.

［252］赵卫宏，周南，朱海庆. 基于资源与制度视角的区域品牌化驱动机理与策略研究［J］. 宏观经济研究，2015（2）：26－38.

［253］赵延茂，宋朝枢. 黄河三角洲自然保护区科学考察集［M］. 北京：中国林业出版社，1995.

［254］周德田，黄秉杰，杨磊等. 黄河三角洲高效生态经济区建设新探［J］. 技术经济与管理研究，2011（9）：115－118.

［255］周涛，鲁耀斌. 结构方程模型及其在实证分析中的应用［J］. 工业工程与管理，2006，11（5）：99－102.

［256］周雪光. 组织社会学十讲［M］. 北京：社会科学文献出版社，2003.

［257］周彦喆. 山西省资源经济转型过程中产业协同发展研究［J/OL］. 资源与产业，2018－06－10.

［258］朱凌，王盛，陆雄文. 中国城市消费者的中外品牌偏好研究［J］. 管理世界，2003（9）：122－128.

［259］祝慧烨，崔佳颖. 价值观管理［M］. 北京：企业管理出版社，2008.

［260］庄贵军，周南，周连喜. 国货意识、品牌特性与消费者本土品牌偏好——一个跨行业产品的实证检验［J］. 管理世界，2006（7）：85－94.

［261］庄贵阳. 中国经济低碳发展的途径与潜力分析［J］. 太平洋学报，2005（11）：79－87.

［262］宗秀影，刘高焕，乔玉良等. 黄河三角洲湿地景观格局动态变化分析［J］. 地球信息科学学报，2009，11（1）：91－97.

附录 关于生态区域品牌资产的 问卷调查

您好！

感谢您在百忙之中抽空填写这份调查问卷。本问卷旨在探究区域品牌的生态性资产及其对市场联想的影响，为打造生态区域品牌提供理论启示。**本问卷采用匿名方式，您所提供的信息仅供学术研究，绝不另作他用。**您的真实回答对本研究非常重要！

注释：

生态区域品牌，即以生态及生态文明建设为特色优势的产业或地区。它具有识别性、资产性和竞争性等特征。例如，鄱阳湖生态经济区、黄河三角洲生态经济区、内蒙古大草原的生态奶业、婺源生态环境、新加坡花园城市等，都是以生态特色为显著特征的区域品牌。

调查者：江西师范大学商学院课题组

一、在您的心目中是否有生态特色比较鲜明的地区？如果有，请列出一个比较典型的生态特色地区的名称。

_____

二、关于**生态集群规范性**问题，请您根据自己对生态产业的认识，勾选出最符合您想法的编号。

题号	问项	完全不同意	不太同意	有点不同意	一般	有点同意	比较同意	完全同意
1	该地区的自然资源丰富	①	②	③	④	⑤	⑥	⑦
2	该地区的气候条件适宜	①	②	③	④	⑤	⑥	⑦

题号	问项	完全不同意	不太同意	有点不同意	一般	有点同意	比较同意	完全同意
3	该地区的资源利用注重节约性	①	②	③	④	⑤	⑥	⑦
4	该地区的资源配置讲究科学性	①	②	③	④	⑤	⑥	⑦
5	该地区的产业布局具有循环互补性	①	②	③	④	⑤	⑥	⑦
6	该地区的产业对环境污染能够有效控制	①	②	③	④	⑤	⑥	⑦
7	该地区的企业集聚具有合理的关联性	①	②	③	④	⑤	⑥	⑦
8	该地区的产业设施比较完善	①	②	③	④	⑤	⑥	⑦
9	该地区的产品具有有机性	①	②	③	④	⑤	⑥	⑦
10	该地区的产品生产注重能耗节约性	①	②	③	④	⑤	⑥	⑦
11	该地区的产品注重生态认证性	①	②	③	④	⑤	⑥	⑦
12	该地区的产品注重绿色环保技术的采用	①	②	③	④	⑤	⑥	⑦
13	该地区的产业空间布局具有合理性	①	②	③	④	⑤	⑥	⑦
14	该地区的产业发展前景良好	①	②	③	④	⑤	⑥	⑦
15	该地区的产业发展定位明确	①	②	③	④	⑤	⑥	⑦
16	该地区的产业链较为完整	①	②	③	④	⑤	⑥	⑦

三、关于**政府生态指导性**问题，请您根据自己对生态发展的认识，勾选出最符合您想法的编号。

题号	问项	完全不同意	不太同意	有点不同意	一般	有点同意	比较同意	完全同意
1	该地区的政府部门对生态发展的规划具有主动性	①	②	③	④	⑤	⑥	⑦
2	该地区的政府部门对环境保护非常重视	①	②	③	④	⑤	⑥	⑦
3	该地区的政府部门能够主动承担环保责任	①	②	③	④	⑤	⑥	⑦
4	该地区的政府部门对生态发展态度积极	①	②	③	④	⑤	⑥	⑦
5	该地区的政府部门对生态发展规划讲求科学性	①	②	③	④	⑤	⑥	⑦
6	该地区的政府部门对生态制度的建立讲求科学性	①	②	③	④	⑤	⑥	⑦
7	该地区的政府部门能够自觉履行生态发展职责	①	②	③	④	⑤	⑥	⑦

续表

题号	问项	完全不同意	不太同意	有点不同意	一般	有点同意	比较同意	完全同意
8	该地区的政府部门对生态保护讲求效率性	①	②	③	④	⑤	⑥	⑦
9	该地区的政府部门能够积极调动生态发展的各方力量	①	②	③	④	⑤	⑥	⑦
10	该地区的政府部门能够积极发掘当地的生态资源	①	②	③	④	⑤	⑥	⑦
11	该地区的政府部门能够对生态发展进行资源投入	①	②	③	④	⑤	⑥	⑦
12	该地区的政府部门能够积极宣传生态发展理念	①	②	③	④	⑤	⑥	⑦
13	该地区的政府部门及利益相关组织对生态发展的理念具有相似性	①	②	③	④	⑤	⑥	⑦
14	该地区的政府部门及利益相关组织能够在生态发展上进行合作	①	②	③	④	⑤	⑥	⑦
15	该地区的政府部门及利益相关组织能够共享生态发展技术	①	②	③	④	⑤	⑥	⑦
16	该地区的政府部门及利益相关组织能够积极参与生态发展交流	①	②	③	④	⑤	⑥	⑦

四、关于**生态文化认同性**问题，请您根据自己对生态发展的认识，勾选出最符合您想法的编号。

题号	问项	完全不同意	不太同意	有点不同意	一般	有点同意	比较同意	完全同意
1	该地区，人们追求生态发展的理念是共同的	①	②	③	④	⑤	⑥	⑦
2	该地区，人们的生态价值观一致	①	②	③	④	⑤	⑥	⑦
3	该地区，人们会自觉地宣传生态发展理念	①	②	③	④	⑤	⑥	⑦
4	该地区，人们一般都会遵守生态发展的规范准则	①	②	③	④	⑤	⑥	⑦

题号	问项	完全不同意	不太同意	有点不同意	一般	有点同意	比较同意	完全同意
5	该地区，人们一般都会有意识地学习生态发展的知识	①	②	③	④	⑤	⑥	⑦
6	该地区，人们对生态发展的认识相对更加深刻些	①	②	③	④	⑤	⑥	⑦
7	该地区，人们对生态文明一般都具有辨别能力	①	②	③	④	⑤	⑥	⑦
8	该地区，人们一般都会有意识地为创建生态文明努力	①	②	③	④	⑤	⑥	⑦
9	该地区，人们的节能意识普遍更强	①	②	③	④	⑤	⑥	⑦
10	该地区，人们普遍具有环保的习惯	①	②	③	④	⑤	⑥	⑦
11	该地区，人们的环境绿化意识比较强	①	②	③	④	⑤	⑥	⑦
12	该地区，人们普遍都有节俭的意识	①	②	③	④	⑤	⑥	⑦
13	该地区，人们的环保责任意识比较强	①	②	③	④	⑤	⑥	⑦
14	该地区，人们的环保角色意识比较强	①	②	③	④	⑤	⑥	⑦
15	该地区，有关环保的志愿活动比较多	①	②	③	④	⑤	⑥	⑦
16	该地区，相关环保组织的履职意识比较强	①	②	③	④	⑤	⑥	⑦

五、关于**品牌联想**的问题，请勾选出最符合您想法的编号。

题号	问项	完全不同意	不太同意	有点不同意	一般	有点同意	比较同意	完全同意
1	该地区出产的产品具有生态性，其品质相对更为优越	①	②	③	④	⑤	⑥	⑦
2	该地区出产的产品一般都比较有机环保	①	②	③	④	⑤	⑥	⑦
3	该地区的自然环境比较好	①	②	③	④	⑤	⑥	⑦
4	该地区的社会建设发展与自然环境比较协调	①	②	③	④	⑤	⑥	⑦
5	该地区的地方政府比较重视生态环保	①	②	③	④	⑤	⑥	⑦

六、请您提供以下基本信息

1. 您的性别：男（　）；女（　）

2. 您的年龄：18 岁以下（　）；18~25 岁（　）；26~30 岁（　）；31~40 岁（　）；41~45 岁（　）；45 岁以上（　）

3. 您的学历：高中毕业（　）；大专毕业（　）；本科（含在读）（　）；硕士研究生（含在读）（　）；博士研究生（含在读）（　）

4. 您的职业：在读学生（　）；企业员工（　）；政府公务员（　）；事业单位职员（　）；服务业员工（　）；个体业主（　）；其他（　）

5. 您的职务：处级（副高）及以上（　）；科级（副高以下）（　）；高层管理者（　）；中层管理者（　）；普通人员（　）

6. 您的月总收入：1000 元以下（　）；1000~2500 元（　）；2500~3000 元（　）；3000~4000 元（　）；4000~6000 元（　）；6000 元以上（　）

7. 您所在的地区：（　　　）省（　　　）市

衷心感谢您的支持！谢谢！